Entstellter Himmel

Entstellter Himmel

Berichte über sexualisierte Gewalt in der evangelischen Kirche

Herausgegeben von
Christiane Lange, Andreas Stahl und Erika Kerstner

HERDER

FREIBURG · BASEL · WIEN

FSC
www.fsc.org
MIX
Papier | Fördert
gute Waldnutzung
FSC® C083411

www.herder.de
Umschlaggestaltung: Verlag Herder
Umschlagmotiv: © Eakkarach Jmt / GettyImages
Satz: Barbara Herrmann, Freiburg
Herstellung: CPI books GmbH, Leck
Printed in Germany
ISBN Print 978-3-451-39453-9
ISBN E-Book (PDF) 978-3-451-83453-0
ISBN E-Book (E-Pub) 978-3-451-83454-7

Inhalt

Nachspüren – Nachdenken

Vorwort

Sieben Frauen und drei Männer vertrauen Ihnen dieses Buch an. Sie haben ihre Lebensgeschichte unter dem Aspekt des Erlebens sexualisierter Gewalt in Kindheit, Jugend oder im Erwachsenenalter aufgeschrieben, ihre Namen pseudonymisiert und das Geschehen anonymisiert. Sie benennen einige Folgen für ihr Leben, ihren Glauben und ihren Kontakt zu ihrer Ursprungskirche – der evangelischen Kirche.

Damit machen die Autor*innen der lange anhaltenden Sprachlosigkeit ein Ende. In der Erkenntnis, dass sie nicht alleine sind, vermindern sie ihre Isolation. Zugleich erkennen sie damit an, was ihnen geschehen ist, und sehen, dass sie überlebt haben und ihr Leben gestalten können: Sie haben ihre Wahrheit und ihre Würde gefunden.

Mit ihrem Schreiben appellieren sie an ihre Mitmenschen in der Kirche und in der Gesellschaft, ihnen zuzuhören. Sie ermöglichen der evangelischen Kirche, bisheriges Missbrauchsgeschehen besser zu erkennen und mitzuhelfen, dass künftig weniger Menschen zum Opfer gemacht werden. Die Berichte sollen ermutigen mitzuhelfen, dass die in der Gewalt beschädigte Fähigkeit zu vertrauen – und damit auch zu glauben – neu aufgebaut werden kann. Weil Betroffene sich in der Gewalt und lange danach noch als von Gott und den Menschen verlassen erleben, brauchen sie Menschen, die sich von ihrem Leid berühren lassen und sich ihnen wohlwollend zuwenden. In sozialer Isolation kann die in der Gewalt abgerissene Verbindung zu sich selbst, zu den Mitmenschen und zu Gott nicht neu geknüpft werden.

Als Herausgebende wurden wir zu diesem Buchprojekt von „Erzählen als Widerstand“[1] inspiriert. Zudem sind wir durch die Initiative „GottesSuche: Glaube nach Gewalterfahrungen e. V.“ miteinander verbunden. Unter dem provisorischen Titel „Schreiben statt Schweigen“ wurde nach organisatorischer, inhaltlich-wissenschaftlicher und konzeptioneller Vorarbeit ab Mitte Februar 2022 ein Aufruf über verschiedene Kanäle (kirchliche Ansprechstellen, Betroffeneninitiativen, E-Mail-Verteiler, Homepages) versandt. Nach einem Erstkontakt erhielten potentielle Autor*innen ein ausführliches Anschreiben, Datenschutz- und Rücktrittserklärung und einen Leitfaden als Anregung für die inhaltliche Gestaltung des Textes. Bis Oktober 2022 gingen die hier gesammelten zehn Berichte ein. Mit einigen der Autor*innen erfolgte in der Finalisierung der Texte persönlicher, telefonischer oder E-Mail-Kontakt. Auf den zehn Berichten basierend wurde von uns Herausgebenden der Rahmenteil erarbeitet, der im Januar 2023 den Autor*innen zur Verfügung gestellt und mit diesen abgestimmt wurde.

Als Herausgebende gilt unser Dank vor allem den Autor*innen, die mit ihrem Mut, Engagement und Vertrauen dieses Projekt, das uns allen sehr an Herz und Nieren ging, erst möglich gemacht haben. Zudem wollen wir uns bei den Mitarbeiterinnen von „Wings of Hope“ Martina Bock und Regina Miehling für das Angebot bedanken, Autor*innen in belasteten Situationen traumasensibel zu begleiten. Schließlich gilt unser Dank Maria Johanna Fath vom Traumahilfe Netzwerk Augsburg und ihrem Angebot, unsere Arbeit als Herausgebende zu supervidieren.

Die Berichte fordern die evangelische Kirche und die Christ*innen auf, sich von Betroffenen zu Zeugen von Gewalt und Leid machen zu lassen und die Last derer, die unter die Räuber gefallen sind, mitzutragen. Sie helfen der Kirche, zu ihrer ureigenen Auf-

---

[1] Haslbeck, Barbara; Heyder, Regina; Leimgruber, Ute; Sandherr-Klemp, Dorothee (Hg.): Erzählen als Widerstand: Berichte über spirituellen und sexuellen Missbrauch an erwachsenen Frauen in der katholischen Kirche, Münster 2020.

gabe zu finden: Menschen – auch Missbrauchsbetroffenen – eine frohe Botschaft in Wort und Tat zu bringen.

Für die evangelische Kirche – wie für die katholische Kirche auch – gilt: Wenn sie die „Wunde Missbrauch“ in ihrer Mitte sieht und anerkennt, kann dieser noch kaum wahrgenommene Verrat an Menschen und am Evangelium zu heilen anfangen. Unter Umgehung der Missbrauchsfälle auch mitten in der evangelischen Kirche und der Betroffenen ist es nicht möglich, das Evangelium glaubwürdig zu erzählen. Dazu gehört zuerst, dass die evangelischen Christ*innen in den Gemeinden und auf der Leitungsebene berührbar werden für das Leid Missbrauchsbetroffener und es sich auf „den Leib rücken“ lassen. Das gemeinsame Aushalten dieses Leides kann den Willen der Kirche zur Umkehr zu den Opfern und zur Veränderung stärken.

Berichte von Betroffenen

Eigentlich war er so ein netter Pfarrer

Ida

Wie es dazu kam, dass mir plötzlich so vieles klar wurde

30 Jahre habe ich gebraucht, um auszusprechen – nein, aussprechen kann ich es noch immer nicht – aber um jetzt niederzuschreiben, was damals passiert ist. 30 Jahre! 30 Jahre voller Schuldgefühle und Verdrängung! Das ist der Punkt, der mich wirklich am schlimmsten trifft. Dass das damals passiert ist, nun gut, das ist das eine – aber damit leben zu müssen, ohne dass jemand das Unrecht benennt oder mir hilft, es in Worte zu fassen, dem ganzen einen Namen zu geben, um mir damit meine Schuldgefühle zu nehmen, das ist es, was mich traurig und wütend macht. Aber man kann es wohl nur selbst aussprechen und benennen: Es war sexueller Missbrauch. Der Pfarrer meiner damaligen Gemeinde hat mich sexuell missbraucht, als ich 16 Jahre alt war. Es geschah ohne körperliche Gewalt – das ist der Punkt, warum ich sicher bin, dass ich mein Leben trotzdem so gut leben konnte.

Ich hatte in der Zeit Angst; Angst, dass alles herauskommt; Angst, dass seine Frau etwas „entdecken" könnte; Angst, anderen Menschen wehzutun. Aber ich hatte niemals Angst vor körperlicher Gewalt. Andererseits ist dies auch der Punkt, warum ich wahrscheinlich so lange die Tatsachen nicht begriffen habe und somit gezwungen war, alles zu verdrängen, um mit meinen Schuldgefühlen klarzukommen.

Wenn ich über diese Geschichte – vor allem in jüngster Vergangenheit – nachdachte und mir in den Sinn kam, dass es vielleicht ein sexueller Missbrauch war, waren es folgende Punkte, die in meinen Augen immer dagegensprachen.

- Ich war bereits 16 Jahre alt – also schon fast erwachsen. Da hätte ich mich doch wehren können, ich war ja kein kleines Kind mehr. (Allerdings bin ich mir nicht sicher, ob ich heute mit fast 50 Jahren das Spiel durchschauen würde und mich würde wehren können. Vielleicht würde ich heute unter den gleichen Umständen wieder zum „Opfer" werden.)
- Es gab niemals eine Art von körperlicher Gewalt – niemals.
- Ich hätte auch „Nein" sagen können.

Durch einen Zeitungsartikel über einen Missbrauch in einem Sportverein hier ganz in der Nähe wurden diese drei Säulen meiner „Schutzbehauptungen" gegenüber dem Täter plötzlich in Frage gestellt. In dem Artikel stand, dass Kinder und Jugendliche zwischen 9 und 18 Jahren von dem Leiter sexuell missbraucht wurden. Ich musste es dreimal lesen. Dort stand, dass es Jugendliche gab, die 18 Jahre alt waren. Sie waren auch schon groß und fast erwachsen. Und in dem Artikel stand, dass alles ohne körperliche Gewalt geschah! Und plötzlich war es mir völlig klar – nach 30 Jahren: Auch bei mir war es ein sexueller Missbrauch. Ich hatte also keine Affäre mit einem verheirateten Pfarrer (das war meine Wahrheit in den letzten 30 Jahren) und ich war auch nicht schuld an der ganzen Sache. Ich hätte auch nicht „Nein" sagen können, weil ich gezielt manipuliert wurde, um diesem Mann seine sexuellen Fantasien zu befriedigen und um sein Ego aufzubauen.

Als ich also ahnte, was damals passiert war, habe ich meine Geschichte aufgeschrieben und an help geschickt, eine Zentrale Anlaufstelle für Betroffene von sexualisierter Gewalt in der evangelischen Kirche. Ich wollte einfach wissen, ob ich auf einer völlig falschen Spur bin oder wirklich Opfer eines Missbrauchs geworden war. Die Rückmeldung kam nach einer Woche und ich hatte es schwarz auf weiß. Ja, es war ein Missbrauch – ohne Zweifel. Eine „Fachfrau" hatte meine Geschichte gelesen und sie ganz klar als Missbrauch einordnen können.

Dann habe ich mich an meine Landeskirche gewandt. Relativ schnell wurde mir geraten, einen Antrag zu stellen, um eine Anerkennungszahlung zu erhalten. Der Antrag liegt ausgefüllt bei mir. Ich will ihn nicht abschicken, weil kein Geld der Welt das wieder gut machen könnte, was in mir zerstört wurde.

Aber es war mir sehr wichtig, dass diese Geschichte in der Akte des Täters landet. Das ist geschehen.

Und ich habe durch die Seelsorgerin der Landeskirche den Tipp bekommen, dass es eine Art Selbsthilfegruppe in Form einer Mailingliste im Internet gibt, in der Betroffene sich austauschen können. So bin ich bei gottes-suche.de gelandet.

Nun aber zu meiner Geschichte.

Als eine neue Pfarrfamilie in unseren Ort kam

Als ich 15 Jahre alt war, kam in meine Heimatgemeinde ein neuer Pfarrer mit seiner Familie. Kurt, der Pfarrer, Ute, seine Frau mit ihrem kleinen Kind. Alle haben einen sehr sympathischen Eindruck gemacht. Ich war bereits im Jungschar-Team und so war es vorhersehbar, dass wir schnell in Kontakt kommen würden. Meine Mama hat mich kurz nach der Ordination ins Pfarrhaus geschickt, um mich vorzustellen. Ich kann mich noch daran erinnern, dass mich Kurt gefragt hat, ob er „Du“ sagen darf.

Es wurde dann abgemacht, dass sich das Jungschar-Team jeden Montag im Pfarrhaus zur Besprechung für die nächste Jungschar-Stunde trifft. Schnell entstand eine sehr familiäre Atmosphäre. Kurt wollte schnell, dass wir uns alle duzen. So etwas war bisher in unserem Dorf undenkbar gewesen. Den Herrn Pfarrer zu duzen – eine völlige Unmöglichkeit. Es ist mir schwergefallen, „Du“ zu sagen. Kurt war viel älter, beinahe eine andere Generation. Und er war der Pfarrer. Irgendwann habe ich mich dann überwunden. Ja, jede Woche waren wir im Team im Pfarrhaus. Immer war die Atmosphäre entspannt und heiter. Locker – nie war etwas von Schwierigkeiten zu spüren. Eine offene, vertrauensvolle, schöne, angenehme Atmosphäre, Familie, Besprechung. Ich bin gern hingegangen.

Kurt war ca. 1 Jahr in unserer Gemeinde, als die Sache begann. Kurt war damals 40 Jahre, ich 16. Die Pfarrfamilie erschien wie die perfekte Familie. Freundlich, lustig, respektvoll, im Glauben verbunden – eine Beziehung, wie man sie sich als 16-Jährige erträumt. Mit der Zeit wurde unsere Beziehung enger.

Ich fühlte mich mit der Familie sehr verbunden. Ich würde es fast so bezeichnen: Eine Freundschaft zu Ute, Bewunderung für Kurt und eine große Schwester für das Kind, das ich sehr gern hatte.

Das war Stand der Dinge, als alles kippte. Als plötzlich alles anders wurde.

Wie der Missbrauch begann

Es war ungefähr ein Monat, nachdem mein Opa gestorben war. Kurt hat ihn beerdigt. Ich stand kurz vor den Abschlussprüfungen. Ich war auch im Kirchenchor aktiv. Wir sangen im Gemeindehaus und vorher musste der Schlüssel beim Pfarrer abgeholt und nachher wieder in den Briefkasten geworfen werden. Meistens habe ich das übernommen, weil ich eh zu Fuß unterwegs war und auf meinem Weg praktisch am Pfarrhaus vorbeilief. Eines Tages sagte Kurt: „Wenn du den Schlüssel abgibst, kannst du klingeln, Ute ist nicht da und ich bin bestimmt noch wach." Ich denke, es war ein Freitagabend und Ute war mit dem Kind übers Wochenende zu ihren Eltern gefahren.

Ich habe mir nichts gedacht. Im Nachhinein bin ich überzeugt, dass sein Plan spätestens in diesem Moment fix war. Und der Plan galt nicht diesem einen Abend, sondern er galt der gesamten Missbrauchsgeschichte.

Wir waren ganz alleine in dem Pfarrhaus. Ich wurde ins Wohnzimmer gebeten. Merkwürdige Atmosphäre (vielleicht auch erst jetzt aus der Entfernung). „Ich würde Dir gerne was erzählen … Ich weiß nicht, ob ich es tun kann …!" „Klar, kannst Du mir was erzählen. Musst Dir nichts denken …!" „Es kann sein, dass Ute geht!" Schluck. Schock! „Warum? Wie kann das sein?" – „Es geht nicht mehr!" – „Aber es sieht doch so aus, als könntet ihr immer über alles reden …!" – „Wir können über gar nichts reden! Es ist so viel passiert. Alles begann damit, dass wir dachten, dass wir keine Kinder bekommen können. Ute hat sich durchchecken lassen, bei ihr war alles in Ordnung. Dann sollte ich zu einem Urologen – da finde erst mal jemanden. Ja und da hat man dann festgestellt, dass meine Spermien zu langsam sind, und Ute deswegen nicht schwanger wird. Das war so verletzend für mich.

Wenn man nur noch mit seiner Frau schlafen kann, wenn der Eisprung ansteht, dann aber mehrmals hintereinander, immer mit dem Thermometer und dem Wecker im Nacken … – Nach langem Bemühen hat sich dann doch eine Schwangerschaft eingestellt. Jetzt ist die Lage so verfahren. Wir packen es nicht."

Langes Gespräch – viele Einzelheiten. Ich war 16. Ich hatte keine Ahnung von einer Ehe, von Schwierigkeiten, die eben auftauchen, die kommen. Ich hatte keine Ahnung von einem Kinderwunsch, von Sexualität. Ich war völlig überfordert. Aber ich fühlte mich auch sehr geehrt. Davon, dass der Herr Pfarrer mich ins Vertrauen zog. Darüber, dass ich so wichtig für ihn war, dass er sein Herz bei mir ausschüttete, dass er so offen mit mir sprach – über Dinge, von denen ich keine Ahnung hatte.

Ich habe Kurt reden lassen. War die gute Zuhörerin und Freundin. Und bin plötzlich, von Utes Freundin zu Kurts Freundin gewechselt. Er hat mich mit seiner Version der Geschichte auf seine Seite gezogen – innerhalb von zwei Stunden.

Zum Schluss hat er mich gefragt, ob er mich mal in den Arm nehmen darf. „Ja, klar!" Dann hat er mich auf den Mund geküsst und in die Nacht geschickt.

Als ich heimging, war ich emotional aufgewühlt. Dieses Gespräch, diese Nähe, das erste Mal, dass mich ein Mann in den Arm genommen hat und geküsst hatte … Ich war erschüttert in meiner Welt. Wirklich – tief erschüttert. Aber natürlich auch sehr

„herausgehoben“, dass Kurt mir das alles erzählt hat. Der Pfarrer der Gemeinde – ein Vorbild und hohe Person im ganzen Dorf – hatte mir seine Sorgen und innersten Geheimnisse und Probleme anvertraut. Etwas, das ihn Mut gekostet haben musste. Und ich war es wert, dass er diese Geschichte mit mir teilt. Kein Mensch hatte vorher so offen mit mir über seine Sexualität und seine Probleme gesprochen. Kein Mann, kein Pfarrer.

Ich weiß nicht, was von dieser Geschichte Wahrheit oder Lüge war, nur um mich dorthin zu bekommen, wo ich hinsollte – er hat es geschafft, dass ich mich ihm mit seiner Geschichte emotional so nah fühlte, dass ich in der Folge nur noch das tat, was er von mir wollte.

Ich habe ihm geglaubt. Ich hatte keine Ahnung und auch keine Erfahrung, dass jemand so etwas erzählen könnte, um seine Strategie, seinen Plan, sein Spiel zu verfolgen.

Der Pfarrer war in meiner Kindheit schon eine besondere Person. Sie stand immer über einem. Was der Pfarrer sagte, war Gesetz. Er war eine Respektsperson und genoss das höchste Ansehen.

Am nächsten Abend – Ute war noch weg – war ein Filmeabend im kleinen Kreis im Pfarrhaus geplant. Mein Bruder war auch dabei. Ich kann mich noch an zwei Dinge erinnern: Kurt hat sich während des Filmes neben mich gesetzt und seine Hand auf meinen Oberschenkel gelegt – die anderen haben nichts gesehen – oder nichts gesagt?! Ich dachte, er sucht die Nähe. Braucht einfach ein Zeichen, dass er einen Verbündeten hat. Plötzlich hatte ich eine Sonderstellung – neben ihm – vertraut. In der Filmpause hat Kurt gefragt, ob ich mit ihm in die Küche kommen könnte. „Darf ich Dich nochmal in den Arm nehmen?“ – „Ja, klar!“ – „Darf ich Dich mal küssen!“ – „Ich weiß nicht.“ Ich war überrumpelt, wusste nicht, wie mir geschieht, war verwirrt.

Kurt sagte im Nachhinein, dass wir uns in diesem Moment ineinander verliebt hätten?! Er hätte mich geküsst – nicht wie am Tag zuvor aus Dankbarkeit und Freundschaft – sondern … mit Liebe und Leidenschaft?!

Da war es aber auch schon zu spät. In diesem Moment ist das Kind in den Brunnen gefallen. Und ich habe es nicht mal richtig gemerkt. Heute denke ich, es war ein geschickter Schachzug. Kurt hat es bewusst darauf angelegt. Er hat so viel Nähe, Vertrauen, Zuneigung geschaffen, dass ich irgendwann an dem Punkt war, an dem ich mich nicht mehr wehren konnte. Es war zu viel Gefühl und Verständnis da, um aus der Situation wieder herauszukommen. Aber es hätte vielleicht geklappt, wenn ich „Nein!“ gesagt hätte. Niemals war Gewalt im Spiel – psychischer Druck schon.

Ich war verwirrt, erstaunt, aber auch emporgehoben, besonders, wahrgenommen.

Es war wohl schon am nächsten Abend, als ich wieder im Pfarrhaus war. Ich war völlig unerfahren. Völlig. Er hat dirigiert und ich habe getan. Und dies immer mit massiven Schuldgefühlen im Hinterkopf. Natürlich hatte Kurt mir eingeredet, dass die Ehe am Ende sei. Trotzdem war klar, dass ich das, was ich hier tat, nicht durfte. Niemand durfte mit einem verheirateten Mann intim sein. Ich nicht! Ich ganz sicher nicht!

Es lief eine CD „auf Repeat“ von einer relativ unbekannten Gruppe. Diese CD hat er mir hinterher geschenkt. Er hat mich geküsst und gestreichelt am ganzen Körper. Als ich keine Eigeninitiative ergriffen habe, hat er, während wir uns geküsst haben, meine Hand auf seine Hose und seinen Penis gelegt, damit ich ihn befriedige. Ich weiß noch, dass er einen Samenerguss hatte und seine Hose ganz nass war. Von einem langsamen Herantasten, mir Zeit lassen, vorsichtigem Annähern war also keine Rede. Es ging ihm nur um das eine. Und wäre ich an diesem Abend forscher und bereit gewesen, hätte er bereits hier mit mir geschlafen.

Kurt wollte unbedingt mit mir schlafen. Meiner Erinnerung nach kam diese Bitte schon nach ganz kurzer Zeit – vielleicht schon an diesem ersten Abend. Das hat er mir auch immer wieder gesagt. „Ich will Dich nicht drängen, aber ich will unbedingt mit dir schlafen. Bitte denk drüber nach!“

Das war unser erster „intimer“ Abend. Und es begann ein relativ gleiches Schema unserer Abendgestaltung: Wir haben uns getroffen, um seine sexuellen Wünsche zu befriedigen.

Heimlichkeiten und schlechtes Gewissen

Was aber neben den sexuellen Gefälligkeiten noch begann, war ein schreckliches Spiel der Unwahrheiten und Geheimnisse. Wie konnte ich seiner Frau noch ins Gesicht sehen? Nachdem sie nichts von dieser „Sache“ wusste, hielt sie natürlich an unserer Freundschaft fest und die Kontakte wurden nicht weniger, nur weil ich plötzlich eine „Affäre“ mit ihrem Mann hatte.

Manchmal hat Kurt gesagt, ich könne am Fenster seines Büros klopfen, er würde auf mich warten. Oben hat seine Frau geschlafen und wir haben in seinem Arbeitszimmer Intimitäten ausgetauscht. Wenn ich das heute schreibe und mir bewusst mache, was passiert ist, war es widerlich. Grausam. Wie konnte ich so etwas machen? Wie konnte ich mich darauf einlassen?

Wir haben uns meistens am Freitagabend getroffen. Einmal hat Kurt mir nach dem Gottesdienst am Sonntagmorgen einen kleinen Zettel zugesteckt, mit einer Uhrzeit, wann ich kommen könnte. Seine Frau war mit dem Kind immer wieder verreist und deswegen war das Pfarrhaus immer wieder leer – für mich.

Einmal sagte er zu mir: „Wäre ich Lehrer an Deiner Schule, könnten wir das hier nicht so machen. Da müsste ich mit Konsequenzen rechnen.“

Nach seiner „Beichte“, in der er sein Herz über die Probleme in seiner Ehe ausgeschüttet hatte, wollte er auch nicht mehr mit mir reden. Er wollte nur mit mir schlafen.

Eines Tages hat Kurt mich vor den Augen seines Kindes in den Nacken geküsst. Ich war irritiert. Ute hatte kurz den Raum verlassen, war aber in greifbarer Nähe. Ich weiß noch, dass dies eine ganz unangenehme Situation für mich war. Am liebsten hätte ich gesagt:

„Lass es!“ Aber ich habe es nicht getan. Schließlich war er der Pfarrer und so viel älter als ich. Er musste doch wissen, was richtig war. Es war, als wäre mein Kopf ausgeschaltet.

Er nannte mich damals „meine Kleine“. Mir hat das damals schon missfallen – vor allem, weil ich für eine Frau relativ groß bin und schon aufgrund dessen keine „Kleine“ war. Aber er hat mich kleingemacht, um selbst groß zu sein. Erst jetzt begreife ich dies. Er hat junge, unerfahrene Mädchen gebraucht, um selbst „groß“ zu werden.

Ich habe meine Mutter eingeweiht

Bereits nachdem Kurt mir sein Herz ausgeschüttet hatte, habe ich es meiner Mutter erzählt – gleich – von Anfang an. Sie hatte natürlich bemerkt, dass mich etwas beschäftigt und belastet. Ich habe ihr davon erzählt, dass Kurt Schwierigkeiten in seiner Ehe hätte. Und ich habe ihr das Versprechen abgenommen, dass sie niemandem davon erzählen darf. Vor allem meinem Vater nicht. Sie hat es versprochen. Es war nicht richtig von mir, sie in diese Geschichte reinzuziehen. Und es war nicht richtig, dieses Versprechen von ihr zu verlangen. Kurt wusste nicht, dass ich meiner Mutter davon erzählt habe.

Als die Körperlichkeit zwischen Kurt und mir begannen, hat er mir immer gesagt, dass das Ganze unter uns bleiben muss. Dass ich mit niemandem darüber reden dürfe. Meine Mutter wusste da aber schon Bescheid. Ich habe es Kurt nicht erzählt, weil ich dachte, dass er bestimmt enttäuscht von mir sei, dass ich seine Geschichte weitererzählt hatte.

Einige Zeit später hat Kurt mir dann „erlaubt“, mit meiner Mutter drüber zu sprechen. Er hat gesagt: „Mit irgendjemandem musst du wohl darüber sprechen. Aber es ist klar, dass sie zu nichts und niemandem etwas sagen darf.“ Damit hat er auch sie in das Boot der Schuldgefühle, des Mitwissens und der Lügen geholt. Anfangs hat meine Mutter sehr „cool“ reagiert. Hat gesagt, dass sie sich schon immer einen jüngeren Bruder gewünscht hätte und dass Kurt nun diese Rolle für sie einnehmen könnte. Auch meine Mutter dachte, dass Kurt sich in mich verliebt hätte, dass er eine Beziehung wollte, weil seine Ehe eben so schrecklich für ihn war. An sexuellen Missbrauch hat sie mit Sicherheit nicht gedacht.

Als meine Familie davon erfuhr

Meine Mutter hat eine Zeitlang geschwiegen. Dann nach ca. zwei Monaten hat sie es meinem Vater erzählt. Ich war bei Kurt, bin spät nach Hause gekommen. Sie hat es ihm erzählt, als er wissen wollte, wo ich war. Sie wollte ihn – verständlicherweise – nicht anlügen. Am nächsten Morgen wusste ich sofort, dass etwas passiert war. Die Atmosphäre war – schlimm! Es wurde mir nicht gesagt, was los war, weil ich „unbelastet" zur Schule gehen sollte, aber so eine Stimmung war vorher und nachher noch nie bei uns zu Hause. Als ich von der Schule nach Hause kam, hat meine Mama gesagt: „Die Bombe ist geplatzt. Ich habe es dem Vater gesagt!" Ich habe geschrien und geweint, hab gesagt: „Du weißt doch, wie er reagieren wird. Warum hast Du das getan? Ich habe Dir vertraut. Du hast es mir versprochen, dass Du nichts sagen wirst!" Ich wusste, dass er kein Verständnis haben würde. Dass er toben würde. So war es auch.

Als er von der Arbeit nach Hause kam, wurde ich „vors Gericht geführt". Mein Vater war wütend, zornig, enttäuscht, fassungslos. Ich konnte kaum sprechen. Es war furchtbar. Es war nur Schmerz – für uns alle. Und ich war schuld – natürlich war ich schuld. Wie konnte ich so etwas tun. Mein Vater wollte nur eins: Dass ich die ganze Sache sofort beende, dass das Ganze auf der Stelle aufhört.

Mein Vater kann Geheimnisse schlecht für sich behalten – und hat es meiner Oma erzählt. Meine Oma ist eine sehr kirchennahe, gläubige Frau, mit einer großen Achtung vor allen Lehrern und Pfarrern. Sie war fix und fertig, als sie es erfahren hat. Am Ende.

Vor kurzem erst war ihr Mann nach schwerer Krankheit gestorben und nun machte ihr über alles geliebtes Enkelkind solche Dinge. Welch eine Enttäuschung, welch ein Schmerz. Die ganze Familie war zutiefst erschüttert. Und ich war schuld. Ich alleine hatte ihnen allen dieses Leid zugefügt. Dass meine Oma diesen Schmerz wegen mir erfahren musste, habe ich bis heute kaum verkraftet. Ich kann heute noch diesen Schmerz fühlen, den sie gefühlt hat. Trotzdem hatte sie auch damals schon gesagt: „So ein Saubär!“ Vielleicht hat sie mir gar nicht alleine die ganze Schuld dafür gegeben.

Die Auswirkungen in unserem Haus waren in jeder Sekunde deutlich zu spüren und einfach nur schrecklich, schrecklich, schrecklich. Es ist mir bis heute ein Rätsel, wie ich in dieser Situation meine Abschlussprüfungen schreiben und auch noch bestehen konnte und in dem Haus wohnen bleiben konnte. Mein Vater hat dann gedroht, wenn die ganze Sache nicht aufhört, wird er den Kirchenvorstand einschalten und ihm davon erzählen.

Als Kurt davon erfahren hat, dass nun mehr Menschen von unserer Geschichte wissen, war auch er sehr geschockt. Als ich ihm gesagt habe, dass mein Vater den Kirchenvorstand einschalten will, hat er gesagt: „Dein Vater muss nur wissen, dass ich jederzeit den Ort hier wieder verlassen kann. Er muss hierbleiben und muss mit dem Gerede der Leute fertig werden!“ Genauso war es auch.

Trotzdem hat Kurt das Gespräch mit meinen Eltern gesucht. Er hat sie an einem Sonntagnachmittag zusammen mit mir zum Kaffeetrinken eingeladen und versucht die Situation zu entschärfen. Ich glaube nicht, dass ich jemals schlimmere Momente erlebt habe. Das Gespräch hat nicht lange gedauert. Mein Vater war unerbittlich. Seine einzige Forderung war, dass das Ganze aufhört, und zwar sofort und mit aller Konsequenz. Ich saß an diesem Tisch, ich glaube, ich konnte nicht ein einziges Wort sagen. Ich hatte einen riesigen Kloß im Hals. Kurt gab sich souverän, sagte, dass seine Ehe am Ende sei und dass wir uns ineinander verliebt hätten. Wie das geschehen konnte, könnte er auch nicht sagen. Mein Vater sagte: „Mit allem könnte ich leben, aber so etwas habe ich nicht erwartet!“ Er war maßlos enttäuscht von mir. Was hatte ich nur getan? Was hatte ich ihnen nur angetan?

Kurt hat meinen Vater noch gebeten, dass wir uns nach dem Gespräch voneinander verabschieden könnten, dass ich noch etwas bleiben darf, wenn wir doch hier und jetzt den Kontakt abbrechen sollten. Doch mein Vater hat das nicht zugelassen. Er wollte, dass ich sofort mit nach Hause komme. An der Tür hat mich Kurt nochmal in den Arm genommen. Ich habe nur geweint, immer nur geweint. Ich war so traurig. Ich weiß nicht, wie ich die Zeit überstanden habe. Zu Hause hat mein Vater gesagt, wenn ich mich noch einmal mit Kurt treffen würde und er kriegt es mit, dann könnte ich von zu Hause ausziehen. Ich habe dann Kurt angerufen – als meine Eltern aus dem Haus waren und nur noch ins Telefon geweint. Und er hat gesagt: „Komm!“

Nachdem ich mir die Erlaubnis von meinen Eltern abgeholt habe, dass ich noch weggehen konnte – nur eben nicht zu Kurt, bin ich natürlich sofort zu ihm. Diese ganzen Androhungen haben nur das Gegenteil bewirkt.

Meine Mutter hat das alles sehr mitgenommen. Sie wäre gerne auf meiner Seite gestanden. Aber sie konnte nicht. Sie war zu schwach. Mein Vater hatte vor dem Gespräch mit Kurt zu ihr gesagt, wenn sie nicht zu ihm hält, dann könnte sie sich scheiden lassen. Das hat meine Mutter nicht gepackt. Sicher war mein Vater auch nur hilflos. Wollte seine Tochter nicht so ins Unglück laufen sehen. Er hat alles, was in seinen Möglichkeiten lag, getan, um die Situation zu einem Ende zu bringen. Und meiner Mutter war die Ehe zu ihm wichtiger als das Vertrauen ihrer Tochter. Das habe ich lange nicht kapiert. Inzwischen verstehe ich es. Und es ist okay. Für mich war es damals eine Katastrophe.

Die Heimlichkeiten wurden immer mehr

Von diesem Moment an war ich allein mit der Geschichte. Konnte mit niemandem mehr darüber sprechen. Hatte keinen Vertrauten mehr.

Trotz all dieser schlimmen Dinge stand es nie zur Debatte, Kurt nicht mehr zu sehen. Ich hätte alles für ihn getan. Im Prinzip stand alles auf dem Spiel: mein Zuhause, das Verhältnis zu meinen Eltern und zu meiner Oma. Alles, was ich damals hatte. Und ich habe das alles in Kauf genommen. Wie nah ich alles an den Abgrund gebracht hatte, verstehe ich erst jetzt.

Ab sofort musste der Weg von zu Hause ins Pfarrhaus absolut heimlich ablaufen und durfte zu keiner Zeit beobachtet werden. Alles war heimlich. Als wäre ich ein Dieb. Ich musste durch die Kellertüre ins Pfarrhaus kommen, damit mich niemand sieht, und auch erst dann, wenn es schon dunkel war. Dann sollte ich gleich dort in der Waschküche meine Klamotten ausziehen und liegen lassen, für den Fall, wenn Ute nach Hause kommen würde, dass ich schnell über die Kellertüre wieder verschwinden könnte. Nackt bin ich dann durchs Haus. Die Haustüre war natürlich verschlossen und der Schlüssel steckte innen, so dass Ute hätte klingeln müssen, wenn sie ins Haus hätte kommen wollen. Zum Glück ist mir diese Sache erspart geblieben.

Wenn wir mit unserem Treffen „fertig“ waren, habe ich mich erst in dem Moment wieder angezogen, als ich das Pfarrhaus verlassen habe. Ich hatte ja keine Klamotten – welch ein entwürdigendes Spiel. Dann mitten in der Nacht, bin ich über den gleichen Weg wieder zurück. Bis ich in meinem Bett lag, bin ich manchmal tausend Tode gestorben. Ich hatte Angst. Immer Angst, entdeckt zu werden. Und trotzdem habe ich es getan, gegen alle Widerstände. Hoffentlich hört mich niemand, hoffentlich sieht mich niemand. Meine Mutter hat mir manchmal über versteckte Andeutungen gesagt, dass sie wisse, dass ich mich immer noch mit Kurt treffe, dass sie nachts hören würde, dass ich heimkomme.

Irgendwann waren wir im Auto unterwegs. Da habe ich ihm gesagt, dass ich es mir nun überlegt hätte und ich mit ihm schlafen würde. „Ich werde Dir ein großes Geschenk machen, über das Du Dich sehr freuen wirst. Es ist nicht mit Geld zu bezahlen." Kurt wusste sofort, wovon ich sprach. „Am liebsten würde ich jetzt sofort mit Dir ein Hotelzimmer suchen!" Er war am Ziel seiner Träume.

Als wir uns am Sonntagabend getroffen haben, hatte er alles schön vorbereitet. Nein, wir haben nicht im Ehebett miteinander geschlafen. Er hatte das Gästezimmer vorher mit der Polaroid-Kamera fotografiert und dann alles umgestaltet, um unsere erste Nacht zu zelebrieren. Ich kann mich noch an viele, viele Kerzen erinnern. Und er hatte immer Kondome in ausreichender Zahl – obwohl er ja eigentlich zeugungsunfähig war. Er war immer einfühlsam und vorsichtig – nie gewalttätig. Aber als wir „es" getan hatten, hat er gesagt: „Egal wie alt wir werden, Du wirst dich immer daran erinnern, dass ich der erste Mann in deinem Leben war!" Das hat ihm irgendwas gegeben.

Wir haben oft dreimal an einem Abend miteinander geschlafen. Mir war es manchmal zu viel. Aber ich habe nichts gesagt. Kurt hat gesagt, was er wollte; ich habe ihm seine Wünsche erfüllt. Immer. Ohne „Nein!" zu sagen. Manchmal hat er schon im Bademantel auf mich gewartet …

Er hatte keine Hemmungen, mir zu sagen, was er von mir wollte. Das ging ungefähr so: „Ute wollte mich nie da unten küssen. Sie hat sich schon küssen lassen, wollte es aber nicht bei mir machen!" (Ich fand es damals schon merkwürdig, dass er mir so etwas sagt. Die sexuellen Vorlieben seiner Frau gingen mich nun wirklich nichts an. Aber er musste ja erreichen, dass er das bekommt, was er wollte, ich denke, da war ihm jedes Mittel recht.) Kurt kannte seine Bedürfnisse sehr genau. Und ich wollte sie ihm erfüllen. Wollte ihn glücklich machen, ihm helfen.

Wie die Sache zu Ende ging

Eines Tages war ich kurz im Pfarrhaus, um einen Schlüssel abzuholen. Wir waren kurz alleine, als wir uns an den Händen hielten, ging plötzlich – ohne Vorwarnung – die Tür auf und Ute stand in der Tür. Ich werde nie ihren Gesichtsausdruck vergessen. Obwohl die Situation alles andere als eindeutig war, war in diesem Moment trotzdem allen klar, dass jeder wusste, was vor sich ging. Irgendetwas musste sie geahnt haben. Ich erinnere mich an die Gefühle, die in ihrem Blick zu lesen waren: verletzt, enttäuscht, fassungslos. Und ich war schuld. Ich hatte es angestellt, ich hatte diese Affäre mit ihrem Mann. Von da an war die Stimmung zwischen uns feindselig, irritiert, falsch.

Am folgenden Sonntagabend haben wir uns nochmal gesehen. Aber alles hatte sich verändert. Plötzlich wollte Kurt „uns“ – bzw. mich nicht mehr. Kurt hat mir gesagt: „Es kann auch sein, dass der Teufel unsere Beziehung wollte!“ Das werde ich nie vergessen. Ich war geschockt. Und ich hatte das Gefühl, dass mich der Teufel geschickt hatte, um seine Ehe zu zerstören.

Dann bin ich zu Hause ausgezogen in eine größere Stadt für meine Ausbildung. Meine Eltern haben mich dort abgesetzt und sind für vier Wochen in den Urlaub gefahren. Ich hatte keinerlei Möglichkeit nach Hause zu kommen. Mit Kurt hatte ich ausgemacht, dass wir uns nochmal treffen. Er würde mit dem Auto kommen und mich abholen. An diesem Tag war er krank. Eigentlich wollte er gar nicht kommen. Aber nachdem ich kein eigenes Telefon hatte und er mich kurzfristig nicht erreicht hatte, war er doch losgefahren, damit ich nicht stundenlang auf ihn warten musste. Wir sind dann in seinem Auto herumgefahren, er hat nach einem Wäldchen gesucht, damit ich seine Bedürfnisse befriedigen konnte. Weil wir nicht so schnell eines gefunden haben, ist er ziemlich ungehalten geworden. Irgendwie war er genervt von der ganzen Situation und auch von mir. Er hat mir dann gesagt, dass ich aufpassen solle, dass keine Flecken ins Auto kommen. Das war nur damit zu erreichen, dass ich ihn oral befriedige und die ganze Sache hinunterschlucke. Natürlich habe ich das getan. Dann hat er mich zurück in meine Wohnung gefahren. Ich habe nichts mehr von ihm gehört.

Nach einigen Wochen kam dann ein Brief. Dass ich ihn wohl für einen ganz falschen Fünfziger halten muss, weil er sich gar nicht mehr meldet. Dass er in einer schwierigen Lage sei, weil Ute seine Post öffnen würde und überhaupt sehr misstrauisch geworden ist. Ich solle mich deswegen auch nicht mehr melden. Damit war die Sache für ihn beendet. Daraufhin habe ich alles zerrissen und zerschnitten, was ich von ihm hatte. Alles, was sichtbar war, habe ich vernichtet. Die Geschichte in meinem Kopf und in meinem Herzen konnte ich nicht vernichten.

Ein Jahr später hat mir mein Vater erzählt, dass der Pfarrer einen Motorradunfall auf gerader Strecke hatte. Man vermutete einen Selbstmordversuch. Wieder hatte ich schlimme Schuldgefühle.

Wieder einige Zeit später hat Ute in der Gemeinde verkündet, dass sie sich von ihrem Mann scheiden lässt. Er hätte eine Freundin. Ich weiß noch, dass meine Oma sagte, dass ihr das Herz bis zum Halse schlug. Sie dachte, sie bekommt einen Herzinfarkt. Sie hatte solche Angst, dass unser Name fällt.

Was aus Kurt geworden ist …

Als ich vor einem Jahr die Dimension meiner Geschichte erkannte und ein bisschen realisiert hatte, was damals passiert ist, habe ich mich im Netz auf die Suche nach Kurt gemacht. Er ist inzwischen gestorben.

Welche Auswirkungen hat diese Geschichte auf mein Leben?!

Ich verstehe inzwischen, dass ich so geschickt manipuliert wurde, dass ich nicht „Nein" sagen konnte. Dass ich mich so stark mit diesem Mann identifiziert habe, dass ich Mitleid und Liebe verwechselt habe – oder war es Hörigkeit – Abhängigkeit?! Ich weiß es nicht.

Ich habe ein gutes Leben. Ich bin seit fast 24 Jahren verheiratet, habe Kinder, die ich über alles liebe und die gesund und fröhlich heranwachsen (mit den normalen Problemchen, natürlich). Ich habe einen Beruf, den ich gerne mache, und Hobbys, die ich in meiner wenigen Freizeit gern tue. Und trotzdem gibt es Dinge, die wahrscheinlich doch irgendwie mit der Geschichte von damals verknüpft sind.

Ich habe den Kontakt zur Kirche verloren. Seitdem ich verstanden habe, was damals passiert ist, kann ich nicht mehr in die Kirche gehen, finde keinen Weg zurück zur christlichen Gemeinde. Ich kann mich nicht mehr aktiv einbringen, weil sich alles in mir sträubt. Ich habe es versucht, wirklich, beinahe über meine Kräfte, inzwischen habe ich aufgegeben. Es gab Zeiten, da habe ich mehrere Wochen gebraucht, um den Weg in den Sonntagsgottesdienst zu gehen. Ich habe versucht, mir vorzunehmen hinzugehen, und kurz vorher doch wieder zurückgezogen. Wenn ich es dann geschafft hatte, hat es hinterher eine Woche gedauert, um mich davon zu erholen, bis ich nicht mehr geweint und pausenlos daran gedacht habe. Wenn ich heute zum Gottesdienst gehen muss (wegen Konfirmation oder anderer wichtiger Verpflichtungen), kostet es mich immer noch unheimliche Kraft und ich versuche, „jemand anderen" in mir hinzuschicken. Es ist, als würde ich einen Teil von mir abkoppeln, der geht zum Gottesdienst, und wenn ich (bzw. dieser Teil von mir) den Gottesdienst wieder verlässt, tue ich alles mir Mögliche, um schnell alles zu vergessen und in den Alltag zurückzukehren. Nur nicht daran denken: an Kirche, Pfarrer, Talare, Predigten.

- Ich habe 30 Jahre mit schlimmen Schuldgefühlen gelebt.
- Ich habe viel Kraft darauf verwendet, diese Missbrauchsgeschichte, so gut es eben ging, zu verdrängen.
- Es kostet mich sehr viel Kraft, mich jetzt damit auseinanderzusetzen.
- Es ist schlimm, mit niemandem darüber reden zu können.
- Ich habe in den letzten Jahren sehr, sehr viel gearbeitet. Mehr als mir und meiner Familie gutgetan hat. Ich war wie eine Getriebene. Rastlos. Ohne freie Minute. Wahrscheinlich habe ich den Stress gebraucht, um zu vergessen und zu verdrängen.
- Ich schlafe sehr, sehr schlecht. Ich weiß nicht, ob es in einem ursächlichen Zusammenhang steht, stelle es nur fest und es belastet mich zunehmend.
- Ich habe schlechte Essgewohnheiten. Obwohl ich täglich für meine Familie frisch koche, kann ich bei den Mahlzeiten wenig oder kaum etwas essen. Sehr oft muss ich mich regelrecht dazu zwingen. Um meinen Energiebedarf zu decken, esse ich Schokolade. Glücklicherweise nimmt es mir meine Figur nicht übel.
- Ich leide unter Ängsten in allen möglichen Situationen – zu Hause fühle ich mich wohl und sicher. Aber jede Veränderung, eine Fahrt in den Urlaub, zu unbekannten Zielen weckt in mir Ängste.

Ich habe den Glauben an einen liebenden Gott verloren. Ich brauche Gott als Gegenüber in meinem Leben. Ich brauche jemanden, dem ich meine Nöte, Ängste, Sorgen, Freuden anvertrauen kann. Und ich habe nach wie vor Hoffnung, dass er mir in schwierigen Situationen hilft. Aber wenn er so allmächtig ist und so „lieb“ ist, wie ich zeit meines Lebens gedacht habe, warum lässt er so viel Schlimmes zu? Gott ist Gott – neutral –, ich verstehe ihn nicht. Aber noch glaube ich fest daran, dass er da ist.

Und seit ich erkannt habe, dass ich nicht schuld bin, habe ich das Vertrauen in die Menschen verloren. Ich kann kaum jemandem trauen. Ich habe Angst, wenn die Kinder bei Freunden übernachten, wenn sie in den Sportverein gehen oder Veranstaltungen besuchen. Ich weiß, dass man niemandem trauen kann. Man kann das „Böse“ nicht sehen. Mein Täter war ein unglaublich angesehener, charismatischer Mensch und auch deshalb konnte ich 30 Jahre nicht glauben, dass die Schuld für diese Geschichte woanders als bei mir liegen könnte.

Ich habe Schwierigkeiten, mich abzugrenzen und „Nein“ zu sagen. Die Probleme der anderen werden immer noch schnell zu meinen eigenen Problemen. Ich erkenne, wenn es Menschen schlecht geht, und versuche zu helfen, ohne auf mich selbst zu achten. Und wenn ich meine eigenen Bedürfnisse in den Vordergrund stelle, leide ich an meinem schlechten Gewissen.

Ich kann und will mit niemandem aus der Familie und auch im Freundeskreis über diese Sache sprechen. Ich habe Angst vor Reaktionen wie Unverständnis, „ … das ist doch so lange her, das spielt doch gar keine Rolle mehr“, vielleicht auch vor „Unglauben“. Aber am meisten Angst habe ich, dass ich den Glauben von anderen Menschen zerstöre: einen unerschütterlichen Glauben an das Gute im Menschen, an eine „gute“ Kirche und einen „guten“ Gott. Wie soll man einer Kirche Vertrauen schenken, wenn man weiß, dass die Mutter oder Ehefrau darin missbraucht wurde? Als meine Oma damals von dem Missbrauch erfuhr und ich spürte, dass etwas in ihr kaputt ging, etwas von ihrem Glauben an Gott und an die Kirche, war das eines der schlimmsten und grauenvollsten Erlebnisse in meinem Leben. Dafür will ich nie wieder verantwortlich sein – auch wenn es natürlich der Täter war. Aber wenn ich jetzt meiner Familie nichts davon erzähle, fühle ich mich zumindest diesbezüglich nicht schuldig.

Reden ist Leben

Thomas Wesskamp

Wisst ihr nicht, dass die Ungerechten das Reich Gottes nicht ererben werden! Weder die Unzüchtigen noch die Götzendiener … noch die Knabenschänder … werden das Reich Gottes ererben!
(1. Korinther 6,9+10)

Herr Stolze!
Sie mögen sich wundern, dass ein Brief von mir Sie erreicht, aber es steht noch etwas aus zwischen Ihnen und mir. Ich klage Sie an für das, was Sie mir vor vielen Jahren angetan haben …
(geschrieben während eines Klinikaufenthaltes im Juli 2014)

Lieber Thomas, dein Brief hat mich erschüttert und bewegt. Ich hatte keine Ahnung, dass ich dir etwas angetan hatte. (...) Das Thema ist zu wichtig, als dass wir es brieflich abklären könnten. (...) danach möchte ich mit dir ein Treffen vereinbaren, bei dem wir uns aussprechen können. Ich bin jetzt 80 geworden und mein Leben neigt sich dem Ende zu, und wenn noch etwas offen ist, möchte ich es gerne in Ordnung bringen.
(Antwort von Pfarrer Stolze – Juli 2014 – ich habe nicht darauf reagiert)

Hallo Thomas, gleich nach meiner Rückkehr habe ich bei Ihnen angerufen, um einen Gesprächstermin mit Ihnen zu vereinbaren. ... den Versuch machen, einen Termin mit Ihnen zu vereinbaren. Ich schlage vor den Parkplatz bei Münzenberg auf der östlichen Seite
(2. Antwort von Pfarrer Stolze – der genannte Parkplatz ist einschlägig bekannt als Treffpunkt für anonyme Sexkontakte! – August 2014)

Was war geschehen?

1973 begann ich mit dem Konfirmandenunterricht, ich war 12 Jahre alt. Die Kirchengemeinde war immer ein wichtiger Ort für mich, ja mehr noch: Heimat. Kindergottesdienst, Kinderchor und Jungschar gehörten fest zu meinem Alltag dazu. Pfarrer Stolze spielte dabei kaum eine Rolle, denn all dies wurde von Ehrenamtlichen gestaltet. Dennoch kannte ich Pfarrer Stolze – meine Großeltern gingen regelmäßig zum Gottesdienst, sie waren fromme Menschen, der Pfarrer war für sie eine Respektsperson. Auch meine Mutter hatte einen guten Kontakt zu Pfarrer Stolze, zum einen über die Gemeindefahrten, die er organisierte, zum anderen verdiente sie sich ein bisschen Geld mit Näharbeiten und zu ihren Kunden gehörte auch der Pfarrer.

Nach einer Unterrichtsstunde fragte mich Pfarrer Stolze, ob ich ihm noch kurz etwas helfen könnte. Er müsse aus einem Schrank etwas herausholen, ganz oben, deshalb brauche er eine Leiter, aber er würde der Leiter nicht mehr so recht trauen. Ich ging mit ihm in den Flur des Gemeindehauses, er holte eine kleine Trittleiter und stellte sie vor dem Schrank auf. Dann bat er mich, doch auf die Leiter zu steigen, um die Sachen aus dem Schrankfach zu holen. Ich wäre doch leichter als er und er würde die Leiter festhalten, so könne nichts passieren. Arglos stieg ich die Leiter hinauf und reichte ihm die Sachen herunter (ich glaube, es waren irgendwelche Notenbücher). Als ich auf der Leiter herunterkam, wackelte sie bedenklich, und er versuchte mich festzuhalten, dabei landete eine seiner Hände auf meinem Schoß. Ich war in dem Moment völlig baff, wusste gar nicht, was das sollte, dachte noch an ein Versehen. Er ließ mich dann los und ich stieg von der Leiter ab. Dann stellte er sich dicht vor mich, so dass ich ihm nicht ausweichen konnte und legte seine Hand wieder auf meinen Intimbereich und begann mich dort zu streicheln. Er sagte: „Das fühlt sich ja schon gut an, du wirst wohl langsam zum Mann." Ich konnte nichts sagen, ich konnte mich überhaupt nicht mehr rühren, wie eine Puppe stand ich da. Doch in mir ging alles durcheinander. Ich war verwirrt und zugleich entsetzt, was seine Berührung in mir auslöste. Ich wollte fliehen, denn ich spürte, dass da etwas dran „falsch" war, nicht in Ordnung. Mich ekelte vor seinem Gesicht, die Art, wie er mich anschaute, und er atmete so seltsam dabei. Schließlich nahm er seine Hand weg und gab den Weg frei. Er trug mir noch auf, meinen Großeltern einen Gruß zu bestellen. Dann ließ er mich gehen.

Ich schwieg – und lieferte mich damit ihm aus.

Irgendwie musste ich alleine damit klarkommen, irgendwie musste ich da durch. Ich fing an Phantastische Literatur zu lesen. Die Geschichten der Helden, verwundet, gedemütigt und doch am Ende siegreich, gaben mir Trost. Die Musik, die ich hörte, gab meinen Gefühlen Ausdruck, auch wenn niemand anderes das verstand. Und dann war da meine Großmutter. Sie hatte in ihrem Leben schon manches durchgemacht und dennoch ihr gutes Herz bewahrt und ihr Vertrauen auf Gott. Von ihr lernte ich – zu überleben.

Aber ich schwieg – und nach und nach konnte ich die Begegnungen mit Pfr. Stolze über mich ergehen lassen. Und ich überlebte.

Hallo! Was mich gestern so geschmerzt und aufgeregt hat, dass Sie und Frau Stark zu verstehen gegeben haben, dass ich Ihnen Böses zugefügt habe. (...) Ich wollte Ihnen nicht wehtun, nicht körperlich und nicht seelisch. (...) Verbitten möchte ich mir aber Ihre Anschuldigungen, was meine pfarramtliche Wirksamkeit betrifft. Ich denke, das können andere besser beurteilen. ‚Mein frommes Getue und meine Darstellung nach außen', wie Sie es darstellen, empfinde ich auch als eine Beleidigung.
(Brief von Pfarrer Stolze vom Juli 2015)

(...) Mein Eindruck ist, dass Sie keinerlei Unrechtsbewusstsein haben. Wie jämmerlich ist es allein schon, dass Sie es nicht einmal schaffen, mich namentlich anzureden! Ich kann zum gegenwärtigen Zeitpunkt Ihrer Bitte nicht entsprechen, kann Ihnen also keine Entschuldigung zugestehen.
(Meine Antwort im Juli 2015)

Hallo, Herr Wesskamp! Es fällt mir in der Tat sehr schwer, Sie anzureden. So, wie Sie mir in Nidderheim begegnet sind, fällt es mir schwer, ‚Sehr geehrter' oder gar ‚lieber Herr Wesskamp' zu sagen. Ich bin nach Nidderheim gefahren in der Hoffnung, dass wir uns am Ende des Gespräches umarmt hätten und ich wieder ‚lieber Thomas' hätte sagen können. (...) Wie ich Ihnen in meinem 2. Brief mitgeteilt habe, ist es mir wichtig, dass ich in meinem Alter – ich bin inzwischen 81 Jahre alt – alles in Ordnung bringe, was vor meinem absehbaren Tod noch zu bereinigen ist. Ich empfehle dringend, einmal nachzulesen, was Jesus zu diesem Thema sagt: Matthäus 18,21 und 22. Es wäre für mich wichtig, auch mit Ihnen im Frieden zu leben – das wünscht sich von ganzem Herzen Herr Stolze.

(Brief von Pfarrer Stolze vom Juli 2015)

(...) Leider ist Ihrem Schreiben nicht zu entnehmen, dass Sie den Unrechtsgehalt Ihrer Taten und Ihres Verhaltens erkennen, noch dass Sie dafür die Verantwortung übernehmen. Demzufolge fehlt Ihrer Bitte um Entschuldigung das ernsthafte Begehren tatsächlich „entschuldigt" zu werden: Sie erkennen Ihre Schuld nicht an. Vielmehr versuchen Sie sich aus der Verantwortung zu stehlen, indem Sie die Ereignisse „klein reden", ihnen einen pädagogischen Anstrich geben, die Verantwortung auf das von Ihnen für Ihre Befriedigung benutzte Kind abschieben. So kann keine Entschuldigung erwartet werden. Herr Pfarrer Wesskamp bittet Sie von weiteren Schreiben an ihn Abstand zu nehmen.

(Brief von Frau Stark vom September 2015)

Was war geschehen?

Nach einem Zusammenbruch (Burnout) war ich für einige Wochen in einer psychosomatischen Klinik. Dort begann ich meinen Missbrauch aufzuarbeiten. Sicher, ich hatte vorher schon Versuche unternommen, mit jemandem darüber zu reden. Doch waren diese Menschen meist überfordert. In der Klinik fand ich einen Rahmen, in dem ich mich öffnen konnte, und einen Therapeuten, dem ich mich anvertrauen konnte.

Nach dem Klinikaufenthalt habe ich den Missbrauch bei meiner Kirche angezeigt. Es gab mehrere Gespräche mit der zuständigen Kollegin Frau Brenner und Frau Stark von der Rechtsabteilung. Beide Frauen haben mich in guter Weise unterstützt, nie in Zweifel gezogen, was ich erzählte und doch realistisch die Handlungsmöglichkeiten aufgezeigt. Aufgrund der ganzen Umstände wurde mir von einem Disziplinarverfahren abgeraten. Doch – auf meinen Wunsch hin – kam es zu einer Konfrontation.

Ich wollte nicht mehr schweigen – auch ihm gegenüber nicht.

Mir war diese Gegenüberstellung wichtig. Ja, ich hatte Angst davor, ich wusste – trotz der guten Vorbereitung – nicht, wie ich ihm begegnen sollte. Kurz vor dem Gespräch war ich noch einmal auf Toilette. Als ich zum Gesprächsraum zurückkam, stand Frau Brenner vor der Tür und sagte mir, dass Pfarrer Stolze eingetroffen sei. Ich betrat den Raum und war erstaunt: Er war so klein!

Dieser Eindruck blieb während des ganzen Gespräches: Da sitzt ein kleiner, alter Mann, der mit sich selbst überhaupt nicht klarkommt. Der seine beruflichen Erfolge hervorkehrt und keinerlei Bewusstsein hat für das, was er getan hat. Fast hätte ich Mitleid mit ihm gehabt. Nach etwa 90 Minuten hat Frau Stark das Gespräch abgebrochen, da Herr Stolze sich nur noch im Kreise drehte.

Insgesamt sind 5 meiner Konfirmanden Pfarrer geworden und eine Konfirmandin lebt als Missionarin in Hongkong (...). Darauf bin ich immer sehr stolz. Es ist mir ein Zeichen gewesen, dass ich meinen Dienst so überzeugend gemacht habe, dass er für andere zu einer Motivation geworden ist. Das gilt gewiss auch für Thomas Wesskamp.

(...) beigefügt hatte ich den Bericht über mein Goldenes Ordinationsjubiläum an Pfingsten 2012. Es war ein überwältigendes Jubiläum, das ich in der Universitätskirche, in der ich mich nach meiner Versetzung in den Ruhestand engagiert habe, mit einem Gottesdienst gefeiert habe. (...) Dieser Bericht hat Thomas offenbar geärgert (...). War er eifersüchtig, dass nicht ich, sondern meine Arbeit ein so positives Echo gefunden hat?

Wie es ihm heute geht, weiß ich nicht. Er hat nicht geheiratet – ob er eine Freundin hat, die ihn auch einmal in den Arm nimmt? Oder einen Freund? Ich denke: es geht ihm psychisch schlecht und vermute, dass er das an mir festmachen will. Ich hätte ihn gern getroffen und mit ihm gesprochen.

Sie möchte ich bitten, mir keine Post zu schicken. Meine Frau, die die Post immer in Empfang nimmt, würde sich zu sehr aufregen.

(Brief von Pfarrer Stolze an Frau Stark vom Januar 2015)

Im Rückblick auf die fast 50 Jahre, die nun seit dem Beginn des Konfirmandenunterrichts hinter mir liegen, muss ich sagen, dass ich manches besser einordnen kann. Ich hatte immer mit Depressionen zu tun und habe es noch – auch wenn ich jetzt besser damit umgehen kann. Ich habe lange darum gekämpft, ob ich überhaupt Pfarrer werden kann, Pfarrer werden will ... Ich hatte große Schwierigkeiten, mit meiner Sexualität klarzukommen. Ich wollte nie so sein wie er. Pfarrer Stolze war mir wahrlich kein Vorbild, da gab es andere Pfarrer*innen und kirchliche Mitarbeiter*innen, an denen ich mich eher orientiert habe.

Ich wollte nie so sein wie er – aber noch immer in den Tagen, da es mir schlecht geht, sagt eine Stimme in mir: Schau doch, was aus dir geworden ist, ein schwuler Pfarrer, der es nicht schafft, in einer Beziehung zu leben – genau wie er!

Ich kann gar nicht genau sagen, welche Kraft es war, die mir ermöglichte, trotz all dem meinen Weg zu gehen. Mein Humor hat mir sicherlich dabei geholfen, meine kleinen „Alltagsfluchten" in die Phantastische Literatur. Und noch immer hilft mir in manchen Momenten ein Lied, das ich damals schon gehört habe. Und da ist die Erinnerung an das unerschütterliche Vertrauen in Gott, das meine Großmutter hatte. Eine Erinnerung, die mir immer wieder Mut macht.

Und ja, so würde ich es durchaus sagen, war da Gott. Es ist nicht einfach zwischen mir und Gott. Wir haben immer wieder eine Menge zu bereden. Vielleicht habe ich auch zu lange Gott gegenüber geschwiegen …

Im Rückblick auf die Jahre, seit ich mein Schweigen gebrochen habe, muss ich sagen: Das war das Beste, was passieren konnte. Ich merke, wie ich mich seitdem mehr und mehr verändere, stärker werde, klarer werde. Ich merke, wie das dunkle Loch in mir bezähmbar wird, handhabbar wird, so dass ich ihm nicht mehr ausgeliefert bin. Ich merke, dass ich mit meinen Erinnerungen nun – nicht immer, aber immer öfter – umgehen kann. Ich merke, dass ich nicht nur überlebe, sondern dass ich lebe.

Was bleibt ist, sind Fragen: Was ist mit all den anderen, die Pfarrer Stolze in seine Hände gekriegt hat? Was ist mit denen im Dorf, die wussten, was los war, und geschwiegen oder weggeguckt haben? Was ist mit den Vorgesetzten, die alles unter den Teppich gekehrt haben? Was ist mit der Familie von Pfarrer Stolze – seiner Frau? Wusste sie davon? Hat sie es geduldet oder gar gefördert? Seinem Sohn? Was hat er erlebt, vielleicht erleben müssen?

Es wird weiterhin geschwiegen – aber es ist nicht mehr mein Schweigen!

Du darfst die Fäuste zum Himmel ballen

Inela Marin

Als ich mich mit der Frage beschäftigte, ob ich mir vorstellen könnte, meine Geschichte für dieses Buchprojekt aufzuschreiben, musste ich erst einmal tief Luft holen. Mir schlug das Herz bis zum Hals und meine Hände zitterten. Ich erinnerte mich daran, wie es 2010 für mich war, als ich von den zahlreichen Missbrauchsfällen in der katholischen Kirche erfuhr. „Ich bin ja gar kein Einzelfall!", durchfuhr es mich damals. „Ich bin ja gar nicht allein!" Inzwischen weiß ich längst, dass ich auch in der evangelischen Kirche kein „Einzelfall" bin.

Auf der einen Seite macht es mich unendlich traurig zu wissen, dass so viele Menschen im Kontext der Kirche Opfer sexueller Gewalt wurden. Auf der anderen Seite merke ich, wie viel Mut und Kraft bei mir selbst freigesetzt wird, wenn andere aufstehen und das Schweigen brechen. In dem Zusammenhang entdeckte ich vor kurzem einen Ausschnitt aus einem Gedicht:

> „Was nicht erzählt wird, trennt.
> Doch wenn ein Ich erzählt,
> ein Mensch sich traut
> und seine Sicht beim Namen nennt
> und ein andrer merkt, dass er das kennt –
> das ist ein heiliger Moment."[1]

Während ich noch mit diesen Gedanken beschäftigt war, verstarb in diesem Sommer unser Hund. Mein Mann und ich liebten ihn sehr, er war ein Familienmitglied und gehörte viele Jahre fest zu uns. Für uns war er ein besonderes Tier, ein ganz besonderer Freund, und der Abschied zerreißt uns fast das Herz. Wir entschieden uns, mit unse-

---

1 Zitiert aus dem Gedicht „Lagerfeuer" von Christina Brudereck.

rer Trauer aktiv und ganz offen umzugehen, unsere Freunde und Bekannten zu informieren, sie einzubeziehen und teilhaben zu lassen. Einige wenige reagierten abweisend. Die meisten jedoch schenkten uns ihr Mitgefühl, ihr offenes Ohr, liebevolle Worte, Gesten und Umarmungen oder setzten sich zu uns und weinten mit uns. Wir waren echt überrascht!

Irgendwann sagte ich zu meinem Mann:

> „Wenn ich so doch auch mit meiner Lebensgeschichte umgehen könnte!
> Wenn ich einfach dastehen könnte, mit allem, was nun mal in meinem Leben passiert ist.
> Wenn ich einfach offen und ehrlich Ich wäre.
> Was wäre dann wohl?"

Es ist ungleich schwerer mit meiner Lebensgeschichte ähnlich offen umzugehen wie mit der Trauer um unseren Hund. Über Missbrauch zu reden – und dann auch noch über Missbrauch in der Kirche – kann auch trennen. Meiner Erfahrung nach reagieren Menschen bei diesem Thema unvorhersehbar. Ich bin immer noch sehr vorsichtig und überlege gut, wem ich was erzähle. Denn über Missbrauch zu reden kann starke Gefühle auslösen – bei allen Beteiligten. Darüber muss ich mir immer im Klaren sein. Vorsicht ist hier meiner Meinung nach auf jeden Fall angebracht – anderen gegenüber und auch mir selbst gegenüber.

Aber alles hat mindestens zwei Seiten. Ich bin z. B. zu einer Meisterin geworden, mir nichts anmerken zu lassen. Ja, Schweigen schützt vor dem Verletztwerden. Und diesen Schutz brauchte ich lange Zeit unbedingt. Schweigen trennt mich aber auch oft von den Menschen, die sich ernsthaft für mich interessieren, die vielleicht ganz natürlich reagieren würden, die vielleicht sogar ähnliche Verwundungen kennen.

Es ist ein Dilemma. So ist es. Trotzdem ist es mir wichtig zu reden, in einem geschützten Rahmen wie diesem. Mich wird, wie so oft, wieder Angst und Scham überfallen, schon bei dem bloßen Gedanken, mich anderen gegenüber zu öffnen. Und trotzdem ist es wichtig, das Schweigen zu brechen! Denn nicht wir Betroffenen müssen uns schämen!

Und so stelle ich mich jetzt an die Seite der vielen Betroffenen, auch in der evangelischen Kirche, und schreibe meine Geschichte auf.

Mein Elternhaus

Nach meiner Geburt erkrankte meine Mutter an Schizophrenie. Von da an bekam sie in unregelmäßigen Abständen Schübe mit Wahnvorstellungen und Halluzinationen. Dazwischen hatte sie depressive Episoden und ich musste über die Jahre hinweg miterleben, wie sie immer hilfloser wurde.

Mein Vater begann zu trinken und wurde zum Alkoholiker. Er war gewalttätig, schlug meine Mutter und mich. Während der stabileren Phasen holten sich meine Eltern koreanische Gastarbeiter ins Haus, die teilweise ganz oder an den Wochenenden bei uns wohnten. Mit ihnen zusammen lebten sie alle möglichen sexuellen Phantasien aus.

Ich schämte mich für mein Elternhaus. Alles, was sich dort ereignete, versuchte ich geheim zu halten. Niemand sollte etwas merken.

Erste Begegnung mit der Kirche

Der Beginn meines Konfirmandenunterrichts war für mich wie der Eintritt in eine völlig andere Welt. Ich lernte andere Kinder kennen, ging in Jugendgruppen, lernte Gitarre spielen. Der Pfarrer machte sich sehr viel Mühe mit uns Jugendlichen. Er war der erste Erwachsene, der merkte, dass es mir zu Hause nicht gut ging und vorsichtig nachfragte. Ich wurde Babysitterin für seine beiden kleinen Kinder und verbrachte viel Zeit entweder im Pfarrhaus oder in der Kirche. Der Pfarrer wurde zu meiner engsten Vertrauensperson und ich nannte ihn in meinem Tagebuch „Papi". Irgendwann sagte er zu mir: „Wenn du möchtest, bin ich ab jetzt dein Vater und meine Familie ist deine Ersatzfamilie." Ich schloss die ganze Pfarrersfamilie tief in mein Herz.

Einschneidende Veränderung

Als ich 16 Jahre alt war, starb meine Mutter. Die Pfarrersfamilie nahm mich inoffiziell als Pflegekind auf. Ab diesem Zeitpunkt änderte sich alles. Die Pfarrfrau wollte, dass ich mich für die Betreuung der Kinder und den Haushalt mitverantwortlich fühlte, sobald ich aus der Schule nach Hause kam. Jugendgruppen durfte ich nur noch bedingt besuchen und den Gottesdienst nur nach Absprache. Auch das Verhalten des Pfarrers mir gegenüber änderte sich schlagartig. Wenn seine Frau den Raum betrat, brach er das Gespräch mit mir ab. Nett war er zu mir nur noch heimlich. Wenn ich weinte, kam er in mein Zimmer, um mich zu trösten. Als er mich zum ersten Mal umarmte, freute ich mich und dachte, ich hätte jetzt einen richtigen Vater. Doch schon bald veränderten sich die Umarmungen und die Berührungen und ich bekam Angst. Für einen kurzen Moment überlegte ich, darüber mit jemandem zu reden, aber ich kannte niemanden, dem ich vertrauen konnte. Der Pfarrer sagte zu mir: „Ich weiß, dass du in mir einen Vater suchst, aber ich kann dich nur wie ein Mann lieben." Es würde aber keine Rolle spielen, er wäre eben mein „väterlicher Freund". Gott würde mir durch ihn seine Liebe zeigen und es wäre doch ein großes Glück, dass er für mich der Erste wäre.

Mir ging es psychisch zunehmend schlechter und ich fühlte mich verwirrt. Wenn er mitbekam, dass ich verzweifelt in meinem Zimmer saß, erklärte er mir, dass es mir so schlecht ginge, weil ich ja gerade meine Mutter verloren hätte und ich aus einem sehr schwierigen Elternhaus käme. Tatsächlich überlegte ich, ob es nicht sinnvoll wäre, zu einem Psychiater zu gehen, weil ich furchtbare Angst hatte, so krank wie meine Mutter zu werden. Wenn ich zaghafte Anzeichen von Widerstand zeigte, sagte er: „Du kannst ja zu deinem Vater ziehen."

Auch als ich nicht mehr im Pfarrhaus wohnte, ging der Missbrauch bis zu meinem 24. Lebensjahr weiter, bis zu dem Zeitpunkt, als ich meinen dann späteren Mann kennenlernte. Noch Jahre später rief er mich an und sagte: „Wenn du redest, verliere ich meinen Beruf. Willst du das?", „Diese Geschichte muss ewig in unseren Herzen verschlossen bleiben".

Und das blieb sie in der Tat über viele Jahre. Was geschah, war wie in mir vergraben, nicht vergessen, aber wie abgespeichert auf einer zweiten Spur. Jeder Gedanke darüber war verboten und es war absolut klar, dass ich darüber niemals reden darf. Ganz abgesehen davon hatte ich auch keine Worte für das, was da geschehen war. Die offizielle Version lautete: Ich komme aus einer tollen Kirchengemeinde mit einem netten, engagierten Pfarrer und die Pfarrersfamilie nahm mich nach dem Tod meiner Mutter bei sich auf, wofür ich unendlich dankbar sei. Daran klammerte ich mich.

Versuch eines „normalen" Lebens

Ich studierte Theologie und blickte nach vorne, lernte meinen (ersten) Mann kennen (einen Pfarrer) und wollte ein ganz normales Leben leben – wenn da nicht diese komischen Symptome gewesen wären. Ich hatte immer wieder Albträume und große Schwierigkeiten mit meiner Sexualität, die ich mir nicht erklären konnte. Als ich mit dem Vikariat begann, bekam ich plötzlich starke Erschöpfungssymptome, obwohl mir die Arbeit in der Gemeinde großen Spaß machte und ich doch eigentlich nun endlich den Beruf ausüben konnte, den ich mir mit Leidenschaft gewünscht hatte.

In einer Seelsorge-Fortbildung für Pfarrerinnen und Pfarrer, die von einem Superintendenten und einer Krankenhausseelsorgerin geleitet wurde, sprach ich in der Einzelsupervision zum ersten Mal über das, was im Pfarrhaus geschehen war. Das sei eindeutig sexueller Missbrauch gewesen und ich solle mich unbedingt mit dem Pfarrer aussprechen, sagte die Pfarrerin zu mir. Dabei sollte ich ihm mitteilen, dass er sich selbstverständlich keine Sorgen machen müsse. Alles stünde unter der seelsorgerlichen Schweigepflicht und niemand sonst würde davon erfahren. Außerdem wäre ich schon 16 Jahre alt gewesen. Ich hätte doch, wenn nicht sofort, aber dann doch in den darauffolgenden Jahren „einfach aufstehen und gehen können". Ihre Frage, warum ich das nicht getan habe, konnte ich nicht beantworten. Ich schämte mich in Grund und Boden und fühlte mich schuldig. Was meinen damaligen Ehemann betraf, könne ich froh und dankbar sein, wenn er sich nun nicht scheiden ließe, denn wer wolle schon mit einer missbrauchten Frau zusammen sein. Ich solle alles dafür tun, meine Sexualität wieder in Ordnung zu bringen. Dazu sei es wichtig, ihr alles genau zu erzählen, was damals geschehen war. Dann würden die Symptome verschwinden und ich könne nach Hause gehen und mit meinem Mann schlafen.

Das Gegenteil geschah. Je mehr ich ihr erzählte, desto schlechter ging es mir. Ich verlor den Boden unter den Füßen und bekam Suizidgedanken.

Mein damaliger Ehemann machte mir große Vorwürfe. Ich hätte „vor der Ehe mit falschen Karten gespielt". Wenn er gewusst hätte, dass ich sexuell missbraucht worden war, hätte er mich nicht geheiratet.

Obwohl die Krankenhauspfarrerin der Ansicht war, dass ich Seelsorge bräuchte und keine Psychotherapie, ließ ich mir einen Termin in einer Frauenberatungsstelle geben, um eine Liste mit Adressen von Therapiemöglichkeiten zu bekommen. Dort nahm sich eine Sozialarbeiterin sehr viel Zeit für mich und fragte behutsam nach. Als ich meinte, dass ich jetzt doch wohl zu einem Sexualtherapeuten gehen müsse, antwortete sie: „Nein, Sie brauchen keinen Sexualtherapeuten, Sie brauchen eine Psychotherapeutin, die sich auskennt mit sexueller Gewalt." In den Büchern, die sie mir zur Lektüre gab, fand ich Beschreibungen der Symptome, die mich jahrelang quälten. Einerseits fiel ich aus allen Wolken und andererseits fielen mir Steine vom Herzen. Ich war ja gar nicht verrückt! Auch andere Frauen kennen meine Symptome, meine Verwirrung, meine Verzweiflung. Und die wichtigste Information war: Es gibt professionelle Hilfe.

Also verlängerte ich meine zu dem Zeitpunkt schon eingelegte berufliche Pause und begann eine Traumatherapie. Nach damaliger Vorstellung meinte ich nach einem halben Jahr wieder alles im Griff zu haben und als Pfarrerin weiterarbeiten zu können.

Doch es kam anders.

Mir wurde zunehmend bewusst, welch einen schweren Rucksack an traumatischen Erfahrungen ich auf meinen Schultern trug, wie viele ungeweinte Tränen, wie viel bisher Unsagbares, wie viel Einsamkeit, Scham und Verzweiflung – und was dieses jahrelange Schweigen(-müssen) für eine wahnsinnige Last war. Wie viel Lebensenergie es kostete und wie viel innere Spaltung nötig war, um nach außen hin zu funktionieren und so zu tun, als wäre in meinem Leben und in meiner Seele alles in Ordnung.

Die Kirche, so war ich damals überzeugt, dürfe von meiner „seelischen Labilität" nichts erfahren. Sonst würde ich nie wieder eine Stelle bekommen. Und so verlängerte ich meine berufliche „Pause" immer wieder.

Mein damaliger Mann ging den Weg nicht mit und gab mir die Schuld für das Scheitern unserer Ehe. Er reichte die Scheidung ein. Es kam zu einem unwürdigen Scheidungskrieg, bei dem ich ohne Wohnung und ohne Geld dastand und meinen letzten Halt verlor. Es folgten vier Klinikaufenthalte in psychotherapeutischen Einrichtungen.

Inela Marin

Mein Weg mit der Kirche

Im Laufe meines psychotherapeutischen Prozesses veränderte sich langsam meine Sicht, dass die Kirche von all dem nichts erfahren sollte. Hinzu kam, dass sich die Probleme rund um meine Scheidung derart zuspitzten, dass ich erst beim Superintendenten und dann im Landeskirchenamt um ein Gespräch bat. Auf die Frage hin, was zu unseren Eheproblemen geführt habe, erzählte ich an kirchlicher Stelle zum ersten Mal vom Missbrauch durch den Pfarrer. Der Superintendent konnte mit der Situation nicht umgehen und verwies mich an das Landeskirchenamt. Dort kam es zu einem Gespräch mit einem Oberkirchenrat und einer Kirchenjuristin. Der Oberkirchenrat der Landeskirche sagte mir seine Unterstützung zu und versprach Konsequenzen. Danach hörte ich erst einmal lange nichts.

Es war das Jahr 2002. Zu diesem Zeitpunkt war ich zum vierten Mal in der Klinik. Mit der Unterstützung der mich dort begleitenden Therapeutin schrieb ich dem Täter einen Brief und konfrontierte ihn mit dem, was damals geschehen war und welche Folgen es für mein Leben hatte. Für mich war dies ein sehr wichtiger Schritt des Wiederaufrichtens, auch wenn der Täter nur sehr ausweichend und nichtssagend antwortete. Dennoch bewirkte dieser Brief etwas. Wochen später bekam ich plötzlich einen Anruf des Oberkirchenrates mit der Frage: „Warum haben Sie dem Pfarrer Burda denn einen Brief geschrieben?“ Auf meine Frage hin, woher er denn davon Kenntnis habe, antwortete er, dass Pfarrer Burda sich im Landeskirchenamt erkundigt habe, ob er nun mit juristischen Folgen rechnen müsse. „Und? Haben Sie ihn beruhigt?“, wollte ich wissen. „Nein!“, beteuerte er. Es habe mehrere „Gespräche“ und „Protokolle“ gegeben und der Pfarrer habe nichts abgestritten.

Es vergingen Monate. Letztlich geschah nichts. Der Oberkirchenrat war „wegen Krankheit“ für mich telefonisch nicht mehr zu erreichen. Irgendwann gab ich auf.

Für mich brach damals eine Welt zusammen. Ich war so sicher, dass, wenn ich endlich den Mut aufbringen würde zu reden, mir „meine“ Kirche helfen würde. Zumal ich den Oberkirchenrat noch aus meiner Konfirmandenzeit kannte. Als 13-Jährige saß ich bewundernd in den christlichen Veranstaltungen, die er mit Leidenschaft gestaltete.

Was sollte ich nun tun? Könnte ich unter diesen Umständen nach meiner Gesundung in dieser Kirche noch als Pfarrerin arbeiten? Kann ich mich irgendwann in den Beruf zurückmelden, als wäre nichts geschehen? Würde mich die Kirche mit diesem Wissen denn überhaupt wieder einstellen?

Fragen über Fragen, die mich erdrückten. Ich zog mich damals ganz aus der Kirche zurück und brauchte noch Jahre, um wieder stabil zu werden.

Zweiter Anlauf

2011 besuchte ich eine große Veranstaltung mit einem evangelischen Kirchenmann. Gesprächsinhalt war auch der Umgang der evangelischen Kirche mit dem Thema Missbrauch. Der Kirchenmann sprach davon, dass in der evangelischen Kirche jedem Fall von sexuellem Missbrauch konsequent nachgegangen würde und es für die Täter klare Konsequenzen gäbe. Man müsse sich allerdings mit Ansprüchen zunächst an den Täter wenden.

Daraufhin entschied ich mich, es noch einmal zu versuchen, mit der Kirche ins Gespräch zu kommen. Ich fand eine Rechtsanwältin, die mich unterstützte, obwohl im rein strafrechtlichen Sinne alles verjährt war. Zunächst bat ich sie, den Täter anzuschreiben und zu konfrontieren. Ohne Anerkennung dessen, was passiert war, bot er mir über einen Anwalt 2000,– Euro an, die ich nicht annahm.

Anschließend wandte sich meine Rechtsanwältin an das Landeskirchenamt und namentlich an den leitenden Geistlichen der

Landeskirche. Dieser war Jahre zuvor im gleichen Kirchenkreis tätig, in dem der Täter Pfarrer war. Der leitende Geistliche verwies darauf, den Fall an die juristische Abteilung weiterzureichen, um ein sogenanntes „geordnetes Verfahren" einzuleiten.

Es folgte ein drei Jahre dauerndes, zähes, verwirrendes, widersprüchliches, seltsames Verfahren, das ich ohne meine jahrelange Psychotherapie, ohne gute und liebevolle Unterstützung durch meinen zu dem Zeitpunkt Freund und späteren Mann, meine Psychotherapeutin und meine Rechtsanwältin niemals durchgehalten hätte.

An dem Tag, als ich zur „Vernehmung" im Landeskirchenamt eingeladen war, sagte man mir, es wäre versäumt worden, mir mitzuteilen, dass die Kirche keine rechtliche Handhabe mehr gegen den Täter habe. Man hätte innerhalb von vier Jahren nach Bekanntwerden des Missbrauchs im Jahre 2002 ein Disziplinarverfahren einleiten müssen. Dies sei nicht geschehen und damit sei diese Möglichkeit nun verjährt. Selbstverständlich könnte ich unter diesen Bedingungen von der Vernehmung als Zeugin Abstand nehmen.

Das tat ich nicht.

Im Beisein meiner Psychotherapeutin und der Rechtsanwältin, die als Unterstützung dabei sein durften, stellte ich mich allen Fragen der Kirchenjuristin, dieselbe übrigens, die auch schon 2002 bei dem Gespräch mit dem Oberkirchenrat dabei war. Das Gespräch dauerte 3 ½ Stunden.

Die Juristin war sehr freundlich, wirkte empathisch, sagte mir, sie würde mir glauben, nahm sich Zeit – doch irgendetwas war komisch. Sie wirkte so, als würde sie von meinem Fall zum ersten Mal hören. Es war aber doch dieselbe Juristin, die schon 2002 dabei war?! Konnte sie sich nicht erinnern? Meinte sie etwa, mir würde dies nicht auffallen? Wieso ließ sie mich zu dieser Anhörung überhaupt kommen, wenn doch längst klar war, dass die Kirche keine Handhabe mehr gegen den Täter hatte? Ich war damals leider noch nicht so selbstbewusst, diese Fragen zu stellen.

Auch in den Wochen danach wurde die Korrespondenz zwischen meiner Rechtsanwältin und dem Landeskirchenamt immer widersprüchlicher. Schließlich forderte meine Anwältin Einsicht in die über meinen Fall 2002 angelegte Akte. Es waren 96 Seiten. Schon allein darüber waren wir sehr erstaunt. Wir entdeckten Folgendes:

Der Täter hatte sich, aufgeschreckt durch meinen Brief, 2002 an das Landeskirchenamt gewandt. Er hatte dort von dem Brief und der Tat (!) erzählt und sich erkundigt, ob er nun Konsequenzen zu fürchten hätte. Man hatte ihn beruhigt und ihm empfohlen, sich mir gegenüber „besonnen" zu verhalten, falls ich mich noch einmal bei ihm melden sollte. Ein Disziplinarverfahren war hier offensichtlich bewusst nicht eingeleitet worden. Stattdessen hatten „die Vertreter des Landeskirchenamtes (…) Herrn Pfarrer Burda weiterhin Hilfe bei der Bewältigung der jetzigen Situation und möglicher neuer Entwicklungen an[geboten]" (zitiert aus der Akte des Landeskirchenamts).

Wie schon gesagt: Die Möglichkeit, ein Disziplinarverfahren einzuleiten, besteht nach Bekanntwerden der Tat für vier Jahre. Danach tritt die Verjährung ein. Ich war offiziell über nichts informiert worden. Der Oberkirchenrat, der mit mir das Gespräch wegen meiner Scheidung geführt und Konsequenzen für Pfarrer Burda angekündigt hatte, war für mich nicht mehr erreichbar gewesen. So waren die vier Jahre verstrichen und ich hatte keine Ahnung gehabt.

Da saß ich nun 10 Jahre später vor meiner Akte und war fassungslos. Ich las die Namen derer, die über den Missbrauch informiert waren, Namen, deren Gesichter ich überwiegend kannte und die alle noch im Amt waren. Alles abgezeichnet und unterschrieben von jenem hohen Geistlichen, den ich 2011 auf der genannten Veranstaltung gesehen hatte und der in der evangelischen Kirche konsequentes Vorgehen gegen Missbrauchstäter versichert hatte. Als ihn meine Anwältin damit konfrontierte, sagte er, er wäre damals nicht zuständig gewesen. Das Verfahren blieb zäh. Erst als meine Anwältin drohte, ihrer Mandantin, also mir, zu empfehlen, sich an die Öffentlichkeit zu wenden, räumte man „institutionelles Versagen“ durch kirchliche Verantwortungsträger im Jahr 2002 ein, war zu einer Geldzahlung bereit (die meinen finanziellen Schaden nicht annähernd deckte), sogar zu einem schriftlichen Eingeständnis eines Versagens der Kirche mir gegenüber.

Der Täter jedoch blieb unbehelligt, genauso wie alle an der Vertuschung Beteiligten. Meine Anwältin beendete den Schriftverkehr mit dem Satz: „Dem Täterschutz bleibt damit immer noch der Vorrang!“

Was aus meiner Beziehung zur Kirche und meinem Glauben geworden ist

Meine tiefe Trauer darüber, dass ich mein „Zuhause in der Kirche“, wie ich es damals formuliert hätte, verloren hatte, dauerte viele Jahre. Manchmal kommen mir auch heute noch die Tränen. Ich habe das Gefühl, mit dem, was ich erlebt habe, herausgefallen zu sein, nicht mehr dazuzugehören, nicht mehr reinzupassen und auch nicht mehr willkommen zu sein.

Meinen Glauben habe ich mit allen Höhen und Tiefen durch die Zeiten retten können. Natürlich hatte ich bei meiner Lebensgeschichte nie einen rosaroten Kinderglauben. In dem Spannungsverhältnis, an einen liebenden Gott zu glauben und gleichzeitig mit der Frage konfrontiert zu sein, warum so unendlich viel Leid geschieht, stehe ich, solange ich glaube.

Nach dem Tod meiner Mutter sagte mir jemand einen Satz, der bis heute in meinem Herzen geblieben ist:

„Du darfst deine Fäuste zum Himmel ballen und schreien: ‚Gott, warum?!‘, aber wirf dein Vertrauen nicht weg!“
Wie viele Male habe ich meine Fäuste zum Himmel geballt?!
Wie viele unzählige Male habe ich geschrien: „Gott, warum?!“
Wie viele Male habe ich mein Vertrauen verloren?!

Und immer wieder entschied ich mich, es wieder aufzunehmen:
mein Vertrauen in Gott,
in das Leben,
in die Liebe,
in Beziehungen zu anderen Menschen
und – vielleicht war das das Schwerste überhaupt –
mein Vertrauen in mich selbst.
Gott sei Dank habe ich diese innere Kraft.

Was die Kirche betrifft, beobachte ich weiterhin sehr genau, was sich in ihr beim Thema Missbrauch bewegt oder eben auch nicht bewegt.

Ja, es gibt Fortschritte, das stimmt. Jedoch fehlt mir etwas ganz Entscheidendes. Bis heute habe ich nicht den Eindruck, dass sich Kirche von uns Betroffenen wirklich berühren lässt.

Was müsste geschehen, für mich, Inela, mit meinen Erfahrungen, mit meiner Geschichte? Woran würde ich erkennen, dass sich Kirche von uns Betroffenen berühren ließe?

Einer Kirche, die sich von uns Betroffenen berühren ließe,
läge eine rückhaltlos ehrliche Aufarbeitung am Herzen. Ihr wäre bewusst, dass in ihrer eigenen familiären Struktur, wo jeder jeden kennt und alle miteinander verwoben und verstrickt sind, Unbefangenheit kaum möglich ist. In Anerkenntnis dessen würde sie die Aufarbeitung aller Taten gegen die sexuelle Selbstbestimmung, die in ihren eigenen Reihen von ihren eigenen Leuten begangen wurden, in externe Hände übergeben.

Eine Kirche, die sich von unserem Schicksal berühren ließe,
würde ihrem eigenen Motto „Null-Toleranz gegenüber Tätern und Mitwissern“[2] deutlich erkennbare Konsequenzen

---

[2] Originalzitat im Jahr 2019 von Heinrich Bedford-Strohm, damaliger EKD-Ratsvorsitzender.

und Sanktionen gegenüber Tätern und Vertuschern folgen lassen.

Eine Kirche, die sich von unserem Schicksal wirklich berühren ließe,
übernähme uns gegenüber auch die finanzielle Verantwortung für den Schaden, den sie angerichtet hat. Sie würde schmerzlich erkennen, wie sehr wir oft ein Leben lang unter den Folgen sexueller Gewalt leiden müssen. Sie wäre erschüttert, wie viele von uns gebrochene Berufsbiografien haben und beruflich und privat weit unter unseren Möglichkeiten bleiben. Der Kirche wäre weiterhin auch klar, dass unser Leid nicht mit Geld „entschädigt" werden kann, aber sie würde alles daransetzen, sowohl die materiellen Folgen abzumildern als auch ein angemessenes Schmerzensgeld zu zahlen.

Eine Kirche, die sich von uns berühren ließe,
wäre sehr vorsichtig mit dem, was sie sagt und verspricht. Sie würde sich zu Herzen nehmen, wie schlimm es für uns war, von Kirchenmenschen mit schön formulierten, frommen Worten eingelullt und manipuliert zu werden.

Eine Kirche, die sich davon berühren lässt,
sticht nicht in diese Wunde, sondern lässt wahrhaftig gemeinten, klaren Worten eindeutige Taten folgen.

Eine Kirche, die sich von uns berühren ließe,
würde mit uns weinen und sich beherzt und konsequent an unsere Seite stellen!

Wenn sich Kirche von uns berühren ließe.

Schonungslose Wahrheiten

Leonie

Mein Lebenslauf

Ich wurde 1961 in einem Heim geboren und kam mit 6 Monaten in ein Kinderheim, das von einer sektenähnlichen Gemeinschaft geleitet wurde, aber zur evangelischen Kirche gehörte. Ein Adoptionsversuch mit sechs Jahren scheiterte. Die Hauptschule habe ich abgeschlossen, die einjährige hauswirtschaftliche Berufsschule in der praktischen Ausbildung abgebrochen. Mit 16 Jahren wurde ich psychiatrisch interniert und festgehalten. Ich floh. In einem anderen Bundesland fand ich Exil. Lange Jahre habe ich ambulante Psychotherapie gemacht und hatte verschiedene Jobs. Mit 18 Jahren habe ich geheiratet und zwei Kinder bekommen. Nach fünf Jahren wurde die Ehe geschieden, mein Mann ist inzwischen gestorben. Die Jüngere ist nach einem Aufenthalt in einer Pflegefamilie nirgendwo mehr aufzufinden und auch nicht mehr von sich aus aufgetaucht. Warum, ist mir unbekannt. Der Erstgeborene ließ sich vor zwei Jahren von seiner Pflegemutter adoptieren, obwohl ich 28 Jahre lang eine gute Beziehung zu ihm hatte. Ich bin ihm nicht sehr gram darüber, da er mit der Adoption Eingang in wirtschaftlich sichere Verhältnisse gefunden hat.

Mit 38 Jahren habe ich den Führerschein bestanden, zwei Jahre später den Personenbeförderungsschein erworben. Seither bin ich Nachtschicht-Taxifahrerin, pausiere jedoch derzeit. Ehrenamtlich arbeite ich mit Betroffenen häuslicher und sexueller Gewalt und mache Freiwilligendienst für behinderte Kranke in Not.

*

Der folgende Bericht beruht auf meinen eigenen Schreckensgeschichten.

Dabei taucht immer wieder eine von mir nur äußerst schwer zu ertragende Szenerie auf: Der Junge steht in der Badewanne mit laufendem Warmwasser, weil er gewaschen werden soll. Er ist zu diesem Zeitpunkt drei oder vier Jahre alt und wartet wie beschrieben – nackt. Die Erzieherin wurde weggerufen und während diese – ihrer Meinung nach – großartige Reden schwingt, erwärmt sich das laufende Badewasser auf eine so hohe Temperatur, dass dieses dem Kleinen rettungslos die Füße verbrennt.

Mein ganzes Leben lang werde ich seine qualvollen Schmerzensschreie und sein Schmerzensweinen nicht mehr vergessen. Bei jedem Verbandswechsel waren über viele Wochen hinweg seine Schmerzensschreie zu hören, die seine völlige und abgrundtiefe Verzweiflung zeigten. Er war ausgeliefert, völlig hilflos und wehrlos und ohne medizinischen oder ärztlichen Beistand.

Ich wurde in ein Säuglingsheim gegeben. Den Grund dafür kenne ich nicht wirklich. Später machte das Heim nur fadenscheinige Angaben – das Lügen beherrschten sie aus dem Effeff. Ich denke, meine Mutter war auch körperlich nicht so fit, dass sie dem Kindersegen von im Lauf der Jahre noch vier Kindern gewachsen war – ein Mädchen hatte sie bereits vor mir. Ich hatte bedauerlicherweise nie die Möglichkeit, meine Mutter kennenzulernen. Seinerzeit wurde jeglicher Kontaktversuch zu meiner Mutter, aber auch zu meinem leiblichen Vater von der Heimseite mit aller Gewalt unterbunden. Es ist furchtbar grausam, wenn man nicht, von niemandem gehört wird und wenn man mit der eigenen Geschichte nicht angenommen wird und im Leben nicht willkommen ist, wie das bei Heimkindern der Fall ist.

Im Heim wurde Gegenwehr mit eklatanten Strafmandaten belegt, mit hässlichen, unrechtmäßigen und widerwärtigen Reglementierungsaktionen – auch bei mir. Es wurden zum Beispiel zusätzliche Haus-, Hof- und Gartenarbeiten auferlegt. Oder auch intensiviertes Separieren von der Gruppe mit Einsperrensmaßnahmen in finstere, engste, luft- und sauerstoffarme Besenschränke sowie durch Isolieren auf dem Dachboden und im Kohlen-/Kartoffelkeller.

Oft war ich über viele Stunden lang so eingesperrt, völlig verängstigt, zitternd und wimmernd. Um Gnade und Vergebung für nichts an Schuld weinend, dabei in völliger Verstörtheit ohne Trinken und Essen. Und ohne das Wissen, nicht für immer eingesperrt zu bleiben, vergessen worden zu sein und elendig zugrunde gehen zu müssen.

Weitere Schreckenserlebnisse waren diese: Des Nachts trampelte eine Erzieherin fast regelmäßig in den Schlafraum, den ich mir mit Saskia teilte. Sie drehte in lauter „Geschäftigkeit“ das Licht an, obwohl Schlafenszeit war. Es war, als könnte die Erzieherin den Frieden von unsereins nicht ertragen. Sie riss die Kleiderschränke auf, tat entweder Wäsche hinein oder zerrte einen Großteil der darin befindlichen Wäschestücke heraus und begann einen lautstarken Konflikt, weil die Wäsche nicht so geordnet lag, wie sie es vorschrieb. Es folgte ein Extrastrafmandat, womit dies dann geahndet wurde.

Noch heute erschreckt es mich in gleichem Maße, wenn man Licht anmachen muss in Wohnungen. Auch wenn ich dies selber tue. Ängste tun sich von Neuem auf. Und oft brauche ich lange, bis ich begriffen habe, dass mein Schrecken alt ist und ich in Freiheit bin.

Stets verlasse ich dann die Wohnung und bewege mich ohne feste Ziele. Ich schaue dabei die Lichterkaskaden der mich umgebenden Orte und Städte an, solange sie noch bis weit in die Ferne leuchten. In Ablenkung von daran auch „gekoppeltem“ Missbrauch und Erlebnissen sexualisierter Gewalt, die mich so oft einkesseln, dass ich mich völlig blockiert fühle und zur Unzugänglichkeit verdammt. Die Gewalt hat mich zum Fluchttier degradiert. Die Erniedrigungen und die Schmerzen jeder Vergewaltigung meines kindlichen Körpers demütigen mich, quälen mich, lösen Panik aus, die ich dann nur mühsam unter Kontrolle halten und aushalten kann.

Uns Kinder behandelte der Heimleiter mit erbarmungsloser Grausamkeit. Wir mussten aber auch erleben, wie er vor sich auf dem Holzschneideblock einen Kartoffelsack mit Lebewesen hatte. In dem Sack wimmerte es, es waren Katzenbabys von herumstreunenden Muttertieren, aber auch Kater. Er erschlug ohne Erbarmen dieses Bündel Tierbabys – und ich habe dies mitbekommen! Das geschah immer wieder.

Ein Weiteres war die Tatsache, dass Erzieherinnen die Kiefer von essunwilligen Babys und Kleinkindern, auch weil diese satt waren, mit Gewaltanwendung auseinanderbogen und Essen hineinstopften bis zum Erbrechen. Dabei wurden durch die gewaltvollen Löffelbewegungen im Mund der Kleinen ihr zartes Zahnfleisch und die Lippen verletzt. Aufessen war unumgängliche Pflicht. Das Erbrochene wurde dann vom Teller aufgelöffelt und den Kleinkindern ebenfalls mit Gewalt wieder hineingeschoben. Begleitet wurden diese Vorgänge von hochaggressivem, die Kleinen reglementierendem Schreien dieser Erzieherinnen. Das sind Bilder, die ich – wie so viele andere – nicht mehr loswerde.

Das Fiebermessen bzw. die Einbringung des Thermometers war genauso aggressive Gewalt. Ein Akt des Grauens schon in sich für mich und für uns alle.

Überhaupt frage ich mich heute, was mit uns so verkehrt war, besonders mit unseren Körpern, dass die betreffenden Täter*innen und auch sexuell motivierten Täter unsere Körper stets gewaltbereit, in größter Aggression missbrauchten und wie schmutzige Putzlumpen behandelten – ohne Rücksicht auf Spätfolgen oder Beeinträchtigungen.

Auch für die Versorgung mit Kleidung, Schuhen und anderen Dingen des täglichen Lebens galt, dass diese Dinge vom Vorgänger aufgetragen werden mussten, so als hätte keine Seite für mich und meinen Heimaufenthalt Gelder gegeben.

In einer dem Hauptgebäude angeschlossenen Wohngruppe – Haus 11 – kassierte ich mit Schimpf und Schande später ein sattes erstes Hausverbot, weil ich dazwischenging, als ein Erzieher dort wie von Sinnen auf einen etwa 10–12 Jahre alten Jungen eingedroschen hat und ich dies in Absolutheit nicht mehr ertragen konnte und wollte. Kurze Zeit später verbrachte man mich in eine andere Anstalt.

Auf die Frage, ob man an uns Heimkindern herumexperimentieren lassen habe, bestehen zwar begründete Verdachtsmomente, es fanden sich jedoch – warum auch immer – keine Experten, die ermittelt hätten, ob wir zum Beispiel Medikamentenversuchen ausgeliefert waren. Bei etlichen Heimzöglingen gab es plötzlich aufgetretene Zustände, deren Ursache nicht bekannt ist.

Fakt ist jedoch, dass ich nach der Appendix-OP fortan unermessliche Bauchkrämpfe zur und während der Regel hatte. Maßnahmen dagegen wurden verboten. Wie bei allem Negativen ist Hilfreiches dagegen verweigert worden. Stattdessen folgten auf den Knien zu verbringende Bet-Sessions, im Gott-Daueranbeten-Müssen. Ihr anscheinender Gott hatte aber tatsächlich keine Zeit zur Linderung und Besserung.

Weitere unbestreitbare Tatsache ist, dass Heimkinder – vor allem, wenn sie Waisen oder Halbwaisen ohne Angehörigenkontakte und Angehörigenbeziehungen waren und keine Familienkinder – zum Teil viel schlechter behandelt wurden als die Familienkinder. Auch medizinische Behandlungen wurden so durchgeführt, dass sie in manchen Teilen und Fällen zur Unheimlichkeit größter Schmerzen führten.

Dies blieb auch noch so im Handling, nachdem der Gesetzgeber – etwa um 1968 – unehelich geborene Waisenkinder den Familienkindern gleichgestellt, Heimkinder an sich aber unbeachtet gelassen hat. So blieben sie weiter dem verletzenden, missbrauchenden, würdelosen Umgang solcher Erzieherinnen und Erzieher und sexuellen Missbrauchern ausgeliefert.

Der Ablauf zum sexuellen Missbrauch war fast immer gleich: Zunächst wurde mir eine Steigerung der Lebensumstände und eine Integration in die Gesellschaft und ins Arbeitsleben versprochen. Ich habe mich unbedarft und naiv darauf eingelassen. Und dann war ich ausgeliefert und saß in der Falle.

Der Umgang mit mir im Heim verbarrikadierte meine Fähigkeiten, Grenzen zu ziehen. Er beeinträchtigte meine Abgrenzungsfähigkeiten, meine persönlichen Grenzen und Widerstandskräfte gegen das Unrecht, das mir angetan wurde – auch in den Bereichen sexualisierter Gewalt. Schon sehr früh habe ich – mehr intuitiv als tatsächlich bewusst – realisiert, dass ich lediglich Nutzerobjekt für den jeweiligen Täter oder die jeweilige Täterin bin, einem Gebrauchsgegenstand gleich. Es wurden allen Täterkategorien, die bei uns ein- und ausgingen, sämtliche Übergriffsmöglichkeiten geboten. Ich war in Absolutheit ausgeliefert.

Es war ein einziges Fiasko, das mir auch zum Zerbrechen meiner Ausbildung verhalf. Danach sollte ich in ein anderes Heim, ein nonnenschulisches Internat, zur Ausbildung; später dann in ein Mutter-Kind-Heim, weil ich nach einer Vergewaltigung schwanger war. Meine Fehlgeburt verhinderte dies. Überhaupt waren Heime, die ihrer Sektenrichtung angeschlossen waren und namentlich zur evangelischen Kirche dazugehörten, das Non-Plus-Ultra an Lösung. Ich war Projektionsort der Betreiber, da ich bereits als Baby als Sünderin geboren worden war.

Irgendwann gehorchte ich, ohne dass man mir noch großartig drohen musste, den Entgleisungen jedweder Anspruchsteller, gewöhnte mich quasi an diese und parierte ihnen fast schon willfährig.

All dies am eigenen Leib erfahren haben zu müssen, war unfassbar schwer und entsetzlich. Auch heute überkommt mich noch häufig dieses Gefühl unfassbarer Pein aus diesen Zeiten. Oft fahre ich noch heute aus dem Schlaf hoch, da ich dieses Erlebte häufig in meinen Albträumen „wiedererlebe". Für einen Moment bin ich im Damals, im Grauen und in namenloser Angst, weil eine solche Situation auch wieder einmal vor mir steht: Mit angesehen haben zu müssen, mit welcher Brutalität und Destruktivität die Entwicklung eines natürlichen kindlichen Willens zu unterbinden und zu brechen versucht wurde, nicht nur bei mir, auch bei anderen Kindern. Auf grausame Weise, mit brutalsten Schlägen auf den nackten, entblößten Körper in völliger Gleichgültigkeit, ob dabei etwas an oder in diesem kaputt ging. Und ohne Rücksicht auf Spätfolgen der Einschränkungen von Arbeits- und bzw. Leistungsfähigkeiten von uns Betroffenen.

Das eigentlich und bis heute Unerträglichste des Ganzen ist der Umstand, dass die damals Handelnden und Verantwortlichen überhaupt keine Fähigkeiten zeigten, ihre völlig abwegigen, entsetzlichen, grausamen, pädagogisch sinnlosen und psychologisch wertlosen Erziehungsmethoden als ungeeignet und damit erfolgsverloren zu reflektieren. Sie verweigerten sich, und es schien ihnen überhaupt nicht in den Sinn gekommen zu sein, dass was sie falsch und völlig neben der Spur taten, weit entfernt von Empathie und Menschlichkeit und weit weg von Kinderfreundlichkeit war. Ihnen kam nicht in den Sinn, was sie an den Kindern und ihren Seelen angerichtet haben und anrichten ließen und zugelassen haben! Und das in einer Arroganz, die mir den letzten Rest inneren Halts nahm.

Nicht zuletzt hierbei war auffallend, dass die Gewalt Ausübenden und Anwendenden nirgendwo, zu keinem Zeitpunkt ein Unrechtsbewusstsein oder gar Scham an sich hatten. Sondern sich im Gegenteil innerhalb ihrer völlig verdrehten „Auslegung“ biblischer Inhalte bewegten. Und dazu hatten sie eigenes, von ihren Vereinsführungen erarbeitetes Material dieser Tonart. Dabei beriefen sie sich darauf, dass sie ausschließlich gute Werke an uns heimatlosen Kindern täten, um uns eine Heimat zu geben und uns vor den Abgründen des Teufels und seinen Welten zu bewahren. Das Unrecht wurde von diesen Gewalthandlern bequemer- und praktischerweise ausgeblendet und verdrängt.

Wenn dieses Alte mich einholt, im Schlaf und in „Leerzeiten“ meines Daseins, dann weiß ich oft nicht, wohin, zu wem; sprechen kann ich auch nicht darüber; eine vertraute und vertrauliche Umgebung dafür fehlt mir.

Vertrauen fassen und geben bedeutet weite Wege für mich, die ich in dieser Häuserschluchten gleichen Leere mir nur dann zumute, sofern ich geeignete Gesprächspartner*innen finde. Vor allem deshalb, weil ich angesichts des hohen Anstrengungspegels des Aushaltenmüssens große Kräfte aufbieten musste und Anstrengungen dahin leiste, mich zusammenzuhalten – um diese Phasen nicht nur zu überstehen und auszuhalten, sondern auch nicht an dem Gefühl zu zerbrechen, eine Müllhalde mit mir herumzutragen, deren Hauptteil ich bin: nur Dreck, Objekt für Benutzungsarten von Tätern, die sich in Aktualität und Authentik in meinen Alltag, in das Hier und Jetzt geschlichen haben und hatten. Dieses Damals, vor dem ich zeitlebens auf der Flucht bin. Und dann erlebe ich an mir auch schon mal in kurzen Phasen amnestische Züge. Verstört, verängstigt, bedroht, für diese Momente wie aussichtslos.

Dies sind Erlebnisreflexionen, die mich mehr als einmal knechteten, aus meiner Wunschgeborgenheit und -sicherheit herauskatapultierten. Sie haben mich auf dem harten Asphalt meiner Erlebnisse so platziert, dass es mir bis zum Schreien wehgetan hat und schmerzte. In einer solchen Stärke und Art und Weise, die ich authentischer nicht beschreiben kann.

Die Aufarbeitung

Die Exploration ist eine rechtsgutachterliche Untersuchung des Erlebten, das tatsachengetreu rübergebracht werden muss. Die Tiefausläufer sind auszuhalten und irgendwie zu kompensieren. So war das bei mir:

Der etwas längere Flur zum Büro der Exploratorin vermittelt mir ein Gefühl der Nüchternheit, das abgemildert wird durch ein freundliches, verständiges Auf-mich-Zugehen. Sie begrüßt mich in dieser Weise, untermalt von einem Lächeln, geleitet mich in ihr Büro. In diesem wartet bereits die mir versprochene Kanne Kaffee, die neben einer Tasse auf einem recht großen Schreibtisch steht.

Nach Abklärung der formalen Notwendigkeiten folgt ein fließender Übergang in „den Zweck“ dieser Unterhaltung. Immer wieder unterbrochen werdend von traumatischen Empfindungen und auf der Flucht vor allem Erlebtem und dem darin begründeten leidvollen Desaster weglaufen wollend. Ich fühlte mich wie ein Ertrinkender, über dem die Fluten des Wassers zusammenschlagen und der in die Tiefe und Dunkelheit dieses Meeres gezogen zu werden droht. Mein Innerstes wehrte sich – still um sich schlagend – gegen die Konfrontation mit den furchtbaren Inhalten meiner erlebten Geschichte. Ich suchte nach einem Fluchtweg, drohte in den Traumafluten zu ertrinken. Eine Menge Taschentücher waren gefragt, hatten Hochsaison und Pausen waren unvermeidlich, das Durchhalte-Elexier schlechthin.

Stunden dauerte all das; zum Schluss war mein Kopf wie leergefegt, mein Körper kurz vor dem Zusammenbruch und mein seelisches Inneres so erschöpft, dass ich für einen entsetzlichen Moment lang Angst um mich selber und um meinen Verstand bekommen habe.

Ich musste zulassen, dass all dies wahrhaftig geschehen ist, über das diese Exploratorin Auskunft haben mochte. Im Erzählstil versuchte ich ihr dies „nahe zu bringen“. Ich wollte der Exploratorin wenigstens ansatzweise die Authentizität dieser erlebten Tatsachen rüberbringen und nachvollziehbar erzählen, so dass sie verstehen konnte. Ich denke, dass mir das aufgrund der extrem hohen Belastung durch ihr Abfragen meiner Erlebnisse vielleicht nicht in allen Fällen so perfekt gelungen ist.

Doch dies sind die „üblichen“ Ängste und Zweifel. All das Unerträgliche und Entsetzliche in meinem Leben hat keinen interessiert – es wurde tabuisiert, negiert und totgeschwiegen. Nur ich konnte das Erlebte nicht abwehren.

Eine Zwischenbemerkung, was die in der Exploration besprochenen gemalten Bilder betrifft: Es ist dies überhaupt schon eine Fragwürdigkeit, wer überhaupt diese an die Expertin übersandt oder abgegeben hatte. Sie waren nicht für diese bestimmt. Sie hätten nicht benutzt und nicht hinterfragt werden sollen. Sie sind ohne mein Wissen und ohne meine Erlaubnis zur Exploratorin transportiert und benutzt worden.

Meine Einbrüche, die mich unter anderem immens vor mir selbst entwürdigten und beschämten, begleiteten mich hartnäckig durch die gesamte Exploration. Dies resultierte aus der Kompaktheit selbst erlebten Missbrauchs, weiteren Gewalterfahrungen späterer Zeiten sowie aus ähnlichen oder gleichen Gewalterfahrungen anderer Betroffener.

Ich hasse mich manchmal etwas für diese Entladung einer unfassbaren Menge damit verbundener bzw. daraus entstandener Emotionen. Und bin zugleich dankbar für den Umstand, allein zu sein und so zu wohnen, dass ich solche Einbrüche mit mir selber ausmachen und abarbeiten kann.

Ihre Inhalte widerspiegeln zweifelsohne Erlebtes; die abgrundtiefe Verzweiflung, all dem gegenüber seinerzeit völlig wehrlos ausgeliefert gewesen zu sein. Ohne Hilfen dagegen, ohne Unterstützung in dem, was diese furchtbaren Erlebnisse in mir angerichtet und zerstört haben, die bis heute nachwirken.

Diese Exploration, die Verfahrenslänge und die damit verbundenen Termine erweckten in mir dasselbe Gefühl der Wehrlosigkeit und auch dadurch des Grauens, in dem ich am liebsten alles aufgeben und hinwerfen wollte – allem voran mich selber.

Verschont bleibe ich, solches umzusetzen, da ich mir in meiner Psychotherapie Mechanismen erarbeiten konnte, das auszuhalten und mein Leben weiterführen zu können. Wobei ich auch immer wieder dankgeflutet auf alle Unterstützer sehe, die mir auch helfen wollen mit meinen Rechten und mit Entschädigungen. Sie sind mir eine größte Hilfe.

Ich bin auch dankbar, diesen Beitrag als Autorin leisten zu dürfen und zu können.

Ein weiterer Faktor bei meinen „Einbrüchen" ist, dass mir die richtigen Worte oft fehlen, zu beschreiben, welche Zerbrochenheiten diese Erlebnisse mit sich brachten, bewirkt und ausgelöst haben, vor deren Folgen ich oft mit größter Verzweiflung stehe.

Es ist schwer, dieses Erlebnis-Inferno auszuhalten, die Schutz- und Sicherheitslosigkeit, in der ich aufgewachsen bin. So war das an jedem Tag damals in meinem Leben – ich war bis hin zum Tod den Betreibern ausgeliefert und bedroht.

Diese Exploration war ein fürchterlicher Höllentrip. Ich habe ihn mir „angetan" in der Hoffnung, Schutz- und Präventionsmaßnahmen gegen Kindesmissbrauch und gegen Gewalt an Kindern mitentwickeln zu können. Ich wollte auch mithelfen, dass die Verfahren für die Erwachsenen verkürzt werden, und dass es während der Verfahren mehr Schleusen des Trostes und der Hilfe für die Betroffenen gibt, die Verzweiflung und Hoffnungslosigkeiten erleben. Denn keine/keiner von uns darf solchem ausgeliefert werden, damit allein gelassen werden, unterstützungs- und mitgefühllos bleiben, sich selbst überlassen und ausgegrenzt.

Ich wusste während der Exploration nicht, wo anfangen und wo aufhören. Ich spürte die Traumatisierung der langen Zeit und die in der Exploration entstandene zusätzliche Verzweiflung und Mutlosigkeit – sowohl gegenüber dem Erlebten als auch gegenüber dieser langen Zeit des Aufarbeitens. Die Länge des Verfahrens weckt in mir manchmal das Gefühl, dass sie Absicht ist. Oft wie im Standby erlebt und empfunden, katapultierte mich die Aufarbeitung in ein einziges Chaos, dem standzuhalten Herkuleskräfte und Strategien des Abfederns und Ordnens notwendig waren und sind.

Eine davon ist die eines Riesenschiffes, unterwegs durch die Weltmeere meiner Empfindungen, beladen mit den Ereignissen, die diese auslösten und auslösen. Dessen Riffe, Felsvorsprünge, Strudel und Untiefen all diese Leidensinhalte sind. Doch die Kapitänin in diesem Fall steuert diesen schwimmenden Riesentrailer sinnig herum, immer darauf achtend, bedacht und vermeidend, dass es nicht zu einer neuen inneren Kollision kommt und zu neuem Leiden. Keine neuen Tränen und Traurigkeiten, kein

Schmerz, kein Weh und nichts Störendes. Keine Störer und Forcierer obendrein. Nicht mehr dazu soll es kommen, dass ich benutzt und beherrscht werde und dass jemand Macht über mich ausüben darf. Während ich dies schreibe, wird es mir aufgrund von Flashbacks des Erlebten temporär übel, was mir nur schlecht zu kompensieren möglich ist.

Mein Leben in einer abgewandten Gesellschaft

Nun stehe ich vor weiteren Fragen wie dieser: Wohin damit? Wohin ein-/zuordnen? Wem vor allem – nach: gemobbt, getriezt, tyrannisiert, eingeschränkt, minder qualitativ behandelt, bestohlen, verhöhnt, erniedrigt, belogen, betrogen, über den Tisch gezogen, verspottet und gedemütigt, als minderwertig erklärt, in Misskredit gebracht und psychiatrisiert, im zivilen Raum kriminalisiert und verrufen worden, sowie obendrein als Sexobjekt und Nutte herzuhalten habend, immer wieder mit diesem Dreck beworfen und bezeichnet worden –?

So bösartig, widerwärtig und brutal die Inhalte meines Erlebten sind, so widerwärtige Umstände bereitete man mir auch ab den 90er Jahren, und viel mehr noch in den 2000ern, im Anschluss an widerwärtigste Umgangsweisen mit mir und gegen mich. Die in Teilen so schlimm, so furchtbar waren, dass sie mir den Glauben und das Vertrauen an alle und jedes in dieser Republik zu nehmen und zu zerbrechen drohten.

Zu den widerwärtigen Umständen gehört die Ablehnung von mindergestellten Personen, besonders von Heimkindern als Erwachsene, denen man das Finden von Stand und Existenz extrem schwer macht, mancherorts gar vorzuenthalten und zu zerstören suchte, diese am liebsten nicht haben will. Auch, dass man jeden eventuellen Fall von vorneherein schon oft abweist, ablehnt und abwehrt. Dies zog und zieht sich wie ein roter Faden durch mein Leben, stets den Gefahren ausgeliefert, psychiatrisiert und noch minderwertiger, bis hin zum Freiwild (freigerichtlich Verurteiltem), Vogelfreien eingestuft zu werden. Das zeigte sich zumindest anhand meiner Erfahrungen in solchem Umgang mit mir!

Lange habe ich darüber nachgedacht, womit es zusammenhängt, dass Opfer von sexuellem Missbrauch ganz besonders, aber auch Menschen in Randgruppen und aus sozialen Brennpunkten mit einem solchen minderwertigen Status ausgestattet und abgestempelt werden. Ehemalige Heimkinder erleben das, erst recht wenn sie keine leiblichen Angehörigen haben. Immer wieder und erneut fallen sie den widerlichen Begierden Dritter zum Opfer und werden auch dadurch ausgegrenzt. Es sind Täter, innerhalb ihrer Schuld-Abwehr-Versuche, wie auch die Weggucker, die sich zwar beschämt, aber auch in Ignoranz einer Verhöhn-Community angeschlossen haben.

Von dem einen oder anderen Arzt wurde ich als Geistesgestörte und psychisch schwer Erkrankte beleidigt und gedemütigt. Das hatte unter anderem zur Folge, dass ich im untersten Untersuchungs- und Behandlungsbereich „bedient" worden bin, so als wäre ich minderwertig, auf unterster Stufe.

Man hat mir „Schutzbegleitung" weis- und vorgemacht, jedoch mich lediglich gefangen gehalten, ja regelrecht tyrannisiert und mit böswilligen, üblen Nachreden versucht, Dritte gegen mich einzunehmen und gegen meine auch gesetzlich garantierte Autonomie und Selbstbestimmung über mich, meine Rechte, Güter und meine Existenz verstoßen – diese erheblich minimiert.

Da sich die Schlechtbehandlungseinheiten auf meine Zähne, meine Intimitäten und gegen meinen Kopf einschließlich meiner Haarpracht und gegen mein gutes Aussehen gerichtet haben, gehe ich anhand der Vielzahl ihrer nicht von Zufällen aus. In einem Fall wurde mir in völlig sinnloser Unnötigkeit ein Zahn gezogen, dem drei Wochen später der nächste diesem Miss-Behandler zum Opfer fiel.

All dies zeigt vielleicht auf, wie wenig Menschen aus Heimen, also erwachsene Heimkinder, in der hiesigen „Sozialgemeinschaft" willkommen sind. Sie werden an einen Pranger gestellt und von diesem in die Existenzlosigkeit und Ausgrenzung gestoßen; krank gemacht mit explizit falschen Behandlungen bis hin zu illegalen Internierungen. All dies zieht sich wie ein scheinbar nie enden wollender roter Faden durch mein ganzes Leben.

Was mir für den Umgang mit Betroffenen wichtig ist:

Ehemalige Heimkinder werden sehr oft, weil irgendwie auffällig, psychiatrisiert. Sie werden auch oft aus Scham oder Angst vor dem unfassbaren Geschehen, das man ihnen angetan hat, oder aus Hilflosigkeit und Nicht-Wissen, wie mit den Betroffenen und ihren Schrecken umzugehen ist, zurückgewiesen.

Dazu explizit: Traumata bedeuten keine psychiatrische Erkrankung herkömmlicher Art und Weise, sondern sind das Leiden als Ergebnis und Ausdruck eines missbrauchten und misshandelten Menschen.

Unbedingt ist zu verhindern, dass Opfer-Vertrauens-Personen Nebeneinrichtungen der jeweiligen Einrichtungen und deren Angehörigen angehören. Sie dürfen auch nicht in Verbindung zum Träger des jeweiligen Betriebes, der Glaubensgemeinschaft oder Freikirchen stehen.

Damit soll auch vermieden werden, dass Betroffene unter Druck gesetzt, eingeschüchtert und bedroht werden, wie auch verunglimpft, sie hätten blühende Fantasien und würden lediglich Geschichtchen erzählen und Erfundenes, um sich wichtig zu machen, Aufmerksamkeit zu bekommen oder sich die Langeweile und Einsamkeit zu vertreiben.

Warum ich diesen Text geschrieben habe

Meine Erfahrungen haben gezeigt, ich muss mit all dem ganz allein klarkommen. Einen Ansprechpartner kann ich mir selbst nicht präsentieren. Dabei bin ich unübersehbar auf eine negative sozialgesellschaftliche Entwicklungstendenz im Umgang mit Heimkindern und von sexuellem Missbrauch Betroffenen aufmerksam geworden und aufmerksam gemacht worden. Mein Bericht soll Mut machen, sich zu offenbaren, die Wahrheit zu berichten, um Tätern und Täterinnen ihre Macht und Möglichkeiten zu nehmen und ihr widerliches Treiben frühestmöglich abzuwehren; den Opfern Respekt zu verschaffen und daran mitzuwirken, dass die Täter*innen nirgendwo, bei niemandem, erst recht nicht bei Menschen, die schon einmal Opfer geworden sind, zum Zuge kommen können.

Betroffene müssen gestärkt, in ihrem Selbst erstarkt werden, um solche Abwehr leisten und sich im Gefahrensfall wehren und selbst helfen zu können. Präventive Schritte und Einrichtungen wie Opfer- und Zeugenberatungsstellen etc. sind unerlässliche, elementare Notwendigkeiten, um aufzuklären, zu informieren und letztlich auch die Präventionsarbeit schwerpunktmäßig zu vervollständigen.

Deshalb will ich auch diese Ereignisse nach meinen traumatischen Heimerfahrungen niemandem „vorenthalten", auch wenn ich die Verursacher dieser letzten Schreckenserlebnisse nicht zu hundert Prozent persönlich zuordnen kann.

Lange habe ich darüber nachgegrübelt und überlegt, woher solche von mir erlebten Misshandlungen und eklatanten Minderbehandlungen kommen und wie sie entstehen. Dazu fielen mit folgende aus meinen Erfahrungen resultierende Punkte ein:

- Weil ich nicht bereit bin und war, mich und meinen Willen brechen zu lassen – von niemandem und von nichts.
- Weil ich nur das Richtige tun wollte und getan habe.
- Weil ich nicht unwidersprochen gelassen habe, angegriffen worden zu sein. Weil diese Dinge passiert sind, die heute mein Leben verletzend einschränken.
- Und weil ich den Menschen, vor allen den Schwächeren, erst recht denen, die sich nicht so richtig zu helfen, zu wehren wissen, überdies zugetan bin. Ich will helfen und vermitteln: Ihr seid nicht (mehr) allein. Ich habe mich stets für die Schwächeren eingesetzt und tue es immer noch für euch, uns, mich.

Meine Erzählungen sind tatsachen- und wahrheitsgetreu, auch wenn ich keine Belege mehr aus dieser Zeit habe. Allerdings erzählen meine Narben und auch meine zum größten Teil selbst tätowierten Sätze meine Geschichte.

Evangelische Freizeit. 15 Jahre

Ingeborg Bergmann

Meine ersten Reaktionen auf das Schreiben der beiden Frauen, die mich im Mai 2019 zu dem „Vorfall“ befragt hatten und die mir jetzt die Teilnahme am Projekt anboten, war, dass ich dachte: „Ach, das ist jetzt doch bewältigt. Die Gespräche haben mich wirklich getröstet und mir gutgetan. Ich bin zur Ruhe gekommen und habe diese Geschichte in mein Leben eingebaut. Mehr ist wohl nicht notwendig.“ Dann, einen halben Tag später kam mir jedoch der Gedanke: „Genau deshalb hast du so lange mit niemandem darüber gesprochen.“ Hätte ich es getan, niemand hätte mir wirklich beigestanden oder sich gar empört. – Meine Oma hätte vermutlich gesagt: „So ein Sausack! – Aber wahrscheinlich bist du auch wieder den ganzen Tag in kurzen Hosen herumgelaufen.“ Und ich hätte in Gedanken den Satz ergänzt, den sie in solchen Fällen zu sagen pflegte: „Ein faul’ Schaf, das seine Wolle nicht tragen will.“ – Meine Mutti wäre von ihm enttäuscht gewesen, hätte aber kundgetan, dass „Männer nun mal so sind“, dass er schließlich eine kranke Frau habe und dass, wo viel Licht, bekanntlich auch viel Schatten sei. Sie hätte mich schließlich kritisch angeguckt und etwas penetrant gefragt: „Bist du dir sicher, dass du das nicht durch irgendetwas herausgefordert hast?“

Mit wem hätte ich sonst darüber reden können? Mit meiner Freundin Helga, die dabei war, „als es geschah“? Über „so etwas“ sprachen wir nicht miteinander. Uns fehlten die Worte und die Begriffe, um uns über Erotik und Sexualität mitzuteilen. Das Ganze war uns nur unendlich peinlich. Warum war ausgerechnet uns das passiert? Waren wir selber daran schuld? Hatten wir irgendetwas getan, was sein Verhalten erklärte? Das dachten wir, redeten aber nicht. – Es war ja auch nicht so viel passiert. Nichts Gewalttätiges. Nichts wirklich Körperliches, das man nicht mehr ungeschehen machen konnte. – Erlebten nicht ganz viele Frauen so etwas oder Ähnliches?

Hätten wir mit dem dritten Mädchen aus unserer Klasse, mit Ursel, darüber sprechen können? Ausgeschlossen: Wir „himmelten" diesen Mann „an", sie „vergötterte" ihn. Er war wie ein Heiliger für sie, ihre Stimme veränderte sich, wenn sie von ihm sprach. Sie war es, die uns in die Gruppe geholt hatte, sie war fasziniert von ihm.

Für mich, das kam hinzu, war er nicht nur der Pfarrer, der Mann, sondern vor allem eine Vaterfigur. Ich war – wie viele in meiner Generation – als vaterlose Tochter aufgewachsen. In den Wirren des Krieges scheiterte die Ehe meiner Eltern, es kam, als ich anderthalb war, zur Trennung, dann zur Scheidung. Beide hatten sich darauf geeinigt, dass ich bei meiner Mutter bleiben und keinerlei Kontakt zu meinem Vater haben sollte. Ich hatte als Kind und Jugendliche große Sehnsüchte nach meinem/einem Vater – und suchte folglich „Ersatzväter". Diese Funktion hatte der Pfarrer vor allem für mich. Er war der bessere, der idealere Vater, einer, dem ich vertrauen, auf den ich mich verlassen konnte, so dachte ich.

Was war wirklich passiert? Ursel und ich waren 15 Jahre, meine Freundin Helga 14 alt, wir waren konfirmiert, auf kindliche Art noch fromm, ohne Glaubenszweifel. Wir – drei Mädchen aus der gemeinsamen Gymnasialklasse – hatten 1959 das Glück gehabt, einen Platz in der Freizeit dieses beliebten Jugendpfarrers zu bekommen. Ein Mensch mit einem starken Charisma, der uns mit besonderem Verständnis und intensiver Einfühlung zu begegnen schien, ein Berufener, der über den zweiten Bildungsweg Pfarrer geworden war, ein Evangelist und bekannter Prediger, der uns das Christentum aus dem Herzen heraus näherbrachte und das Leben in der Gemeinschaft so gestaltete, dass von seinem eigenen „Glanz" auch etwas auf unsere Gruppe „abstrahlte", sodass wir uns als etwas Besonderes erleben und deshalb gut fühlen konnten. – Die Fahrt ging in die Alpen nach Norditalien, wir wohnten in einem Hotel, machten Wanderungen und kleinere Touren, Bibelarbeit und Andachten. Und wir sangen zusammen. Wir fühlten uns als eine besondere christliche Gruppe mit einem starken religiösen Gemeinschaftsgefühl.

Helga und ich hatten zusammen ein Zimmer. An einem Abend, wir hatten uns bereits gewaschen und waren im Nachthemd, wir lagen im oder auf unserem Bett, da ging, ohne dass angeklopft wurde, die Tür auf und der Pfarrer kam herein. Ohne jegliche Zurückhaltung. Er hatte eine Weinflasche in der Hand, aus der er offensichtlich getrunken hatte, er war aber nicht stark angetrunken oder betrunken. – Ich freute mich kindlich naiv, ihn zu sehen; ich erlebte es als etwas Besonderes, dass er zu uns kam. Meine Freundin und ich, wir verstanden beide zunächst nicht die Situation. Dann irgendwann kam der Gedanke auf: Was will er von uns? – Ich erinnere mich nicht genauer an den Inhalt seines Sprechens. Es war ein Monolog. Er tat so, als sei es das Normalste der Welt, dass er einfach in unser Zimmer gekommen war, ohne zu fragen, ob wir das wollten. Er näherte sich uns immer wieder, wir wichen zurück – stiegen aus unseren Betten heraus, hatten wohl auch Angst. Glücklicherweise waren wir zu zweit. – Schließlich war die Situation so, dass er auf einem der Betten lag und redete und wir beide etwas verfroren, beklommen und eingeschüchtert – nur mit unseren Nachthemden bekleidet – in einer Ecke standen. – Uns wurde zunehmend klar, dass hier etwas überhaupt nicht in Ordnung war, dass er etwas von uns wollte, was für uns unvorstellbar erschien, was zu unserem Bild, das wir von ihm hatten, nicht passte. Er erschien uns wie eine andere Person. Meine erste Freude bei seinem Hereinkommen wandelte sich zu einer großen Irritation und dem Gefühl, hier sei alles grundlegend falsch. Ich hatte das Bedürfnis, mich schützen zu müssen. – Ich fühlte mich wie in einer irrealen Welt gefangen, nahm alles nur wie durch eine Wand wahr. Die Zeit stand still. Ich wusste nicht, wie ich aus dieser unerträglichen Situation herauskommen könnte. Für mich stand die Welt Kopf, es war, als spürte ich jetzt einen großen Riss in meinem Leben. Ich stellte mich innerlich mehr oder weniger tot. – Ich meine mich zu erinnern, dass meine Freundin Helga irgendwann – beherzt – ein/zwei Sätze sagte, mit der Aufforderung, er solle jetzt gehen, es sei spät, wir würden schlafen wollen oder Ähnliches. – Er muss dann das Zimmer verlassen haben.

Für mich war das Allerschlimmste, dass er am nächsten Morgen am Gebirgsbach die Andacht abhielt wie jeden Morgen: lächelnd, locker, fröhlich, entspannt – als habe es diesen Abend niemals gegeben. Es kam auch danach von seiner Seite kein klärendes Wort. Es war, als sei dies alles nicht geschehen. – Das habe ich schon damals als verlogen, doppelzüngig und heuchlerisch erlebt. Auf der einen Seite das übergriffige Verhalten gegenüber zwei jungen, recht naiven Mädchen, auf der anderen Seite die Verkündung des Evangeliums, als sei dies ein ganz normaler Tag wie jeder andere gewesen. – Helga und ich haben damals und auch später nicht darüber miteinander gesprochen. Als ich jetzt 2018/2019 versuchte, mit ihr zu reden, winkte sie ab. Sie konnte oder wollte sich nicht erinnern. Die großen Schwierigkeiten in ihrer eigenen Familie seien so zerstörerisch, übermächtig und raumgreifend gewesen, dass daneben eine solche Geschichte für sie bedeutungslos sei.

Folgen der übergriffigen Erfahrung

1.) Ich kann nicht eindeutig sagen, ob die Ursache primär in der oben geschilderten Situation oder an anderen Erlebnissen lag, aber ich fing im Alter von 15 Jahren an, wieder ab und zu das Bett einzunässen.

2.) Mir liegt ein Buch vor, das ich am 1. Sonntag nach Ostern im Jahre 1956 begonnen habe und das am 31.08.1959 endet. Hier habe ich handschriftlich religiöse Dinge eingetragen, die mir wichtig waren, viele Seiten: Texte über die Bibel, den Katechismus, Lieder, Sprüche zum Vorstellungs- und Konfirmationsgottesdienst (meine eigenen Denksprüche und die meiner Mitkonfirmand*innen, anderer Bekannter und Freund*innen). Es wird deutlich, wie wichtig mir diese Glaubensfragen waren, wie viel Zeit und Gedanken ich hier einbrachte – auf der Suche nach einem eigenen Weg.

Als vorletzter Spruch steht der Konfirmationsspruch dieses Jugendpfarrers: „Ich schäme mich des Evangeliums vor Christo nicht."

Es folgen dann in einer weiteren Abteilung des Buches (mit Daten) Predigttexte, kurze Zusammenfassungen der Predigten, die ich besucht hatte, und meine Gedanken dazu. Die Eintragungen enden (in abweichender hässlicher Schrift und mit einem Schreibfehler beim Nachnamen des Pfarrers) im August 1959, d. h. also nach der oben beschriebenen Freizeit, mit einem Eintrag zu dessen Gottesdienst über die Bibelstelle: „Ich bin der Herr, dein Arzt" sowie mit der Losung für die Freizeit in Norditalien (1. Timotheus 1). In dieser Bibelstelle ist u. a. die Rede vom „Gesetz", „den Unzüchtigen" und „den Lügnern".

Danach habe ich nie wieder in dieses Buch geschrieben. Mein Weg, meine christliche Glaubenssuche waren hier zu Ende.

Ich habe mich dann mehr und mehr von der evangelischen Kirche wegbewegt: zunächst in die Richtung des französischen Existenzialismus, dann später in Richtung Marxismus und 68er-Studentenbewegung. Mit 20 Jahren als Studentin bin ich aus der Kirche ausgetreten.

Selbstverständlich ist es zu einfach, der Missbrauchserfahrung allein die Schuld an dieser Entwicklung zu geben. Man könnte dem entgegenhalten, dass zu hohe eigene Erwartungen, Zweifel an eigenen Positionen, auch am Glauben, zum Erwachsenwerden dazugehören und von jedem ohne einfache Schuldzuweisung bewältigt werden müssen. Auch hätte ich mich ja anders entscheiden können, ich hätte die Freiheit dazu gehabt, im Sinne der Freiheit eines Christenmenschen. – Man könnte auch meine Vaterlosigkeit und das daraus folgende mangelnde Vertrauen insgesamt als Ursache meiner Abwendung von der Kirche sehen, die Erfahrungen mit diesem Jugendpfarrer also als stark projektiv deuten. Hinzu kommt, dass dies nicht die einzige negative Erfahrung mit einem evangelischen Pastor und dem System Kirche gewesen ist. Wiederum lässt sich dagegen einwenden, dass diese anderen Erlebnisse zeitlich *vor* dieser Freizeit lagen und trotz der menschlichen Enttäuschungen eben nicht zu einer Entfremdung von der evangelischen Kirche geführt haben. – Über all dies ließe sich länger diskutieren und man könnte sicher viel Erklärendes dazu sagen. –

Ich habe mich später (1995/96) entschieden, wieder in die Kirche einzutreten. Doch das Restgefühl aus meinem 15. Jahr, ob ich wohl trauen und vertrauen kann, die Unsicherheit, ob man mir mit Respekt und ohne Lüge begegnen wird, die Nicht-Gewissheit, ob ich zu dieser Gemeinde/Gemeinschaft gehöre oder nicht, ist nicht verschwunden, sondern schmerzlich manifest. Hannes Wader gibt in einem seiner Lieder, das ich oft gehört habe, dieses Gefühl gut wieder:

„Ja vielleicht sind wir Menschen nur dazu geboren,
Um ruhelos zu suchen bis zum Schluss.
Auch ich habe irgendwann einmal etwas verloren,
das ich wiederfinden muss."

Was hat mir geholfen?

So komisch es klingen mag, über eine ganze Zeitlang hat mir die totale Abwendung von der Kirche und vor allem von ihren Vertretern, den Pfarrern, geholfen. Ich habe sie gemieden wie die Pest. Sie waren mir verdächtig. Ich sah sie nicht als individuelle Personen, sondern als Stereotyp. Ich war voller massiver Vorurteile, überhaupt nicht analytisch oder rational. Verbohrt. Verrannt. – Doch das war gut. Es hat mir geholfen, Abstand zu gewinnen, mich ein Stück weit aktiv und lebendig zu fühlen. – Das ging so bis 1974/1975. Ich erinnere mich, dass ich Ende 1973 einen Krankenhauspfarrer kennenlernte, der auch Kriegsdienstverweigerer beriet. Ich begegnete ihm von vorneherein mit totaler Ablehnung. Aber hier entstanden auch die ersten Veränderungen. Ich konnte hin und wieder wahrnehmen, dass er ein feiner Mensch war. Dass ich – wie heute – mit Pfarrer*innen befreundet bin, wäre damals undenkbar gewesen.

Schreiben und Erinnern: Ich habe mich für das Schreiben entschieden. Gerade weil meine Erfahrung auf den ersten Blick doch fast eher charmant als gewalttätig herüberkommen mag (der Zynismus ist beabsichtigt). „So schlimm war es doch nicht", und hat doch so viel angerichtet, zum Verlust meiner Glaubensfähigkeit bzw. meiner Sicherheit beigetragen.

Ich habe in meinem Leben vieles erlebt, was es mir später notwendig erscheinen ließ, psychotherapeutische Hilfe anzunehmen. Als meine erste Ehe scheiterte (1973), begab ich mich freiwillig in stationäre Therapie (ohne Medikamentengabe, mit analytischer Einzel- und Gruppentherapie; dreieinhalb Monate). Diese Therapie setzte ich über einen längeren Zeitraum (drei Jahre und mehr) ambulant mit einem anderen Psychotherapeuten fort. Auch im späteren Leben habe ich mir – wenn notwendig – solche Unterstützung geholt. Im psychotherapeutischen Rahmen sprach ich auch über die übergriffige Situation während der Jugendfreizeit. Der therapeutische Weg hat mich mit manchem, was schwer war, versöhnt und mir neue Räume sowie Möglichkeiten eröffnet, für die ich sehr dankbar bin. Sowohl beruflich (Gymnasiallehrerin) als auch im privaten Bereich (zum zweiten Mal verheiratet, drei Kinder) hatte/habe ich ein gutes Leben.

Außerhalb der Therapie habe ich mit niemandem „darüber" gesprochen und die Geschichte wirklich erzählt, wie ich sie erlebt habe, bis ich in der Zeitschrift „Chrismon" in einem Interview mit der Bischöfin Kirsten Fehrs etwas über die Möglichkeiten der Aufarbeitung von Missbrauchserfahrungen innerhalb der evangelischen Kirche las. Dann suchte ich im Internet in meiner damaligen Landeskirche nach Ansprechpartner*innen und hatte das Glück, offene Ohren und Herzen bei Frau Lebert-Michel und Frau Nendler zu finden.

Auch wenn man mir gesagt hat, dass sich für den Machtmissbrauch dieses Mannes außer mir niemand anderes gemeldet hat, kann ich mir nur schwer vorstellen, dass dies ein singuläres Ereignis war. Jemand, der so wenig die Grenzen anderer respektiert bzw. für sich als „Ausnahmemensch" eigene Gesetze kreiert, der es zulässt, dass junge Menschen sich in ihn verlieben, ohne Grenzen zu ziehen, spinnt ein fein gewebtes Netz aus Großartigkeit, Lügen, Verleugnung und Übergriffen, das denjenigen, die darin gefangen sind, kaum Chancen gibt, wieder frei zu werden. Selbstzweifel und Scham tun ein Übriges dazu.

Es gibt weitere Beispiele, für die diese Schilderung zutrifft, z. B. Lehrer Gerold Becker an der Odenwaldschule (ich habe akribisch die Berichterstattung in der Frankfurter Rundschau verfolgt) und jetzt aktuell Pastor Klaus Vollmer in Hermannsburg[1]. Der Bericht der dortigen Aufarbeitungskommission zeigt eindrücklich, wie Institutionen mit Missbrauch umgehen sollten, um etwas für die Opfer gutzumachen.

Schlussfolgerungen

Nur wenn Supervision, Selbstkontrolle und Kontrolle durch die Institution zur Ausbildung und zur Berufsbegleitung von Pfarrern und Lehrer*innen gehören werden, wenn Selbstreflexion und Selbstkritik als edle Ziele gelehrt werden, wenn die Systeme Kirche/Schule mit offenen Augen auf die Arbeit und das Wirken ihrer Arbeitskräfte sehen, klare Regeln kommunizieren und sie auch durchsetzen, besteht überhaupt eine Chance, dass der Machtmissbrauch und der Missbrauch von Menschen in solchen Institutionen ein Ende finden.

[1] Bericht der „Aufarbeitungskommission der Evangelischen Geschwisterschaft e. V." http://www.geschwisterschaft.de/ueber_uns/page28/downloads-5/files/Bericht_der_Aufarbeitungskommission_2022-02-17.pdf, abgerufen 22.3.2022.

Das Beispiel der drei Männer („mein“ Jugendpfarrer, Lehrer Becker, Pastor Vollmer) scheint – ich sage es mit großer Bitterkeit! – nahezulegen, dass man bei besonders beliebten, charismatischen Persönlichkeiten, die sich selbst für Ausnahmemenschen halten, extrem akribisch und vorsichtig sein muss, weil häufig genug der Motor ihrer Arbeit nicht die Liebe zum Nächsten, sondern eine übersteigerte, narzisstische Selbstliebe ist, die auf andere Menschen zerstörerisch wirken kann.[2]

---

2 Vgl. dazu u. a. Richter, Horst Eberhard: Der Gotteskomplex, Gießen 1979.

Begraben – Leben

Victor E.

Wie ist es zu beschreiben?
„Anfangen, wo es anfängt."
Dieses Zitat, der Beginn des Hörspiels „Unter dem Milchwald" von Dylan Thomas, macht es mir möglich, mit dem Schreiben anzufangen.
Zu beschreiben, welches mir unbeschreiblich schien.
Ich war sechs Jahre alt.
Diese Schwere des Erlebens, des Erlebten. Die mich über viele Jahrzehnte meines Lebens
umhüllte
besetzte
zersetzte
in mir wütete.
Tag für Tag, Nacht für Nacht, wie eine Schaufel Erde mehr,
die das Grab, in das ich geworfen wurde, zuschüttet.
Erst meinen Brustraum, mein Herz, meinen ganzen Körper. Mein ganzes Dasein.
Mir die Sicht nahm auf den Himmel,
auf mein Leben, auf meine Sehnsüchte und Wünsche,
die dort sternenklar funkelten.
Die mein Menschsein nicht mehr möglich erscheinen ließen.
Die Wände, ein Meter achtzig hoch,
Wurzel durchzogen.
Über mir Bäume, die den Himmel berühren.
Der Wind sie wiegt.
Eine weiße Taube durchfliegt diesen Rahmen aus Erdkruste und Grasnarbe.
Stimmen, die ich höre, ein Kuckuck von weit her, unablässig sein Ruf,
leiser und leiser werdend,
mit jeder weiteren Schaufel Erde, die mich begräbt.

Die Stimmen schweigend, fortgeschritten.
Mein Leib zugeschüttet von einer Masse an Gewicht.
Eine Trompete ertönt von weit her.
Ein Salut. Ein „salut“.

Ich öffne meinen Mund ein letztes Mal,
Erde sickert hinein, erstickt mich.
Nichts mehr ist. Von dem, der ich war, oder sein würde.
Wäre nicht dieses gewesen, indem das Monströse, Talar behangen, begann,
nach mir zu greifen, mich meiner Selbst beraubt.
Mein Körper, mein Leben unter sich begräbt.
In die wütende Finsternis.
Mein Herz schlägt weiter. Mein Atem ganz leicht, zart und weich.
Ich kann nicht schreien, mein Körper umhüllt von kalter Erde.
Unbeweglich, verschüttet, versteinert, starr.

Dunkelheit_Leere_Nichts
als Entsetzen und Entsetzen.
Ich lebe_begraben.

Seine kaltschwitzenden Finger streichen über meinen Brustkörper,
meinen Bauch, über meinen Körper.
Sein Atem schwer stöhnend.
Über mir Jesus, dort am Kreuz, zwinkert mir zu,
flüsternd: „mach die Augen zu“.
Weiteres verstand ich nicht.
Als ich meine Augen wieder öffne, erklang eine Orgel von weit her.
Schwarzes Gewand entschwand.
Jesus hing dort wie zuvor, seine Augen,
wegschauend,
blutend seine Wunden.
Ich verstand rein gar nichts, tief verwundet
stand ich auf und blieb doch dort im Grabe liegen.

Jahrzehnte später (2015) fand ich die Wut in mir, den Pastor persönlich anzuschreiben.

Jahre zuvor (2010) meldete ich den sexuellen Missbrauch, den ich über mehrere Monate bis zur Einschulung als Sechsjähriger in einem Kindergarten der evangelischen Landeskirche erlitt. Es gab eine Zeugenaussage von mir bzgl. eines Disziplinarverfahrens gegen den Pastor, die allerdings keinen Erfolg hatte.

2002 hatte ich meine Erfahrungen Pastor Dr. Jochen Boll, dem damaligen Gemeindepastor, in einem Vieraugen-Gespräch mündlich mitgeteilt.

Dieser vereitelte mein Vorbringen des sexuellen Missbrauchs, relativierte die Tat. Beschwichtigte und nahm den Straftäter in Schutz.

Leugnete dieses Gespräch auf Nachfrage der Landeskirche.

Obwohl die evangelische Landeskirche meinen Schilderungen von 2010 Glauben schenkte, wurde der Gemeinde von Seiten der Landeskirche keine Anzeige erstattet.

Die Gemeinde nahm mit diesen Worten Abschied von Pastor Felix Schmied, dem Pastor, der mich sexuell missbrauchte:

Als Johannes-Gemeinde trauern wir um unseren früheren Pastor Felix Schmied, der in der vergangenen Woche im Alter von 76 Jahren nach ertragener Krankheit verstorben ist.

Wir danken für seine Zeit, in der Pastor Schmied als Seelsorger und Pastor in der Gemeinde tätig gewesen ist. In all dieser Zeit hat er der Gemeinde den lebendigen und österlichen Christus verkündigt und hat vorgelebt, was dieser Glaube bedeuten kann. Gut 20 Jahre ist Felix Schmied in der Johannes-Gemeinde Pastor gewesen, bevor er den Pfarrdienst in der Lukas-Gemeinde übernommen hat. Wir werden seiner in Wertschätzung und Respekt gedenken und vertrauen sein Leben und seine Seele dem österlichen Christus an.

Johannes-Gemeinde mit Kirchenvorstand
Pastor Dr. Jochen Boll (s. o.)

Ich stellte über den Fonds Sexueller Missbrauch im Jahr 2016 einen Antrag auf Hilfeleistungen.

Dieser wurde nach drei Jahren im August 2019 in der Clearingstelle beraten.

Die Clearingstelle gab der evangelischen Landeskirche meinen Antrag weiter.

Die Entscheidung lag bei der Institution Kirche.

Dort war mein Antrag auf Nachfrage nicht auffindbar.

Nachdem ich mit Unterstützung eines Journalisten einer großen deutschen Tageszeitung in einem Artikel im April 2021 über den Missstand berichtete, forderte die evangelische Landeskirche die Unterlagen bei dem Fonds Sexueller Missbrauch neu an.

Im Sommer 2021 bekam ich von der Landeskirche die von mir im März 2016 beim F. S. M. beantragten Hilfeleistungen sowie Erstattung der von mir selbst getragenen Kosten für eine therapeutische Begleitung innerhalb dreier zurückliegender Jahre.

Es folgte ein Online-Meeting im Mai 2021 mit dem Oberlandeskirchenrat Dr. Stefan Neumann und Pastorin Dr. Sabine Maier sowie Diplom-Sozialarbeiterin und Sozialpädagogin Stefanie Gutberg, Barbara Feld (Betroffenen-Vertretung) und meiner Partnerin.

Seit Mai 2021 arbeite ich beim „ForuM – Forschung zur Aufarbeitung von sexualisierter Gewalt“ im Teilprojekt „Perspektive Betroffener“ am IPP München mit.

Heute, im Juni 2022, habe ich die Klarheit und Kraft, mein Erleben des sexuellen Missbrauchs zu benennen und konstruktiv mit dem Erlebten umzugehen.

Es gibt immer noch Zeiten der Ohnmacht und des Rausgerissenwerdens aus meinem Alltag.

„Diese alles verdeckende Schwärze"

Sieglinde

Ich wurde im Jahr 1941 in Schwerin/Warthe geboren. Mein Vater war bereits Anfang August 1941 südöstlich von Kiew gefallen. Meine Mutter war eine sehr engagierte Maidenoberführerin, sie leitete bis 1945 größere Arbeitslager für junge Frauen. Meine beiden Eltern planten, nach dem (gewonnenen) Krieg einen sogenannten Wehrbauernhof an der späteren russischen Grenze zu Asien zu besiedeln.

Meine Mutter musste Anfang 1945 mit mir und den Maiden ihres Lagers auf die Flucht gehen, sie endete zu Ostern 1945 im Westen Deutschlands.

Meine Mutter durfte als ehemalige Nationalsozialistin in leitenden Ämtern zunächst nur Hilfsarbeiten wie zum Beispiel Torfstechen oder ähnliches verrichten.

Durch die Vermittlung einer ehemaligen Schulfreundin, die der Bekennenden Kirche angehört hatte, bekam meine Mutter 1947 einen Ausbildungsplatz an einer neu gegründeten Evangelischen Fachschule. Diese Ausbildung dauerte zwei Jahre: Meine Mutter meinte, mich während dieser Zeit nicht bei sich behalten zu können. So kam ich im Alter von sechs Jahren zu einer Pflegefamilie. Mein Pflegevater war Arzt und Psychiater, er war zu dieser Zeit tätig an einer großen Heil- und Pflegeanstalt des Bundeslandes.

Meine Pflegemutter war eine sogenannte Nur-Hausfrau, vor ihrer Eheschließung war sie Buchhändlerin gewesen, sie war sehr sportlich, in ihrer Paradedisziplin hätte sie an den für 1940 geplanten Olympischen Spielen teilnehmen sollen.

Meine beiden Pflegeeltern waren sehr fromm, es wurde regelmäßig gebetet und gefastet, über meinem Bett hing das bekannte Dürerbildnis des auf einem Stein sitzenden dornengekrönten Jesus, von dem mir gesagt wurde, dass ich durch meine bösen Taten und Gedanken schuld sei an seinem Leiden.

Besonders meine Pflegemutter war auch sonst sehr streng. So musste ich z. B. vom zweiten Schultag an selbst darauf achten, pünktlich zur Schule zu kommen. Das tat ich, indem ich auf der Uhr des Hauptgebäudes der Klinik die Zeit beobachtete. Auch meinen Schulranzen musste ich alleine in Ordnung halten. Und nicht immer wurde mir geglaubt, so z. B. als ich in den ersten Schultagen 3 Groschen, 30 Pfennige, für die erste Fibel mitbringen sollte. Ich bekam diese 30 Pfennige von der Familie nicht, ging dann weinend meinen Schulweg, auf dem etwas absolut Verbotenes geschah: Ein Mann sprach mich an und fragte mich nach dem Grund meines Weinens. Auf die Antwort hin, dass ich die 30 Pfennige für die Schulfibel von meiner Pflegemutter nicht bekäme, nahm er ein altes rindsledernes Portemonnaie aus der Tasche und gab mir 30 Pfennige. Immer noch sehe ich voller Dankbarkeit die großen Hände über mir, die 30 Pfennige heraussuchten. Aber nie im Leben hätte meine Pflegemutter davon erfahren dürfen, es hätte mich mindestens einen Nachmittag ohne Essen und Trinken im dunklen Zimmer gekostet. Dasselbe kostete mich zum Beispiel auch ein beim Milchholen verlorener Groschen, das Weinen bei einem Wochenendabschied von meiner Mutter oder ein auf einer Müllhalde gefundenes Bündel Schnittlauch – den Schnittlauch hätte ich sicher irgendwo geklaut!

Es war auch nicht gut, ein Mädchen zu sein. Meine Mutter hatte keines haben wollen, was sie oft betonte. Aber auch die Leiterin des Kinderheimes, in das ich mit sieben Jahren für achteinhalb Jahre geriet, sagte bei allen Gelegenheiten – „Abendfeiern“, Kindergottesdiensten, Mahlzeiten – Folgendes: Alles, was zwischen einem Jungen und einem Mädchen, einem Mann und einer Frau passiert, ist immer die Schuld des Mädchens, der Frau. Das ist ein häufig wiederholter Glaubenssatz in sehr vielen Varianten. Sie werden ihn mit Sicherheit kennen. Im Kinderhaus, in das ich kam, waren die Jungen Thingjungen im Thinghaus. Sie hatten ein eigenes Gebäude und wöchentliche Thingstunden bei der Heimleiterin, wo sie ihre Anliegen vorbringen konnten. Die Mädchen waren

Schafe im Schafstall, einem engen Raum im Haupthaus, ohne eigenes Gehör. Dafür fehlte uns (wörtlich) die Demut. Eigentum konnte nur im eigenen Bett verwahrt werden, es verschwand oft.

Am Karfreitag mussten wir, die Schafe, in den Wald gehen und Dornenzweige suchen, aus denen mussten wir dann die Dornenkrone winden, die dann auf dem hauseigenen Altar lag.

Parallel zu dem bisher Beschriebenen wusste ich auch sehr früh, dass eine besonders gefährliche und gefürchtete Krankheit die „Geschlechtskrankheit" sei. Ich erinnere mich daran, als Zweijährige dabeigesessen zu haben, als meine Mutter „ihre" Maiden davor warnte, beziehungsweise der zuständige Landarzt sie befragte und untersuchte.

Ich wusste im Alter von zwei Jahren – deutlich vor Kriegsende und unserer Flucht –, dass eine Geschlechtskrankheit ganz besonders gefährlich, verderblich und ein ganz besonderes und vor allem schlimmes Verschulden sei. Meine Mutter warnte nicht nur die erwachsenen ihr anvertrauten Frauen, sondern auch mich. In meiner übergroßen Angst suchte ich später, als ich lesen konnte, jedes Buch von der Art: „Die Mutter als Hausärztin und Pflegerin der Familie". Davon gab es einige. Als Kind suchte ich sie und las sie panisch.

Überhaupt war es für meine Mutter im Verhältnis zu mir nicht möglich, Kranksein, Schwachsein, Schmerzen haben zu dulden. Meine früheste Erinnerung an sie ist folgende: Es war ein Sommer, ich kann nicht älter als 2 Jahre gewesen sein und eine Wespe hatte mich gestochen. Meine Mutter kniete vor mir mit drohend erhobener Hand, um uns herum standen im Kreis die Maiden und meine Mutter drohte mir: „Nur einen Mucks und es setzt was!" Natürlich durfte ich nicht weinen und natürlich musste den Maiden gezeigt werden, wie ein deutsches Kind zu erziehen sei.

1949, im Frühjahr, kam ich also durch Vermittlung einer Bekannten in leitender Verantwortung in das spätere besagte Kinderhaus, das von der evangelischen Kirche betrieben wurde. Meine Mutter kam durch eben diese Leiterin in ein kleines Hofgut in der Nachbarschaft des Kinderhauses. Das Hofgut wurde von Mitarbeitern des Kinderhauses betrieben und verwaltet – so etwas gab es ja seinerzeit öfter.

Ich war nun als „Schaf“ im Kinderhaus und wusste, dass meine Mutter im benachbarten Hofgut war. Ich weinte viel und lief oft weg, um meine Mutter zu suchen. Es gelang mir aber nur einmal, sie zu finden. Auf Betreiben der Hauswirtschafterin, einer lieben Frau, wurde ich im frühen Sommer 1949 in das Hofgut verlegt, die beteiligten Erwachsenen meinten, mir damit etwas Gutes getan zu haben, dem war aber nicht so; niemand bemerkte, dass ich als jüngstes Kind und einziges Mädchen, ohne die anderen „Schafe“ von den älteren Jungen gnadenlos erpresst wurde. Um mitspielen zu dürfen, musste ich Lieblingsbücher, Lieblingsspielzeuge, Bonbons, Plätzchen, gefundene Äpfel, gesammelte Beeren – ich musste einfach alles hergeben, bestimmend dabei waren Edwin und Hagen, die beiden waren Verwandte des Vikars Grundfahrt, der neben der Hauswirtschafterin das Kinderhaus leitete und zuständig war für die Gottesdienste, den Chorgesang und für alle Kontakte einer seinerzeit in dem Bundesland sehr weit bekannten und verbreiteten Juristen- und Theologenfamilie Erling. Wir Kinder sagten seinerzeit untereinander, dass man in unserem Bundesland an jeder 2. Straßenkreuzung einen Pfarrer oder Richter aus der besagten Familie Erling treffen könne.

Edwin und Hagen waren also Verwandte des Vikars, des späteren Pfarrers Grundfahrt und nutzten ihre Stellung sehr aus. Ihr Vater war Kriegsrichter gewesen und in der UdSSR zu 25 Jahren Lagerhaft verurteilt worden. Durch das Abkommen Adenauers von 1955 wurde er vorzeitig entlassen und bekam sehr schnell eine Stellung als Vorsitzender eines obersten westdeutschen Landesgerichtes, womit ich gar nichts über ihn sagen möchte. Bezeichnend ist aber, dass die Stellung seiner Söhne im Kinderhaus eine durchaus hervorgehobene und privilegierte war, so waren diese beiden die einzigen Kinder, die jemals von dem Kinderhaus aus ein humanistisches Gymnasium besuchen durften.

Auf Edwin und Hagen war ich also in dem Hofgut angewiesen, wenn ich „mitspielen“ wollte, was mich dazu brachte, alles herzugeben, was ich hatte, ohne dass es Erwachsene bemerkten. Eines Tages aber, als ich um das Mitspielendürfen bat, sagte Edwin, dass ich mitspielen dürfte, wenn ich mich auszöge, was ich dann in meiner Verzweiflung auch tat. Was dann passierte, das weiß ich nicht, bis heute ist da alles schwarz, nur schwarz, und diese alles verdeckende SCHWÄRZE lässt sich auch nicht auflösen, bis heute nicht!

Was mir geblieben ist, das ist ein irrsinniges Schuldgefühl und eine Wahnsinnsangst davor, nun „geschlechtskrank“ zu sein; wenn ich das wäre, dann würden alle Menschen wissen, wie schlimm und böse ich wäre und würden Angst vor mir haben. Von Edwin und Hagen war ich nun noch erpressbarer, ich versuchte in jeder Hinsicht, ihnen zu gefallen, damit sie nichts darüber erzählten, wie verdorben ich sei. Eine Erleichterung konnte ich erst dann empfinden, und das auch erst in einem langsamen Prozess, als die beiden im Herbst 1955 „nach Hause“ geholt wurden.

Bis heute habe ich die Neigung, Krankheiten zu verschleppen bzw. sie gar nicht zu bemerken und stattdessen den Alltag mit immer größerer Anstrengung zu bewältigen; für diese Tatsache gibt es ganz konkrete Beispiele.

Während der ganzen Zeit, die ich in dem Kinderhaus bzw. in dem Hofgut zubrachte, benahmen sich die größeren Jungen den Mädchen gegenüber sexuell übergriffig und abwertend. Sie beleidigten uns mit Worten und anzüglichen Witzen, sie rissen uns plötzlich die Kleider vom Leib. Ich selbst wurde einmal an meinen langen Zöpfen ca. einen Kilometer durch den Matsch gezogen, ohne mich irgendwie wehren zu können. Es fragte auch kein Erwachsener danach, warum meine Kleidung so dreckig und teilweise zerrissen war. Es war meine Sache, die Dinge wieder in Ordnung zu bringen. Wir lebten in ständiger Angst vor den Jungen.

Als ich 14 Jahre alt war, fasste ich mir einmal ein Herz und bat meine Mutter um ein Gespräch. Ich musste sie darum bitten. Sie spontan anzusprechen, um ihr etwas zu erzählen, war nicht möglich.

Als ich dann versuchte, ihr einige der Übergriffe der Jungen zu berichten, begann sie schallend zu lachen und sagte mir, ich solle mich nicht so anstellen.

Für mein ganz spezielles Leben als vaterloses Kriegskind mit einer Nazimutter und vielen Jahren als Pflege- und Heimkind – bedrängt von einer bigotten Frömmigkeit – habe ich bisher keine Therapie gefunden, ich bemerke eher ein Zurückschrecken vor dieser gebündelten Problematik und – das ist für mich ganz wichtig: Heimkindschaft war in den letzten Jahren gelegentlich in der Diskussion, Nazi-Eltern und falsche Frömmigkeit auch, ein Pflegekind zu sein, das wird, soweit ich weiß, nicht als Problem gesehen.

So, jetzt bin ich erschöpft und kann nicht mehr weiter. Ich schicke Ihnen [den Herausgebenden] dieses jetzt, so unvollkommen es äußerlich auch sein mag.

Ein Besuch bei Wilhelm Ganz

Aufgezeichnet von Erika Kerstner

Wilhelm Ganz und ich sind an einem Vormittag in seiner Wohnung verabredet. Seine Frau hat Gebäck und Tee vorbereitet und den Tisch liebevoll gedeckt. Anfänglich ist sie beim Gespräch dabei, später wird sie mit ihrem Sohn sprechen/skypen und sich zurückziehen. Schon dieser kurze Kontakt zeigt, dass beide miteinander zufrieden leben können. Wilhelm Ganz beschreibt und zeigt mir zunächst seine Hobbys: Modellbau, Schnitzarbeiten, Batikarbeiten, Bücher. Gemeinsam mit seiner zweiten Frau, die in ihrer religiösen Tradition keine Weihnachtskrippe kennt, hat er eine Krippe gebaut.

Mit diesem Einstieg ist das Gespräch eröffnet. Wilhelm Ganz lebte mit seinen Eltern und einer Schwester in der ehemaligen DDR. Sein Vater, Kommunist, hat noch einmal studiert und arbeitete als Dozent an einer Universität.

Eines Tages kam der Vater nach Hause und sagte zur Mutter: „Ich hab's denen gesagt." Die Mutter reagiert fassungslos und schreit ihren Mann an: „Ja, bist du denn wahnsinnig?" Das Kind kennt die Hintergründe dieses Gesagten nicht, spürt jedoch die Bedrohung, die von diesem elterlichen Gespräch ausgeht. Der Vater verlor seine Arbeit, nachdem er „es" gesagt hatte. Wilhelm Ganz kann nur vage Vermutungen darüber anstellen, was seinem Vater vorgeworfen wurde. Der Vater fand wieder Arbeit in einer wissenschaftlichen Institution. Bevor Wilhelm Ganz neun Jahre alt war, ließen sich die Eltern scheiden. Nach der Scheidung kümmerte sich der Vater nicht mehr um seine Kinder. Nur einmal, später, besuchte Wilhelm Ganz seinen Vater und dessen neue Familie. Die Kinder dieser Familie jedoch ärgerten und provozierten ihn ständig. Nie wieder hat er versucht, Kontakt zu seinem Vater aufzunehmen.

Als die Mutter sehr krank wurde, kamen die Kinder in Kinderheime der DDR. Dabei wurden die Geschwister getrennt.

„In diesem Heim erfuhr ich das erste Mal brutalste Gewalt an uns Kindern. Wer nicht gehorchte, wurde an den Beinen über den Boden geschleift und dann mit dem Kopf gegen die Wand geschleudert. Es hörte sich an, wie wenn eine Kokosnuss auf den Boden schlägt. Die Schmerzensschreie der Kinder höre ich manchmal noch heute. Ich war dort nur eine Nummer: F 14 E. Nie wurde ich mit meinem Namen angesprochen, immer nur mit der Nummer."

Einer Tante, die im Westen wohnte, gelang es, die Mutter zur Behandlung ihrer Krankheit in den Westen zu bringen. Schließlich zeichnete sich ab, dass sie sterben würde. Die Tante ermöglichte den Kindern einen letzten Besuch bei ihrer todkranken Mutter. Als Wilhelm Ganz neun Jahre alt war, starb die Mutter. Die Kinder blieben im Westen, wurden jedoch getrennt.

„Ab dieser Zeit durchliefen wir einige Kinderheime und Internate" – so lapidar formuliert Wilhelm Ganz, was eine Serie von Unglück, Gewalt, Desorientierung, Einsamkeit und Verlorenheit darstellen sollte.

„Die erste sexuelle Erfahrung erlebte ich in einem Heim der Freien Wohlfahrtspflege. Hier kam eine 22-jährige Erzieherin fast täglich nachts in mein Bett. Ich suchte bei ihr etwas Mutterliebe, aber dabei blieb es nicht. Ihr Name war Ulrike Hansler. Dadurch bekam ich später starke Verklemmungen zu fremden Mädchen, weil man sich später dafür schämte.

Wir, meine Schwester und ich, durften zur damaligen Zeit das Heim nicht alleine verlassen, denn der Vater versuchte, uns über die Stasi in die DDR zu entführen. Im Oberlandesgericht M. sind die Akten dieser Vorgänge gespeichert. Bis zu unserem Tod sind sie dort gespeichert."

Wilhelm Ganz ist es sehr wichtig, davon zu erzählen, dass es Akten darüber gibt, dass es einen, wenigstens einen offiziellen Nachweis für das gibt, was er mir erzählt.

„Es schadete dem Ansehen des Vaters. Der war strenger Kommunist und konnte nicht zulassen, dass seine Kinder im Westen lebten und erzogen wurden."

Danach kam Wilhelm Ganz in ein Internat, das von der evangelischen Kirche geleitet wurde. Dabei wurde er erneut von seiner Schwester getrennt, die in eine andere Stadt kam. Die Schwester wurde von der Tante adoptiert – er nicht. Aber die Tante hatte für ihn das Sorgerecht. 11 Jahre alt war er, als er in das Internat kam.

„In diesem Internat waren zu etwa 70 % Kinder von reichen und angesehenen Eltern untergebracht, die sich nicht um die Erziehung ihrer Kinder kümmern konnten oder wollten. Die übrigen Kinder waren Waisenkinder, deren Aufenthalt von einer staatlichen Stelle finanziert wurde. Zu denen gehörte ich.

Der damalige Direktor kam etwa einmal in der Woche abends in den Waschraum, wo wir uns im Schlafanzug vor dem Zubettgehen wuschen. Sein Nachname war Hartmann. Er trat hinter ein Kind und zog ihm die Schlafanzughose auf. Danach griff er da hinein und fing an, das Gesäß und die Geschlechtsteile zu streicheln, auch mit dem Finger in den Anus einzudringen. Einmal hat er es auch bei mir gemacht. Wir waren etwa 10 Kinder im Alter von 9 bis 12 Jahren, die in diesem Waschraum anwesend waren. Bei einem Kind pro Abend blieb es nicht. Wir kniffen unsere Pobacken feste zusammen, um das zu erschweren. Hartmann bezeichnete das, was er da tat, als eine besondere Belohnung und Anerkennung für das Kind.

Ich verstand nicht, was er machte, aber ich fühlte mich nicht gut. Als besondere Belohnung und Anerkennung erlebte ich es nicht. Mit der Zeit merkte ich, dass Hartmann dies bei jüngeren Jungen machte, nicht mehr bei den älteren. Je älter ich wurde, desto sicherer konnte ich mich also vor ihm fühlen.

Besonders gerne blieb er bei einem der jüngeren Kinder, dem kleinen Böhm mit Namen, stehen. Der hatte ein sehr kindliches, mädchenhaftes Aussehen. Er und seine Schwester waren in diesem Internat. Dies ging etwa 2–3 Jahre lang. Dann geschah etwas, das ich nicht durchschaute. Nach den Sommerferien kam Hartmann nicht zurück. Alle Angestellten, die mit den Kindern zu tun hatten, wurden ausgetauscht. Nur die Sekretärin und das Küchenpersonal blieben. Uns wurde erzählt, dass die Schwester des Jungen Böhm in der Stadt A. ‚hinter der Brücke' – einem bekannten Prostituierten-Viertel – der Prostitution nachgegangen sein soll. Sie habe auf diese Weise Geld für sich und den Bruder erarbeitet, um die Fahrkarte nach Hause bezahlen zu können. Sie sei deswegen angeklagt worden."

Wilhelm Ganz kam diese Geschichte schon damals komisch vor. Er konnte sich nicht vorstellen, dass die reichen und angesehenen Eltern sich nicht um ihre Kinder gekümmert haben sollen.

„Später sickerte die Wahrheit durch: Die Eltern der Geschwister Böhm haben wohl Anzeige gegen den Direktor erstattet. Es gab wohl auch einen Prozess. Das Schlimmste war, dass ein Mitschüler und seine Schwester vor uns verleumdet wurden, und dass keiner aus dem Heim oder von der Kirche auch nur einmal mit uns gesprochen hat. Selbst meine Tante als Erziehungsberechtigte verlor keine Silbe darüber. Vielleicht wusste sie selber auch nichts. Im neuen Schuljahr hatten wir einen Pfarrer und seine Frau als Direktoren."

Wilhelm Ganz erzählt, dass in dem Internat Referendare der umliegenden Gymnasien als pädagogisches Personal arbeiteten. Sie erhielten freie Kost und Logis für diese Arbeit.

„Die waren abends im Waschraum dabei und haben sicher gesehen, was der Direktor mit den Jungen machte. Aber niemand von denen hat je eingegriffen und uns Kinder geschützt. Ich konnte es damals und heute nicht verstehen, dass unsere Erzieher alle nichts unternommen haben. Sie schauten zu, oder gingen aus dem Waschraum. Sie hätten Anzeige erstatten oder mit der Kirchenleitung sprechen können. Heute denke ich, dass sie auf diese Arbeitsstelle angewiesen waren und deswegen nichts gesagt haben."

Sehr viel später hat Wilhelm Ganz einer evangelischen Pfarrerin von seinen Erfahrungen in dem Internat erzählt. Ihm ging es nicht um eine finanzielle Anerkennung – es ging ihm darum, dass öffentlich wird, dass Missbrauch auch in der evangelischen Kirche geschah, nicht nur in der katholischen Kirche. Die Pfarrerin recherchierte und informierte Wilhelm Ganz, dass sie herausgefunden habe, dass es von den Ereignissen und dem Direktor Hartmann keine Unterlagen mehr gebe, jedoch bekannt gewesen sei, „dass da was war". Bis heute fehlt Wilhelm Ganz, dass jemand von der evangelischen Kirche zu ihm kommt und ihm sagt: „Es tut uns leid!" Diesen Wunsch äußert er mehrfach im Laufe unseres Gespräches.

Seinen Kindern stellte Wilhelm Ganz frei, sich taufen und konfirmieren zu lassen. Er selbst ist zwar weiterhin Kirchenmitglied, aber von sich aus betritt er keine Kirche mehr.

Sichtlich peinlich ist es Wilhelm Ganz zu erzählen, dass er die Mittlere Reife nicht geschafft hat: „Ich wollte nicht wie mein Vater sein, der immer mit Büchern zu tun hatte und stolz auf seinen Doktortitel war. Ich habe keine Bücher gelesen und nicht für die Schule gelernt. Meine Tante, die das Sorgerecht hatte, hat mich für schlechte Noten immer geschlagen. Ich bin dann mit 18 Jahren als ungelernter Arbeiter in die Industrie gegangen. Und dann habe ich mir für tausend Mark Bücher gekauft und angefangen, mich fortzubilden. Acht Jahre lang habe ich das gemacht, bis ich staatlich anerkannter Bio-Techniker war. Da spielte dann mein Vater keine Rolle mehr. Da konnte ich dann lernen."

Stolz zeigt mir Wilhelm Ganz das Bücherregal, in dem bis heute manche der Bücher stehen, die er damals gekauft hat.

Mit 21 Jahren lernt er seine erste Frau kennen. „Ich war gehemmt gegenüber Frauen. Ich habe die erste Frau, die ich überhaupt kennenlernte, gleich geheiratet. Ich habe mir so sehr eine Familie gewünscht. Leider habe ich mir die Frau nicht wirklich angeschaut. Erst später merkte ich, dass sie spielsüchtig ist. Das waren schwere Jahre. Wir haben drei Kinder, die ich damals weitgehend alleine versorgen musste. Meine Frau war abends immer weg; sie kümmerte sich nicht darum, ob die Kinder zu essen hatten. So habe ich abends noch gekocht – neben den Fortbildungen. Durch die Spielsucht haben wir viel Geld verloren, immer hatten wir Schulden. Acht Jahre lang habe ich auch an Samstagen und Sonntagen gearbeitet, um die Spielschulden meiner Frau zu bezahlen. Die Wochenendarbeit war zum Glück an meiner Arbeitsstelle möglich. Schließlich ließ ich mich scheiden. Das Haus mussten wir verkaufen. Das Allerschlimmste jedoch war die Trennung von meinen Kindern."

Bis heute ist dies ein großes Leid für Wilhelm Ganz. Zu den Kindern hat er heute nur zum Teil guten Kontakt.

Seit einigen Jahren ist Wilhelm Ganz mit seiner zweiten Frau verheiratet und erkennbar glücklich. Ich frage ihn, wie er heute auf sein oft so schweres Leben schaut, und ob er mit seinem Leben zufrieden ist. Er antwortet mit einem überzeugten „Ja. Ich bin ein zufriedener Mensch."

Beziehungsgeschichten

Nscho-tschi

Meine Kinderbibel – Leben mit und in Geschichten

Wenn ich meine Kinderbibel aufschlage, öffnet sie sich wie automatisch immer an derselben Stelle: bei der Geschichte vom barmherzigen Samariter. Denn das ist meine Geschichte! Als Kind wollte ich sie immer wieder von meinem Vater vorgelesen bekommen. So oft, dass die Spuren dieser Vorlesezeiten sich 55 Jahre lang in dem Buch eingeprägt haben. Meine Kinderbibel war von Anne de Vries, das zentrale Bild aus der Geschichte ist auch auf dem Cover: Ein stilisiert dargestellter Mensch liegt schwerverletzt auf dem Boden. Ein anderer kniet neben ihm und wendet sich ihm zu. Ein Esel ist unterstützend an seiner Seite. Aber noch war es in der Geschichte nicht so weit: „Da lag der arme Mann nun halbtot am Wegrand. Laufen konnte er nicht mehr. Er wimmerte und dachte: Wenn niemand kommt, der mir hilft, dann muss ich hier wohl sterben. Als er eine Weile gelegen hatte … stapf, stapf, da hörte er jemand herankommen." Mein Vater konnte sehr gut und lebendig vorlesen. Er machte Geräusche beim Lesen nach und gab den Menschen verschiedene Stimmen. Ich war vier oder fünf Jahre alt und es fiel mir leicht, getragen von seiner Stimme in die Welt der Geschichte einzutauchen und um mich herum alles zu vergessen. Bei dieser Geschichte hörte ich die Rettung schon kommen. Ich war selbst ganz aufgeregt. Würde jetzt dem Verletzten geholfen? Aber nein – derjenige, der vorbeikommt, tut so, als sähe er den Halbtoten nicht! Meine Enttäuschung war groß. Und meine Verzweiflung wuchs. Und die innere Anspannung. Manchmal fing ich beim Zuhören an zu zittern oder es liefen mir die Tränen. Dann brach mein Vater das Vorlesen ab: „Wenn du dich so sehr aufregst, dann lese ich dir eine andere Geschichte vor." – Nein, das wollte ich auf gar keinen Fall! Und irgendwo – nun aus der Geschichte wieder aufgetaucht – wusste ich ja auch, dass dann der Mann mit dem Esel kommt und hilft. Also nahm ich mich zusammen. „Weiterlesen. Ist schon gut!"

Ich kannte auch die anderen Geschichten aus meiner Kinderbibel gut. Obwohl meine Kinderbibel immerhin über 250 Seiten hatte und gar nicht so viele Bilder. Ich mochte die Geschichten von Mose und David. Die fand ich auf andere Art spannend. Nur eine Geschichte mochte ich gar nicht – die von Jona. Obwohl darin ja auch ein Tier vorkommt, der Wal, und Tiere mochte ich. Jona soll nach Ninive gehen und den Menschen dort eine Botschaft von Gott überbringen. Aber er will das nicht. In der Kinderbibel steht: „Jona dachte: Ich laufe fort. Ich laufe ganz weit fort, so weit, dass Gott mich nicht mehr finden kann. Dann brauche ich nicht nach Ninive." Gott lässt Jona aber nicht in Ruhe, schickt seinem Schiff einen schlimmen Sturm und auch den Wal, der Jona verschluckt. Schließlich gibt Jona seinen Widerstand auf und geht dann doch gehorsam nach Ninive. Warum zwang Gott Jona, etwas zu tun, was dieser nicht wollte? Das machte mich ärgerlich! Das fand ich nicht richtig von Gott. Wo Jona doch „Nein" gesagt hatte. Und ein „Nein" ist nun mal ein „Nein"! Gott hätte doch sicherlich auch noch jemand anders finden können, der seine Worte übermittelt. Ich habe das mit meinem Vater diskutiert. Er meinte, wenn Gott etwas will, dann will er eben etwas. Naja. Und wenn Jona etwas will?

Winnetou – der sichere Zufluchtsort in meiner Fantasie

Es gab noch ein anderes Buch, aus dem mir mein Vater noch vor dem Eintritt in meine Schulzeit häufig vorlas: „Winnetou I" von Karl May. Er hatte es meiner Schwester zu ihrem 6. Geburtstag geschenkt, aber sie hatte wenig Interesse daran. Überhaupt war sie nicht so interessiert daran wie ich, etwas vorgelesen zu bekommen.

Mein Vater war selbst als Kind Karl-May-Fan gewesen. Nun las er mir „Winnetou“ vor, passte aber den Text mit dem Wortschatz meinem Auffassungsvermögen an. Die langweiligen langen Reisebeschreibungen ließ er weg. Englische Ausdrücke erklärte er mir. Und zwischendurch fragte er mich, ob ich verstanden hatte, was er da las. Ich liebte es, mit ihm die Geschichte zu „diskutieren“. Winnetou I ist in der „Ich-Form“ erzählt. Das machte es mir noch leichter, in die Erzählung „hineinzuschlüpfen“. Ich liebte Winnetou! „Charly“ (Karl May) und er kämpften darum, Böses zu verhindern, und sie waren verlässlich füreinander da. Sie gebrauchten keine brachiale Gewalt, sondern waren klug und listig. Dass man es mit Klugheit und List im Leben weiterbringen kann als mit Waffen, habe ich von Karl May gelernt. Und wie wichtig der christliche Glaube ist! Denn die Winnetou-Bücher sind auch durchzogen vom Glauben an Gott. Dieser Glaube war so etwas wie die „Bürgschaft“ für das Gute. Und dass in „Winnetou III“ Winnetou als Christ stirbt, hat mich später sehr erleichtert. In den Büchern sind die religiösen Glaubenszeugnisse katholisch geprägt. Winnetous „Totengesang“ ist ein Ave Maria. So lernte ich im Gespräch mit meinem Vater über die Bücher etwas über Katholizismus. Und dass es letztlich doch auch nur einen Gott gibt. Die Welt von Karl May half mir, meine kindliche Welt zu ordnen. Es gibt Böse und Gute. Es lässt sich klar benennen, was böse und gut ist. 50 Jahre nach meiner ersten Bekanntschaft mit Winnetou habe ich als Erwachsene einen Vortrag ausgearbeitet, der den Titel trug „Winnetou und die Sehnsucht nach Liebe“. Denn diese Sehnsucht habe ich in Karl Mays Büchern immer wieder gefunden, und ich konnte sie mir später aus der Biografie des Schriftstellers heraus erklären. Die „Sehnsucht nach Liebe“ habe ich mit Karl May geteilt. Die Welt der Karl-May-Bücher war meine Zufluchtswelt. Bis zu meinem 13. Lebensjahr hatte ich 43 Bände gelesen, die Winnetou-Trilogie etwa sechsmal. In dieser Fantasiewelt gab es auch Probleme und Unrecht. Aber in ihr stand ich immer auf der richtigen Seite. Mit Klugheit – und nur im Notfall mit der Anwendung von

Gewalt. Mit Winnetou selbst habe ich mich nie identifiziert. In Spielen nahm ich die Rolle von Winnetous Schwester Nscho-tschi („Schöner Tag") ein. Leider wurde sie schon im ersten Band der Trilogie zum Opfer und erschossen. Ein wichtiges Stofftier für mich erhielt ihren Namen. Später habe ich mich dann in den Winnetou-Darsteller Pierre Brice verliebt. Er war der Traum meiner schlaflosen Nächte. Und doch habe ich in den Filmen die Gedanken über den christlichen Glauben vermisst, denn sie gehören für mich zu Karl May dazu.

Dass die Indianer – heute sagen wir „die indigene Bevölkerung" – in Amerika brutal ausgerottet wurden, hat mein Vater mir nicht verschwiegen. Als Jugendliche habe ich mich mit diesem Völkermord kritisch auseinandergesetzt und auch mit einigen Klischees, die Karl May transportiert. Und doch: Ich bin nicht nur durch meine Kinderbibel (und später durch die Lutherbibel), sondern auch durch Karl May christlich sozialisiert worden. Und hätte ich als Kind nicht diese Zufluchtswelt gehabt, so wäre ich heute sicherlich ein anderer Mensch oder hätte vielleicht auch nicht überlebt. Die Figuren dieser Welt machten mich stark und selbstbewusst, weil sie mir eine Klarheit gaben und Identifikationsmöglichkeiten anboten, die ich brauchte.

Mein Vater – Pfarrer, Missbraucher – und meine gesundheitlichen Probleme

Mein Vater war Pfarrer. Aber kein Pfarrer in einer Pfarrgemeinde, sondern an einer diakonischen Einrichtung. Dort lebten und arbeiteten viele Diakonissen. Das waren hochkompetente Frauen, die in Krankenhäusern, Kinderheimen oder in der ambulanten Altenpflege aktiv waren. Die meisten mochten Kinder sehr. Sie sind mir und meiner Schwester sehr herzlich und wohlwollend begegnet. Meine Mutter hat uns oft vor ihnen abgeschirmt. Ich habe als Kind nicht verstanden warum, denn ich fühlte mich unter ihnen wohl.

Mein Vater hat mich als Kleinkind sexuell missbraucht. Er war der festen Überzeugung, dass sich Kinder an das, was in ihren ersten eineinhalb Lebensjahren passiere, nicht erinnern können. Ich war ein schmales Kind mit einer schwächlichen Konstitution. Ängstlich. Manchmal (vier bis sechsmal im Jahr) bin ich umgekippt und war für ein paar Minuten nicht bei mir. Auslöser dafür konnten körperliche Berührungen sein – wenn ich mich zum Beispiel gestoßen hatte. Meine Eltern erzählten mir, dass ich dann auch um mich schlage und krampfe, aber das habe ich nicht mitbekommen. Dabei war ich in diesen Situationen nicht bewusstlos, sondern irgendwie gedanklich an einem völlig anderen Ort – „weg". Vermutlich war es eine Form von Dissoziation. Wenn ich wieder „zurückkam" nach solch einem Anfall, fühlte sich das für mich immer sehr angenehm an. Ich war entspannt, eine angenehme Wärme durchströmte meinen Körper. Im Alltag hatte ich es oft am Magen, nachts hatte ich Schlafstörungen und Albträume. Immer wieder träumte ich, dass ich verfolgt werde und mich jemand umbringen wollte. Über Jahre hatte ich fast jeden Abend im Bett „Schüttelfrost": Mein Körper zitterte und bebte und schlotterte. Heute denke ich, dass ich traumatische Anspannung auf diese Weise ins Fließen brachte und ableitete. Manchmal war es so schlimm, dass ich auch erbrechen musste. Als Grundschulkind hatte ich meine Mutter mehrfach gebeten, mit mir zum Arzt zu gehen, weil diese Zustände so schwer auszuhalten waren. Aber sie lehnte es immer ab, machte mir stattdessen Angst vor Ärzten. Mein erster Arztbesuch, an den ich mich erinnere, fand tatsächlich erst statt, als ich Studentin war und nicht mehr zuhause lebte.

Meine Mutter – gefährlich und bedürftig

Meine Mutter war psychisch krank. Sie war als Kriegskind vielfach schwer traumatisiert und auch selbst sexuell missbraucht worden (vom Hausfreund meiner Oma). Sie hatte Zwänge und konnte ganz plötzlich und ohne erkennbaren Grund „austicken". Dann war es wichtig, sich so schnell wie möglich in Sicherheit zu bringen. Denn dann schlug sie zu. Sie schlug den Tisch, den Staubsauger, zerschlug Geschirr, schlug ihre Kinder, schlug meinen Vater. Nachher brach sie zusammen und weinte. Sie schlug uns Kinder fast immer ins Gesicht. Noch als ich 21 Jahre alt war, hat sie mich nachmittags am Kaffeetisch durch einen Schlag so verletzt, dass mir das Blut über das Gesicht lief. Die Narbe von diesem Schlag kann man bis heute in meinen Augenbrauen sehen. Als ich sie später mit dieser Verletzung konfrontierte, sagte sie entsetzt: „Ich war das nicht!" Mein Vater hat mir früh erklärt, dass meine Mutter krank sei. Er hat mich ermahnt, ihr aus dem Weg zu gehen, wenn es ihr nicht gut gehe. Und er hat sie ermahnt, die Kinder wenigstens nicht am Kopf zu schlagen. Aber Ermahnungen bieten noch keinen Schutz. Und es gab Jahre, in denen ging es meiner Mutter fast immer schlecht. Wenn mein Vater zuhause war, hat er immer wieder auch Schläge für meine Schwester und mich abgefangen. Er verstand sich als der Experte für Mamas Krankheit – und ich wurde auch Expertin. Im Austausch über ihre Krankheit wurde ich zu seiner Partnerin. Manchmal hinterließen ihre Prügel blaue Flecken. Wenn es sehr schlimm war, schrieb sie mir eine Entschuldigung für den Sportunterricht. Einmal habe ich mich meiner Grundschullehrerin anvertraut und ihr gesagt, dass ich geschlagen werde. Da ging es mir selbst sehr schlecht und ich war ganz verzweifelt. Sie suchte daraufhin das Gespräch zu meinen Eltern. Die stritten dies ab. Und ich habe dann auch – erneut von ihr gefragt – erklärt, dass ich gelogen habe. Denn meine Eltern hatten mir angedroht, dass ich in ein Heim müsse, wenn ich so etwas erzählte. Und ich wollte nicht in ein Heim. Später auf dem Gymnasium wurde ein junger Referendar aufmerksam. Ich mochte ihn sehr. Er war sehr einfühlsam und an uns Schülerinnen und Schülern interessiert. Er nahm mich nach dem Unterricht beiseite und fragte, was bei mir zuhause los sei. Warum ich immer für mich allein sei. Ich lächelte ihn an und erklärte, alles sei in Ordnung, und ich wolle es nicht anders. Er glaubte mir nicht, das spürte ich. Aber er unternahm auch nichts weiter. Und da war ich froh.

Eine Erinnerung reicht noch weiter zurück. Damals ging ich noch nicht zur Schule. Ich war mit meiner Mutter und meiner Schwester in der Stadt und aus irgendeinem Grund, vielleicht weil ich müde war oder zu langsam lief, schlug sie mich. Da ging eine Passantin auf meine Mutter zu, sagte ihr: „Es tut mir weh, dass Sie Ihre Kinder schlagen. Sie haben zwei so wunderbare kleine Kinder. Auf die schlägt man nicht ein!“ Die Frau sah mich mitfühlend an. Für ihr Mitgefühl war ich ihr dankbar. Ich hätte ihr gerne erklärt, dass meine Mutter krank war – aber das schien mir kein so guter Augenblick dafür zu sein. Mir schien die Situation sogar gefährlich – und zwar zu Recht. Als die Frau weggegangen war (meine Mutter hatte ihr erklärt, dass sie dies nichts anginge), schlug meine Mutter erst recht zu. Wahrscheinlich, weil sie wütend auf sich selbst war und sich schämte. Und obwohl ich wieder Schläge bekam, war ich dieser Frau dankbar. Sie stärkte in mir die Überzeugung, dass man Kinder nicht schlagen darf und dass das irgendwie bei uns zuhause nicht richtig war, so wie es war.

Wenn es meiner Mutter gut ging, dann konnte es schön mit ihr sein. Sie mochte keinen Körperkontakt, sie mochte keine Spiele, und sie las mir auch niemals etwas vor. Aber sie versuchte, mir und meiner Schwester eine Freude zu machen, indem sie uns etwas Gutes kochte oder mit uns spazieren ging. Ich war immer erleichtert in den Zeiten, wo sie fröhlich war. Aber das konnte sich schnell ändern. Bei uns zuhause gab es Regeln, welche auch Ausdruck ihrer Zwangserkrankung waren und die einen augenblicklichen Stimmungsumschwung bewirken konnten: Man durfte zum Beispiel nicht auf die Fransen des Teppichs treten oder Schlüssel nicht anrühren. Wenn man es dennoch tat – es geschah meistens versehentlich –, war das für sie so, als ginge nun die Welt für sie unter. Die Regeln änderten sich manchmal ohne erkennbaren Anlass. Da war es wichtig, immer auf der Hut zu sein. Am schönsten war es mit meiner Mutter im Urlaub. Es ging ihr dort in der Regel gut. Sie war sehr naturverbunden. Sie hat mir die Namen der Blumen und Bäume beigebracht. Sie konnte sich dann mit mir an den Vögeln freuen.

Bis heute habe ich ein besonderes Gespür und ein gutes Geschick darin, mit Menschen mit Zwangserkrankungen umzugehen. An meiner Mutter habe ich gelernt, was „Verdrängung“ bedeuten kann. Wie Menschen sich selbst etwas vorlügen können und an ihrer Selbstlüge festhalten. Und dass dies eine Überlebenstaktik ist. Auch ich habe als Kind „Verdrängung“ gelernt, sonst hätte ich nicht überlebt. Selbst wenn dies nach meinen Schilderungen den Anschein erweckt, habe ich durchaus nicht in Erinnerung, dass ich ein unglückliches Kind war. Das Leben war schwierig und anstrengend und gefährlich. Aber es war auch schön! Ich konnte auch albern sein und lachen, hatte Freude beim Lesen und hatte ein gutes „Team“: meine geliebten Stofftiere (zwei Hunde, ein Teddybär, ein Löwe, eine Badeente). Mit ihnen konnte ich kuscheln (nur mit der Badeente nicht) und schmusen. Ich besprach meine Probleme mit ihnen, sie bekamen einen Gute-Nacht-Kuss und ein Lied gesungen. Sie antworteten mir mit ihren Augen, wenn ich sie etwas fragte. Irgendeiner von ihnen wusste immer einen Rat oder mich zu trösten. Und: Sie waren wichtige Zeugen! Wenn meine Mutter mal wieder vor meinem Vater abstritt, dass sie mich geschlagen hatte, konnte ich nichts dagegen machen. Aber sie wussten es! Auch Steckdosen wurden meine Zeugen, Lampen, die Kommode … Als wir umzogen, war das ein Drama für mich. Ich verlor so viele Zeugen, die gesehen hatten, was passiert war …

Kinderträume von der Zukunft

Schon bevor ich in die Schule ging, habe ich meine Stofftiere auf dem Sofa versammelt und ihnen aus der Kinderbibel vorgelesen. Obwohl ich noch gar nicht lesen konnte. Aber ich konnte ihnen Geschichten erzählen. So wie mein Vater in der Kirche beim Gottesdienst der Gemeinde etwas vortrug. Er hat mich dabei einmal gefilmt. Ich wollte nämlich auch mal Pfarrer werden. „Für Frauen ist das schwierig“, hat mir mein Vater gesagt. Ich wollte es dennoch versuchen. Und überhaupt: Ich wollte keine Frau sein! Frauen hatten auch in Fernsehfilmen immer so blöde Rollen. Die konnten nichts und wollten geküsst werden. Ich wollte ein Junge sein und später mal im Leben all die Möglichkeiten und Freiheiten haben, die ein Mann hat.

Als ich dann in die Schule gekommen war, immer mehr Karl-May-Bücher vorgelesen bekam und schließlich auch selbst lesen konnte, hatte ich einen anderen Berufswunsch: Ich wollte Schriftstellerin werden! Unbedingt! Und auch so tolle Bücher schreiben wie Karl May. Als Siebenjährige habe ich dann tatsächlich mein erstes Buch geschrieben – mit ganz vielen Rechtschreibfehlern: Lassie. In der Hauptrolle Lassie, der Hund. Er wurde am Bauch angeschossen und schwer verletzt und dann – ähnlich wie beim „Barmherzigen Samariter“ auf eine dramatische Art mit „Verzögerung“ gerettet. Ich war sehr aufgeregt, als ich das Buch schrieb.

Meine Schwester – still im Hintergrund

Ich bin nie in einem Kindergarten gewesen. Ich habe mich in meiner gesamten Schulzeit nie getraut, ein anderes Kind zu uns nach Hause einzuladen. Meine Schwester hat das einige wenige Male getan, aber vorher ging es dann meiner Mutter immer schlecht. Und mir war das zu viel Stress, den Besuch vorher und nachher mit Schlägen bezahlen zu müssen. Meine Schwester war die Stille in der Familie. Sie war in meiner Kindheit immer da. Aber man bemerkte sie kaum. Sie schaffte sich als Jugendliche Freiräume, indem sie log. Wenn meine Eltern dahinterkamen, gab es dann auch wieder Ärger. Auch sie hatte Schlafstörungen. Als Jugendliche nahm sie manchmal vor dem Einschlafen Beruhigungsmittel.

Meine Schwester und ich haben bis heute keine gute Beziehung. Als ich ihr mit 24 Jahren erzählte, dass unser Vater mich sexuell missbraucht habe, sagte sie lediglich: „Du spinnst." Sie hat meinen Eltern mehrfach vorgeworfen, dass ich als Tochter häufig von ihnen bevorzugt worden sei. Ich habe in ihrer Wahrnehmung mehr Aufmerksamkeit bekommen, mehr Zuwendung. Ich sei „Papas Liebling" gewesen und hätte letztlich immer das bekommen, was ich wollte. Wir haben Kontakt zueinander, aber sehen uns selten (und wenn, dann auf meine Initiative hin), ich erlebe unsere Beziehung als oberflächlich.

Beziehungen zu Gleichaltrigen und die Schule

Beziehungen zu Gleichaltrigen hatte ich in der Schulzeit so gut wie keine. Erst im letzten Grundschuljahr hatte ich eine Freundin, Karin. Auch sie hatte Probleme zuhause. Auch sie war ängstlich. Auch sie zitterte manchmal wie Espenlaub. Dann nahm ich sie in den Arm. Auch sie konnte niemanden nach Hause einladen. Ich half ihr in der Schule, denn sie war keine gute Schülerin. Aber sie war ein sehr warmherziger Mensch. Mitfühlend. Eine Seelenverwandte. Am Ende der Grundschulzeit wurden wir getrennt, weil ich auf das Gymnasium ging und sie auf die Realschule. Ich wollte auf dieselbe Schule wie Karin! Und Karin wollte auf meine Schule! Aber das ging nicht. Wir haben uns am letzten Schultag unter vielen Tränen verabschiedet und dann nie mehr wiedergesehen. Ich habe ihr als Zehnjährige noch einmal einen Brief geschrieben. Ich habe ihr geschrieben, dass ich sie liebhabe. Sie hat nicht geantwortet. Sie schrieb auch nicht gerne.

Auf dem Gymnasium habe ich keine Freundin gefunden. Ich empfand den Kontakt zu den anderen Kindern als Stress. Mit zwei Jungen war ich gerne zusammen – da sprachen wir über die Schule und lernten gelegentlich in den Pausen gemeinsam, hörten uns Vokabeln ab. Ich wollte ja ohnehin lieber ein Junge sein. In der Pubertät fand ich Mädchen geradezu blöd. Ich konzentrierte mich auf das Lernen. Zuhause war es mit Vater und Mutter (und

Schwester) anstrengend genug. Mein Vater fuhr meine Schwester und mich morgens zur Schule und holte uns am Mittag wieder ab. Ich war eine sehr gute Schülerin, so stärkte ich mein Selbstwertgefühl. Hausaufgaben machte ich zuhause meistens mit meinem Vater zusammen oder wollte, dass er wenigstens noch mal anschaute, was ich gemacht hatte. Er las mir jetzt nicht mehr vor. Aber ich diskutierte mit ihm gerne den Unterrichtsstoff. Wir sprachen „über Gott und die Welt". Dann war er mir ganz nahe. Ich spürte, dass er stolz auf mich war. Ich machte ein Abitur mit der Durchschnittsnote 0,8. Aber ich konnte mich nicht darüber freuen.

Meine Oma und die Operetten

Ein wichtiger Mensch war für mich auch meine Oma mütterlicherseits. Gerade in der Zeit, in der ich noch nicht in der Schule war oder Ferien hatte, waren meine Schwester und ich öfters bei ihr. Mit meiner Oma konnte man schmusen! Sie war der einzige Mensch, mit dem ich als Kind schmusen konnte! Und sie hatte einen Garten. Da durften wir Kinder draußen spielen und toben. Bei Oma war es auch nicht so schlimm, wenn man sich mal dreckig machte. Zuhause lebten wir in einer Stadtwohnung, und meiner Mutter war es wichtig, dass wir uns nicht dreckig machten. Ich war nie im Leben auf einem Spielplatz. Oma wusste tolle Geschichten zu erzählen, die sie sich selbst ausdachte! Sie sang gerne Lieder aus Operetten – und das machte ich ihr nach. Ich schmetterte „Immer nur lächeln, niemals betrübt" aus „Land des Lächelns". Oder ich sang meinen Stoffhund inbrünstig an mit „Dein ist mein ganzes Herz". Oder ich vertiefte mich in den „Zarewitsch" mit „Allein, wieder allein …". Die Lieder, gerade in ihrer kitschigen Übertreibung, ermöglichten es mir, meine Gefühle zum Ausdruck zu bringen und auch zu regulieren. Leider verstanden sich meine Oma und meine Mutter nicht gut. Es gab eine Hassliebe zwischen den beiden, und manchmal wurden wir Kinder dabei instrumentalisiert. Oma und Mama brauchten einander – und ärgerten sich darüber, dass sie einander brauchten. Meine Oma erzählte mir, dass meine Mutter mich als Kleinkind mal gewürgt habe. Deshalb habe mein Vater mich zu ihr gebracht, und deshalb war ich immer wieder mal viele Wochen bei ihr. Ob das so stimmte, weiß ich nicht, aber es ist möglich.

Gott: anwesend, aber schwierig – Augenhöhe bitte!

Und Gott? In meiner Kindheit war Gott so selbstverständlich da wie die Luft zum Atmen. Beim Essen und am Abend betete ich zu ihm – erst mit meinen Eltern zusammen und später alleine. Er gehörte so selbstverständlich in meine Welt wie Winnetou. Als Sechsjährige habe ich meinen Vater mal gefragt, warum er in der Kirche immer nur die Geschichten von Jesus vorliest und nicht die von Winnetou. Die von Winnetou seien doch auch sehr schön! Mein Vater antwortete: „Die Geschichten von Jesus sind wahr, die Geschichten von Winnetou sind erfunden.“ Ich war darüber richtig wütend: „Ich will, dass die Geschichten von Winnetou auch wahr sind!“, rief ich verzweifelt. Mein Vater sagte, ich könne nicht einfach beschließen, was wahr ist und was nicht. Aber ich ließ mich nicht beirren: „Ich will, dass die Geschichten von Winnetou auch wahr sind!“ – Denn „nicht wahr“ hieß gelogen, und was gelogen war, war böse und hatte keinen Wert. Mit zunehmendem Alter interessierten mich die festen Gebetszeiten wenig, und ich sprach dann mit Gott, wenn ich dazu Lust hatte. Manchmal bat ich ihn um etwas, manchmal bedankte ich mich bei ihm, manchmal beschwerte ich mich auch bei ihm. Manchmal suchte ich häufiger das Gespräch mit ihm, und dann ruhte es auch ein paar Wochen. Mit Gott fand ich es schwierig zu reden, weil ich – anders als bei meinen Stofftieren – in der Regel keine Resonanz fühlte. Meinen Stofftieren brauchte ich nur in die Augen zu schauen und bekam meine Antwort. Aber bei Gott konnte man überall oder nirgendwo hinschauen, um eine Antwort zu bekommen, das war komplizierter mit ihm. In der dritten Grundschulklasse entschied ich mich, dass ich mit Gott nichts zu tun haben wolle und dass es ihn für mich nicht gibt. Ich war enttäuscht über ihn. Weil er so oft nicht half oder weil vieles so schlimm war. Ich betete das Vater Unser in der Grundschule nicht mehr mit, das dort am Wochenbeginn noch zum festen Ritual gehörte. Meiner Klassenlehrerin fiel dies auf, und sie sprach deshalb mit meinen Eltern. Sie wusste, dass ich das Gebet gut aufsagen konnte. Ich erklärte dann meinem Vater, dass ich beschlossen habe, Gott gibt es nicht. „Es geht nicht nach dem, was Du beschließt", sagte er mir. Kann man das nicht? Ich hatte den Eindruck, dass die Erwachsenen um mich herum ständig beschlossen, dass es das eine gibt und dass dies wahr ist – und das andere gibt es nicht und ist nicht passiert.

Vier Wochen habe ich durchgehalten, die Existenz Gottes zu ignorieren. Aber er fehlte mir – sehr! Das Beten zu ihm fehlte mir. Also fing ich wieder damit an.

Gott und ich haben im Laufe meines Lebens eine sehr wechselvolle Beziehungsgeschichte. Es gab Phasen mit viel Nähe und dann wieder mit großer Distanz. Heute vertraue ich wieder darauf, dass er da ist. Ich brauche nur die Hand auszustrecken oder ihn zu rufen, dann ist er da für mich. Wenn die Gottheit mir nahe sein will, dann muss ich aber mitbestimmen dürfen über unseren Kontakt. Die Worte in 139. Psalm, Vers 1 bis 5 empfinde ich als übergriffig. „Von allen Seiten umgibst du mich und hältst deine Hand über mir." Ich will auch, dass Gott mal weggeht oder ich von Gott weggehen darf. Und ich wünsche mir, dass er das respektiert und mir nicht – wie bei Jona – seinen Willen aufzwingt. Heute vertraue ich darauf, dass er dies tatsächlich auch tut. Er geht auf das ein, was ich brauche. Und mit mir ist nur „ein Kontakt auf Augenhöhe" möglich. Die Gottesanrede „Herr" vermeide ich. Manchmal wende ich mich an ihn und manchmal bringt er sich bei mir in Erinnerung. Es geht dabei oft gar nicht mal in erster Linie darum, dass wir etwas voneinander wollen. Es geht eher um ein gemeinsames

Dasein, ein Zusammensein und Freude aneinander. Allerdings bitte ich ihn gelegentlich dazu, wenn ich schwierige Gespräche zu führen habe oder Situationen unangenehm sind. Er gibt mir Sicherheit und Halt.

Schriftstellerin bin ich nicht geworden. Aber ich habe Theologie studiert. Zu Beginn des Studiums lag meine Motivation vor allem darin, dass ich gerne die Altsprachen weiter betreiben wollte, die ich auf dem humanistischen Gymnasium gelernt hatte und die zu meinen Leistungsfächern gehörten. Aber ich wollte auch verstehen, warum Gott das Leiden der Menschen zulässt und wo er ist, wenn Menschen leiden. Wo war er, wenn ich gelitten habe?

Freundschaften und das Bewusstwerden des sexuellen Missbrauches

Als Studentin hatte ich die ersten wirklichen Freundschaften (einige existieren bis heute) und auch den ersten intimen Kontakt zu einem Mann. Letzteres brachte mich aber völlig aus der Bahn und destabilisierte mich komplett. Die Schlafstörungen nahmen überhand, ich kippte wieder um, ich konnte mich nicht mehr konzentrieren und lernen, in mir war ein Gefühlschaos bis hin zu Suizidgedanken. Ich verstand mich selbst nicht mehr. Ich suchte eine Therapeutin auf. Und wenig später ging ich in eine Ausstellung des Vereins „Wildwasser". Hier war ich komplett überrascht: Zur Ausstellung gehörte eine Serie von Bildern. Und die meisten dieser Bilder glichen eins zu eins meinen Albtraum-Bildern! Ich erzählte dies meiner Therapeutin und sagte ihr auch, dass ich es für möglich halte, sexuell missbraucht worden zu sein. Sie erklärte daraufhin, dass sie von Wildwasser nichts halte und irgendwie glauben alle, die diese Ausstellung besuchen, dass sie sexuell missbraucht worden seien. Meine Probleme hätten mit meiner Mutter zu tun und nicht mit meinem Vater. Nun habe ich es noch nie leiden können, wenn mir jemand erklären wollte, woher meine Probleme kommen. Ich brach die Therapie ab und machte Beratungstermine bei Wildwasser aus. Der Verein war damals neu als Selbsthilfeinitiative gegründet worden. Die Beraterinnen waren alle selbst Betroffene. Die Beratung tat mir gut, ich stabilisierte mich allmählich wieder und ging in eine Selbsthilfegruppe. In mir tauchte ein erstes Bild von einer Situation auf, in der er mich benutzt hatte, sich sexuell zu erregen. In meiner Gruppe (sieben Frauen) waren erstaunlich viele, die ebenso wie ich sehr fromm sozialisiert waren. Und sie wollten von mir, der Theologiestudentin, wissen, was denn die Bibel und Gott zu „sexuellem Missbrauch“ sagen. Ich wusste es nicht, es kam in meinem Studium nicht vor. Aber ich begann zu forschen, denn ich wollte das auch gerne wissen …

Als ich als 24-Jährige meinen Vater mit seinem Missbrauch konfrontierte, sagte er nur: „Wenn du das irgendwo erzählst, dann zeige ich dich sofort wegen Verleumdung an.“ Und er sagte auch: „Vergiss nie: Wenn ich nicht gewesen wäre, wärst Du heute nicht mehr am Leben.“ Ich weiß, dass er mit diesem Satz recht hat, vermutlich hätte meine Mutter mich totgeschlagen. Mein Vater hat mich nie gefragt, wie ich darauf komme, dass er mich sexuell missbraucht hat. Keiner in meiner Familie hat mich danach gefragt. Nach meiner Konfrontation war das Thema wieder tabu. Es wurde einfach nicht mehr darüber geredet und so getan, als wäre auch nie darüber geredet worden und als hätte es nie so etwas gegeben. Fast drei Jahre brach ich den Kontakt zu meiner Familie komplett ab, nachher nahm ich ihn wieder auf. Meine Mutter sagte mir kurz vor ihrem Tod, dass meinen Vater meine Beschuldigung schwer belastet habe. Und sie sei sich sicher, dass da nichts gewesen sei. Sie hätte das bemerkt.

Der Heilungsprozess

Ich habe – mit Pausen – jetzt fast 35 Jahre Psychotherapie hinter mir bei unterschiedlichen Therapeutinnen, die mir alle sehr wichtig sind und mich alle auf ihre Art weitergebracht haben. Es war ein langer und mühsamer Weg, ein gutes Verhältnis zu meinem Körper und zu meiner Weiblichkeit aufzubauen. Ich arbeite immer noch als Pfarrerin, aber mittlerweile auch als Gestalttherapeutin und Heilpraktikerin für Psychotherapie in eigener Praxis. Körperlich und psychisch geht es mir sehr gut. Noch immer „rede“ ich mit Stofftieren. Ich habe aber auch gute Freundschaften. Ich habe mich in der Vergangenheit auch immer mal verliebt. Allerdings hatte ich nie genügend Mut, mit einem Mann zusammenzuleben oder selbst eine Familie zu gründen. Meine Angst ist zu groß, das könnte mich zu sehr destabilisieren und im gefühlsmäßigen Chaos enden. Als Single lebe ich selbstbestimmt. Beruflich bin ich häufig im Kontakt und habe das In-Kontakt-Sein mit Menschen in vielen Selbstreflexionen und in harter Eigenarbeit intensiv erlernt. Noch immer bin ich sehr leistungsbezogen (Ich will gut sein in meiner Arbeit!) und brauche die Unterstützung einer Therapeutin, damit ich nicht die Selbstfürsorge vergesse. Diese verbessere ich allerdings stetig weiter – und damit auch meine Lebensqualität. Ich bin dankbar, dass ich gesund bin, mir mein Körper viele Dinge ermöglicht und angenehme Gefühle schenkt. Mit der Institution Kirche habe ich wenig gute Erfahrungen gemacht und mir für mein Pfarrerin-Sein eine Nische in der Klinikseelsorge gesucht. Meine Arbeit macht mir Freude und ich erlebe sie als erfüllend. Und meine Beziehung zu Gott ist nach wie vor lebendig. Nicht immer geht es Gott und mir gut miteinander. Wir streiten auch. Aber wir versöhnen uns auch wieder und dann geht es weiter. Ich bin gespannt und neugierig, wohin …

Zu guter Letzt

Es gibt ein Schlüsselerlebnis zwischen mir und Gott, das etwa 20 Jahre zurückliegt: Ich hatte nachts wieder einen Albtraum. Jemand war hinter mir her und wollte mich umbringen. Ich floh und lief weg. Der Verfolger kam mir immer näher. Ich näherte mich einem Abgrund, den ich nicht überwinden konnte. Deshalb nahm ich alle Kraft zusammen und es gelang mir, im Traum davonzufliegen. Ich flog durch eine Schlucht. Da kamen Felsbrocken von oben, die mein Verfolger nach mir losgeschickt hatte. Und mir war klar: Jetzt gibt es kein Entkommen mehr. Da hilft mir auch das Fliegen nicht. Ich werde sterben. In diesem Moment habe ich wütend nach Gott gerufen. Ich habe ihn mit meinem Ruf gerade „herbeizitieren wollen“, voller Trotz. Wenn er mir schon nicht half zu entkommen, dann wollte ich, dass er wenigstens bei mir ist, wenn ich sterbe! Das schien mir doch das Mindeste, was ich von ihm verlangen konnte! Dann starb ich. Ich kann es nicht in Worte fassen, was da passierte – aber ich bin bis heute der Überzeugung, dass ich gestorben bin. Ich fiel in eine große Dunkelheit und Leere hinein. Und jemand oder etwas hat mich dabei festgehalten. Gott war da und hielt mich fest. Und dann wachte ich auf: Ich lag in meinem Bett, es war angenehm warm und sicher. Vorsichtig tastete ich mich ab. Wahrhaftig, ich war noch da – und ganz lebendig! Gefühle der Erleichterung durchströmten mich, Glücksgefühle. Ich war mir sicher, dass dies die Antwort Gottes auf mein Rufen zu ihm war. Und meine Antwort auf das, was da passiert war, fand ich in Psalm 118, Vers 17: „Ich werde nicht sterben, sondern leben und Gottes Werke verkündigen.“

Mit diesem Traum endeten nach vierzig Jahren meine Albträume. Heute schlafe ich manchmal unruhig, wenn ich mich emotional überfordert habe – z. B. zu viele Gespräche mit Klienten geführt habe. Aber ich habe keine Schlafstörungen im eigentlichen Sinne mehr. Die Psychotherapeutin in mir weiß den oben beschriebenen Traum auch anders zu deuten, nicht nur religiös. Aber auf die Deutung kommt es nicht an, sondern darauf, dass das Schlimme ein Ende hat.

Eine Annäherung an Gott

Hannah

Wie wäre mein Leben, wenn ich daran glaube, dass es einen Platz für mich gibt, dass ich wirklich gewünscht bin? Wie wäre es, wenn ich daran glaube, dass ich geliebt und geachtet bin?

All das sind Versprechen, die ich von klein auf gehört habe. In der Christenlehre, damals in dem kleinen Dorf, in der ehemaligen DDR, direkt an der Grenze. Ich war vielleicht 7 Jahre alt, Gott hat alle Sterne, alle Wolken, alle Mücken gezählt und mich, mich hat er nicht vergessen. Ich darf nicht fehlen in seiner großen Schar. Ich bin gewollt. Wie wunderbar.

Vielleicht musste ich nur ein bisschen mehr daran glauben, dann würde ich spüren können, dass ich geliebt bin, dass ich dazugehöre, dass auch ich gezählt wurde. Doch wie geht das mit dem Glauben richtig? Was muss ich tun, damit ich glauben kann? Immer musste ich etwas tun.

Mein Start ins Leben war nicht leicht, eigentlich sollte es mich nicht geben. Ich war zu viel, eine Nachzüglerin, die Vierte mit großem Abstand zu den anderen. Meine Mutter saß in der Klinik, im letzten Moment entschied sie sich – für mich oder eher für das, was ich für sie sein konnte. Was hat sie anders entscheiden lassen? Habe ich mich bemerkbar gemacht? Gab es einen göttlichen Plan? Hat Gott mich da schon gezählt?

Ich war da, jedoch ohne Grundausstattung, keine Liebe, kein Raum, keine Geborgenheit, keine Zuwendung, aber versorgt. Ich war da, also werde ich versorgt, das reicht, um so zu leben.

Ich bin da, als Schutzschild für meine Mutter vor dem übergriffigen Mann. Ich bin da, als Belastung für die älteren Geschwister. Ich bin da, als Spielzeug des Vaters. Ich bin da, als Ersatz, für den Schwager, wenn die Schwester „verbraucht“ ist. Ich bin da, für den Bruder, der in die Fußstapfen des Vaters treten wird. Ich bin da, für

Spott und Hohn der Männer um mich rum, angestachelt von meinem Vater. Ich bin da, für die vielen Jungen, um sich auszuprobieren. Ich bin da, für den Mann, der Abwechslung braucht. Ich bin da, für den Freund meines Bruders. Ich bin 16 Jahre lang einfach nur da, Spielball aller, rumgereicht und habe gelernt da zu sein. Ich bin da, um den Frust meiner Mutter auszuhalten, die Gewalt und Erniedrigung, all ihre Willkür. Da zu sein bedeutet aushalten, stillhalten, durchhalten und mithalten. Niemand darf etwas merken. Ich bin da und halte mich zusammen. Ich lasse alles über mich ergehen. Physische, psychische und sexualisierte Gewalt.

Gott zählt und sieht mich doch. Ich muss nur noch etwas aushalten. Niemals lässt Gott mich los, er hält mich in seiner großen Hand. Wenn er mich verlassen würde, hieße es doch, dass ich nicht stark bin, dass ich nicht leiden kann, dass ich nicht tragen kann, was Gott mir zutraut zu tragen. Jesus hat auch gelitten, für uns alle, dann schaffe ich es auch. Ich höre das und erlaube mir nicht zu zweifeln. Und doch gibt es große Zweifel in mir. Gott, wer oder was bist du? So groß und nicht greifbar, so klein, dass du die Blume am Weg bist. Ich verstehe das nicht. Ich verstehe Gott nicht. Und schon gar nicht verstehe ich den göttlichen Masterplan für mein Leben.

Doch irgendwie muss etwas an diesem Gott sein, etwas, was nicht zu verstehen ist. Ich fühle mich sicher in der Kirche, da bin nur ich und ja, was denn, Gott? Da gibt es etwas, in der Musik und in der Natur, eine Verbindung, zu Gott? Da ist auch etwas, wenn meine Oma, die eigentlich nicht meine Oma ist, mir von Gott erzählt, während wir Hand in Hand unter der Milchstraße lang wandern. Das Große über mir und ich klein und doch da, von Gott geliebt. Doch wie soll sich das anfühlen, von Gott geliebt? Da gibt es dieses Gefühl von Verbundenheit oder Auflösen, Verschmelzen mit Gott oder zumindest etwas, was größer ist, als ich verstehen kann. Und da gibt es diese vielen Fragen, sie beginnen immer mit Warum?

Neben all den schrecklichen Erfahrungen meiner Kindheit und Jugend fand ich Halt, in der Christenlehre, im Besuch des Gottesdienstes, im Kirchenchor zwischen all den alten Menschen, im Krippenspiel und an drei Gottesdiensten den Joseph spielend, um dann am Heiligabend, nach der Bescherung krank im Bett zu liegen. Doch die Kirche war mir vertrauter und wärmer, als es meine Familie je sein konnte.

Mit 12 Jahren habe ich mich taufen lassen, der Spott meiner Familie begleitete mich. Selbst an meinem Tauftag war ich nicht sicher vor Übergriffen, der Vater meines Schwagers konnte mich nicht in Ruhe lassen, bedrängte mich. Doch irgendwie gehörte all das zu meinem Leben. Ich ließ mich konfirmieren, obwohl viele der Jugendlichen im Dorf lieber Jugendweihe feierten. Ich fühlte mich richtig bei und mit Gott, auch wenn ich all das nicht verstand, Gott war mir ein Geheimnis.

Ich fand Halt in einer benachbarten Gemeinde, ein Jugendkreis, Jugendchor, irgendwie war ich nicht mehr so fremd. Da gab es einen Platz, wo ich mit dem, was ich glaubte und auch woran ich zweifelte, sein konnte, ich hatte einen Platz. Doch ich verstellte mich, war kein Kind aus gebildeter Familie, keine Gymnasiastin, wie alle anderen, spielte kein Instrument und musste für alles arbeiten oder meinen Vater beklauen, um dabei sein zu können, wenn wir etwas unternahmen. Niemand sollte merken, dass ich nicht wirklich zur Gruppe passte, zu den Auserwählten. Alle sangen und sprachen von Gott, als würde er persönlich zu ihnen sprechen, in Krisen wurden sie gestützt und gehalten, durch Gottes Hand. Warum konnte ich das nicht fühlen? Wenn Gott schon bei Klausuren und leichten Erkältungen hilft, warum dann nicht mir, in meiner Not? Habe ich es denn nicht verdient, gerettet zu werden, Hilfe zu bekommen oder Trost? Warum hilft Gott mir nicht? Warum schaut er weg? Bin ich seiner Liebe nicht würdig? Bin ich vielleicht selbst schuld an meiner Situation? Habe ich mich nicht genug angestrengt? Warum reicht seine Liebe nicht für mich?

Mit 16 Jahren wurde mir sehr klar, wenn ich nicht gehe, dann werde ich sterben. Ich konnte nicht bleiben und so entschied ich mich für „ein Jahr für Gott“ in einer großen christlichen Einrichtung, meine Rettung. Ich schrieb eine Bewerbung und bekam eine Zusage und durfte kommen. Meinen Eltern sagte ich nur, dass ich gehen werde. Zum ersten Mal hatte ich das Gefühl, dass Gott meinen Hilferuf gehört hat, denn ich bat ihn darum, mich dort in seinen Dienst zu stellen, auch wenn ich zu jung bin. Wenn ich ihm wichtig bin, dann möge er mich dort hinholen und mir die Kraft geben, für mich einzustehen. So ging ich mit 16 Jahren und ließ all die Schrecken hinter mir. Zumindest glaubte ich das.

Angekommen in einer großen Gemeinschaft, in der großen christlichen Familie fühlte ich mich angenommen und aufgehoben. Ich spürte, dass es Gott gibt in dieser Gemeinschaft, doch diese Gemeinschaft hatte auch ihre eigenen Regeln. Gott liebt den Menschen, der ihm bedingungslos nachfolgt, ihn immer bezeugt und nicht zweifelt, sich hingibt im Vertrauen, dass Gott immer da ist und immer trägt. Das mit der Liebe, dem Vertrauen und der Hingabe war mir nicht in die Wiege gelegt. So bin ich ins Leben gestartet, mit dem tiefen Wissen und Glauben, dass nichts bedingungslos ist, dass ich niemandem vertrauen kann und Hingabe gleichgesetzt war mit aushalten, durchhalten und sich innerlich auflösen. Und so zog in mein Leben die große Verwirrung ein. Mein neues Leben, fern von den Schatten, stellte so viele neue Fragen. Wie kann ich vertrauen? Warum habe ich nicht gelernt zu vertrauen? Was ist geschehen, dass ich nicht vertrauen konnte? Und da waren sie, die Schrecken, sie hatten wieder einen Platz in meinem Leben. Sie wurden immer größer und deutlicher, als könnte ich mit Abstand sehen, was da eigentlich geschehen ist, welche Schrecken es da gab, und ich konnte sie nicht mehr verdrängen.

All mein Erleben von Gottes Nähe in der Gemeinschaft, all die Verbindung war gleichzeitig verbunden mit all den Zweifeln, ob es überhaupt einen Gott geben kann, wenn es auch so viel Leid gibt. Und so zog die große Wut in mein Leben ein, die Wut auf Gott, der doch liebend und allmächtig sein sollte. Ich schrie ihn an, ich flehte ihn an, ich bat ihn, mir zu helfen, mich zu sehen in meiner Not, ich bat um Erlösung aus meinem seelischen Leid. Doch Gott war nicht da, nicht für mich. Wie so oft musste ich allein mit den Schrecken kämpfen. Gott hält mich nicht und Gott zählt mich nicht mit, nur ein dummes Kinderlied.

In dieser Zeit begann ich zu verstehen, welch einer Gewalt ich ausgesetzt war, ich benannte das, was mir geschehen war, zum ersten Mal als sexualisierte Gewalt, doch was sollte ich damit tun? Beten und darauf vertrauen, dass Gott meine Tränen abwischen wird? Auf meinem Weg werde ich Heilung finden, wenn ich vergeben kann. Doch dazu war ich nicht bereit, immer wieder habe ich es versucht und fand keine Erlösung von meinen seelischen Schmerzen. Ich hatte das Gefühl, mich immer mehr in mir zu verlieren, fühlte mich tot, fühlte nichts mehr. Ich begann mit Selbstverletzungen, ein Versuch, mich lebendig zu fühlen, doch es genügte nicht, ich wollte einfach nur noch sterben und hoffte auf Erbarmen von Gott.

In diesem Jahr gab es für mich eine Begegnung, die mich bis heute geprägt hat, was ich damals nicht verstand. Eine ältere Frau, die damals auf dem Gelände gewohnt hat, fragte mich, ob sie zu einer Veranstaltung während einer Jugendfreizeit dazukommen könnte. Es ging um sexuellen Missbrauch in der Kirche. Sie saß ganz hinten in der Reihe und hörte nur zu. Später kam sie zu mir und erzählte mir ihre persönliche Geschichte, ihre Schrecken während des Krieges. Zum ersten Mal in ihrem Leben hat sie davon erzählt und wird es nie wieder erzählen. Ich war 17 Jahre alt, wir beteten. An einem Sonntag kam sie zu mir und erzählte mir, dass sie von mir geträumt hätte, sie hätte eine Vision. Ich wusste nicht, was sie meinte, und ließ sie reden. Sie sprach davon, dass sie mich gesehen hat, auf einem Podest stehend und ich würde zu einer großen Menschenmenge, vielen Frauen sprechen. Von mir würde Licht ausgehen, das Heilung bringt. Das war ein ziemlich großes Bild und zu groß, um als junge Frau zu verstehen, was diese ältere Frau mir da gerade sagte.

Zum Ende meines Jahres dort im geistlichen Rüstzentrum lernte ich eine Frau kennen, die meine erste Partnerin wurde. Wir verliebten uns ineinander und gleichzeitig war es einfach nur ein großes Durcheinander, denn diese Liebe durfte es so nicht geben. Es begann ein sechsjähriges Versteckspiel, immer mit einem drohenden Gott im Rücken. Einem Gott, der kein Wohlgefallen an mir hat, wenn ich in einer lesbischen Beziehung lebe. Ein Gott, der mich drängt, mich für ihn und somit gegen meine Freundin, meine Liebe zu entscheiden.

So verließ ich die Gemeinschaft nach einem Jahr mit all meinen Schrecken im Gepäck, meinen Zweifeln an mir und an Gott, meiner Wut auf mich und auf Gott, meiner Verwirrung, wie Gott Zuwendung und Liebe, die sich doch richtig und gut anfühlt, nicht gutheißt, aber all die Schrecken in meinem Leben geduldet hat. Ich ging in eine weitere sehr christlich geprägte Einrichtung, um meine Ausbildung zu machen. Ich war glücklich, wieder etwas Bekanntes in der Gemeinschaft zu finden, einen Halt in all meiner Haltlosigkeit. Ich fühlte mich aufgehoben, mit all meinen Schrecken, meinen Zweifeln, meiner Wut und meiner Verwirrung. Denn da war er, der Mensch, dem ich Vertrauen schenken wollte, dem ich glauben wollte. Der Mensch, der sich mir zeigte, auch mit seinen Zweifeln und dennoch glaubte. Ich wollte so gern glauben. Für mich war er der Jugendpastor, denn er hielt Jugendkreise, Jugendgottesdienste, sang im Chor, machte Aktionen und war einfach da und er war für mich da. Er sah mich in meiner Not und bot mir seine Hilfe in der Seelsorge an. Und so versuchte ich zu vertrauen, zeigte mich in meinem tiefen Schmerz, meiner Wut und meinen Zweifeln an Gott. Und dann gab es auch da diese Schwelle, nichts gibt es einfach so, für alles muss ich zahlen. Ich werde nicht um meinetwillen geliebt. Die Grenzüberschreitungen geschahen schnell und doch kaum merklich, war ich es doch schon so sehr gewöhnt, es war so normal zu bezahlen, alles hat seinen Preis. Meine Verwirrung, meine Wut, meine Verzweiflung wuchsen ins Unermessliche. Noch bevor ich Zweifel an dieser Verbindung benennen konnte, wurde ich in die Täterfamilie eingebunden. Ich durfte die Patentante der Zweitgeborenen werden. Irgendwie konnte mein Leben so einen Sinn ergeben, ich konnte Verantwortung übernehmen, wenn schon nicht für mein Leben, was mir zunehmend sinnloser erschien, dann doch wenigstens für dieses wunderbare, unschuldige Kind. Ich liebte dieses Kind und begriff darin, wie selbstverständlich Liebe sein kann, und mein Schmerz wuchs, für mich gab es diese selbstverständliche Liebe nicht. Ich kam nicht mehr raus aus dem, was mir in dieser Verbindung zum Jugendpastor nicht guttat, weil es da auch so viel Gutes gab. Ich konnte diese Verbindung nur beenden, wenn ich alles beendete und so hatte ich nach langer Zeit der zunehmenden Selbstverletzungen und Essstörungen den Entschluss gefasst zu gehen. So wollte ich nicht mehr leben, konnte ich nicht mehr leben. Ich überlebte meinen Suizidversuch knapp, wachte auf der Intensivstation auf. Nichts war vorbei oder beendet. Ich blieb mir selbst und musste mich anschauen. Es war so demütigend, dort zu liegen, niemand sprach mit mir, ich war einsam, von Gott verlassen und fühlte mich so wertlos, und so war es auch. Da lagen neben mir Menschen, die um ihr Leben rangen, und ich warf meines weg, ich wurde verachtet und tat es selbst auch. Mein Weg führte in die Psychiatrie und es war schrecklich, denn alle Schrecken fielen über mich her, kaum auszuhalten und doch gab es in mir irgendwo ganz klein eine Gewissheit, dass es so etwas wie einen Auftrag für mich gibt. Da war sie, zum ersten Mal tauchte sie auf, die Vision der älteren Frau, längst vergessen und doch gab sie Aufschwung, ins Leben zu gehen.

Mein Leben wurde nicht einfacher. Ich kämpfte mich in ein Leben, das erst meines werden wollte. Viel zu groß wirkte all das Leben um mich rum und es fiel mir schwer, meinen Platz darin zu finden. Ich löste mich aus dem engen christlichen Kreis und suchte mich und suchte Gott, suchte ihn in der Natur, im Schamanismus, in alten Runen, im Buddhismus, in der Kunst, suchte ihn in Meditation und Stille. Wer oder was oder wo ist eigentlich Gott? Ich erlaubte mir, mich zu fragen, wie ich Gott in meinem Leben gern hätte, und da war mir klar, dass es nicht der strafende Gott ist. Wenn ich erlaube, dass Gott Liebe ist, dann hat er doch nichts gegen Liebe, die sich anerkennt, freundlich und auf Augenhöhe ist. Ich erlaubte mir, lesbisch zu leben. Ich erlaubte mir die Wut auf Menschen, die mir schreckliche Dinge angetan haben, und konnte Gott als trauriges Gegenüber verstehen. Gott gab es immer, ein Teil in mir ist göttlich, denn es braucht einen Moment, in dem alles richtig, in dem alles vollkommen ist, und in dem bin ich entstanden.

Viele Jahre bin ich schon auf der Suche nach mir in diesem Leben, nach Gott oder dem Göttlichem in meinem Leben. Viele Jahre Therapie, Suchen nach dem heilen Kern, dem Unantastbaren, dem, was mich ausmacht, was nicht gebrochen wurde, und irgendwo tief in mir gibt es diesen göttlichen Funken. Diese einzigartige Verbindung. Gott sitzt nicht oben auf dem Thron, nein, Gott ist in mir und begegnet mir, wenn ich mich zulasse. Gott sitzt mit mir in der Stille. Gott weint mit mir. Gott tanzt mit mir. Gott ist der Schnee, ist die Wiese, und Gott ist in der Begegnung. Gott war meine Oma, die es eigentlich nicht ist. Gott ist das Lied. Gott ist der Halt der Gemeinschaft. Gott ist meine Familie und manchmal ist Gott die Erde, die ich umgrabe. Gott ist in allem, Gott ist alles und somit bin auch ich Gott.

Als ich vor einigen Jahren allein pilgern war, allein in der spanischen Meseta, die Weite und das Blau des Himmels erschienen mir so unglaublich groß und die Weite des gelben Bodens war unerschöpflich, da konnte ich für einen Moment spüren, wie unermesslich groß alles um mich herum ist und wie unbedeutend und klein ich eigentlich bin, weniger als ein Staubkorn, doch für Gott bin ich nicht unbedeutend. Gott hat mich gezählt, hat mich beim Namen gerufen, Gott hat einen Plan, alles, was ich erlitten habe, war schrecklich und viel zu groß für ein Leben und doch gibt es einen Sinn in meinem Leben. Da gibt es diese Vision, ein Bild der Stärke und Kraft, etwas Göttliches.

Es gibt für mich nicht den einen Gott. Ich denke, dass es eine ganz individuelle Suche ist und für mich ist es viel mehr eine Verbindung zu mir und meinem Kern und wenn ich damit verbunden bin, dann bin ich in der Welt angebunden und verbunden mit dem großen Ganzen, dem, was größer ist als mein Verstehen. Und dann ist da Gott oder das Göttliche oder das große Ganze. Und dann bin da ich. In dieser Begegnung entsteht Heilung, ohne dass ich etwas tun muss, bezahlen muss oder aushalten muss. Und vielleicht ist es tatsächlich Hingabe, Hingabe ans Leben.

Mein Leben ist reich, denn ich gebe mir einen Platz, ich nehme mich an, liebe und achte mich, nicht immer, doch das Göttliche, das Leben und ich, wir nähern uns an.

Nachspüren – Nachdenken

Das Ringen um ein gelingendes Leben

Christiane Lange

Staunen und Ankommen

Welch ein Reichtum an Erzähltem, an individuellen Möglichkeiten, über das Erlittene zu berichten, welch schwere Literatur und dann Erleichterung, wenn diese Worte in Aussagen münden wie der Hannahs: „Mein Leben ist reich, denn ich gebe mir einen Platz, ich nehme mich an, liebe und achte mich, nicht immer, doch das Göttliche, das Leben und ich, wir nähern uns an." Thomas Wesskamp schreibt: „Im Rückblick auf die Jahre, seit ich mein Schweigen gebrochen habe, muss ich sagen: Das war das Beste, was passieren konnte. Ich merke, wie ich mich seitdem mehr und mehr verändere, stärker werde, klarer werde. […] Ich merke, dass ich mit meinen Erinnerungen nun – nicht immer, aber immer öfter – umgehen kann. Ich merke, dass ich nicht nur überlebe, sondern dass ich lebe." Und bei Inela Marin lesen wir: „[…] so stelle ich mich jetzt an die Seite der vielen anderen Betroffenen […] und schreibe meine Geschichte auf. […] immer wieder entschied ich mich, es wieder aufzunehmen: mein Vertrauen in Gott, in das Leben, in die Liebe, in Beziehungen zu anderen Menschen und – vielleicht war das das Schwerste überhaupt – mein Vertrauen in mich selbst. Gott sei Dank habe ich diese innere Kraft."

Was gibt es da noch zu sagen, zu erklären oder zu ergänzen? Wäre es nicht besser, die Berichte einfach wirken zu lassen? Nein, es gibt tatsächlich vieles herauszuheben, zu beobachten und Zusammenhänge herzustellen, damit jeder Mensch in der evangelischen Kirche und außerhalb versteht, was sexueller Missbrauch insbesondere im kirchlichen Rahmen mit Kindern, Jugendlichen und Erwachsenen macht. Und damit Betroffene in ihrer Würde samt ihren Verletzungen als eigenständige und unantastbare Menschen anerkannt werden.

Andreas Stahl, Erika Kerstner und ich sind von verschiedenen Sichtweisen aus in die Texte eingetaucht, so dass manche Zitate der Autor*innen, die mehrere Ebenen berühren, wiederholt verwendet wurden. Das macht auch die Vielschichtigkeit des Geschehenen und wie es erlebt wurde, deutlich.

Ich möchte in die Rolle einer Beobachterin schlüpfen. Dabei stelle ich mich in den Kreis der Autor*innen und all derer, die ich kenne, samt meiner eigenen Betroffenheit. Ich staune, schüttele mich bei manch gruseliger Schilderung, nicke im Einverständnis und versuche darüber hinauszuschauen und einen Rahmen zu finden, in dem das Ganze Halt findet. Ich schreibe aus meiner persönlichen Perspektive und Erfahrung heraus und will meine Aussagen daher nicht als wissenschaftlich im engeren Sinne verstanden wissen.

Alle Berichte zeigen, wie massiv das Erlittene in das Leben eingegriffen und sichtbare wie unsichtbare Spuren hinterlassen hat. Einige Themen tauchen immer wieder auf, sie scheinen mir besonders wichtig zu sein. Jede*r Autor*in, jedes Geschehen ist dabei so persönlich und einzigartig und darf nicht verglichen oder über einen Kamm geschert werden. Aber Nebeneinanderstellen ist möglich und schafft Verbindung statt Vereinzelung. Mit den Texten der Autor*innen und unseren Worten kann ein weiterer Schritt auf dem Weg zur Aufarbeitung sexualisierter Gewalt in der evangelischen Kirche geschehen. Sie können vielen Menschen die Gelegenheit geben, sich berühren, aufrütteln oder zum Nachdenken anregen zu lassen. Doch zuallererst soll der „Entstellte Himmel“ ein Ausdruck von Würdigung der missbrauchten Menschen sein. Wir lesen, abgesehen von den abscheulichen Taten, großartige Zeugnisse von Mut und Kraft in beschädigten Lebensgeschichten, die uns in ihrer Verschiedenartigkeit und Offenheit die Augen öffnen und mahnen, besser auf unsere Mitmenschen zu schauen.

Mich begleiten viele Fragen, die das Geschehene aufwirft. In welchen Strukturen sind die Betroffenen aufgewachsen? Spielen die frühen Lebensjahre eine Rolle dabei, dass es zu einem Missbrauchsgeschehen gekommen ist? Welche Ressourcen haben die Autor*innen nutzen können, um weiterzuleben, oft zu überleben? Und welche Folgen hatte solch ein drastischer Eingriff für ihr Leben? Ich habe kein Recht zu deuten, Geschehenes erklären oder in irgendeiner Weise werten zu wollen. Die Hoheit über jedwede Deutung steht nur den Betroffenen selbst zu. Aber mich drängen die Fragen, ich ringe um Antworten, ich suche nach Zusammenhängen zwischen den Berichten, zu Gehörtem und Gelesenem Betroffener in meiner Umgebung sowie meinen eigenen Erfahrungen. Ich versuche auch für Außenstehende Worte zu finden, um ihnen einen Einblick in die Welt und den Alltag von Betroffenen zu geben und sie zu ermutigen, die Ohren zu öffnen und genau zuzuhören.

Mit großer Dankbarkeit dürfen wir hier sachlich nüchterne oder emotional aufrührende Berichte, Briefwechsel und Dichtung veröffentlichen. Wir erfahren, wie Menschen mit dem, was ihnen angetan wurde, umgehen, leben und wie der Missbrauch ihren Alltag prägt. Neben diesen beeindruckenden Beiträgen steht das Wissen, dass die Mehrzahl der Betroffenen im Dunkel verborgen ist. Sie schweigen, tragen das Erlebte versteckt in sich. Menschen, die zum Teil schwer gezeichnet sind, die darum kämpfen, ein möglichst erträgliches Leben zu führen, die diesen Teil ihrer Lebenserfahrung in sich verschlossen haben. Betroffene erzählen, wenn sie die Last des Schweigens nicht mehr ertragen. Oft erhoffen sie sich in ihrer Verunsicherung von dem Gegenüber eine Bestätigung der Wahrheit, die sie drückt. Oder sie reden aus der existenziellen Not heraus, um eine finanzielle Unterstützung zu erhalten. Leider passiert es auch, dass Menschen trotz des Erzählens verbittern, wenn sie sich in einem Kampf gegen Windmühlen wiederfinden. Ihnen wird nicht geglaubt, sie bekommen nicht, was sie sich erhoffen, sie werden auf ihr Opfer-Sein festgenagelt. Statt Linderung erfahren sie fortlaufend neue Verwundungen. Das Reden über das Geschehene ist immer ein Wagnis, das viele Möglichkeiten von Befriedung bis zu erneuten schweren Verletzungen offenlässt.

Niemand bestreitet das große Dunkelfeld von Betroffenen im kirchlichen Kontext. Die Gründe dafür können nur vermutet werden. Unter anderem kann das Schweigen ein notwendiger Schutz sein. Nicht benennen, was geschehen ist, lässt zumindest zeitweise glauben, dass das Leben in Ordnung ist. Menschen schützen sich vor dem unerträglichen Schmerz des Geschehenen, auch davor, ausgegrenzt und mit der Sache allein zu sein. Auf der anderen Seite bleiben ihnen Sprachlosigkeit, Scham und Schuldgefühle über das, was ihnen geschehen ist, wenn sie keine Möglichkeit haben, ihre Erfahrungen in Worte zu fassen. Die hier niedergeschriebenen Berichte erzählen davon, wie lange Betroffene Mut und Kraft sammeln müssen und auf das passende Gegenüber warten, bis sie über das oft erst nach Jahren oder Jahrzehnten bewusst Gewordene sprechen können. Und manchmal mag es dem Leben dienlicher sein, das Schweigen bis zum Ende des Lebens aufrecht zu erhalten. Sieglinde schreibt: „Was dann passierte, das weiß ich nicht, bis heute ist da alles schwarz, nur schwarz, und diese alles verdeckende SCHWÄRZE lässt sich auch nicht auflösen, bis heute nicht!"

Das ist in keiner Weise negativ zu sehen, sondern hilft, auch wenn es schmerzlich ist, zuerst der Seele von missbrauchten Menschen. Die Seele gibt nur so viel preis, wie sie vertragen kann. Erst wenn die Zeit gekommen ist, Vertrauen in ein Gegenüber gewachsen ist, bei dem das Erzählte wirklich gut aufgehoben ist, dann ist das ein Geschenk. „Schweigen hat seine Zeit, Reden hat seine Zeit."

Die Worte von Inela Marin zu einem Gespräch mit einer Seelsorgerin verdeutlichen in diesem Zusammenhang, dass Betroffene niemals zum Reden gedrängt werden dürfen: „Das Gegenteil geschah. Je mehr ich ihr erzählte, desto schlechter ging es mir. Ich verlor den Boden unter den Füßen und bekam Suizidgedanken." Hier hat sicher gutgemeinte Seelsorge genau das Gegenteil bewirkt. Andreas Stahl geht in seinem Beitrag ausführlich auf diese Gefahr und Problematik ein. Dagegen können Menschen durchaus eine hilfreiche Unterstützung sein, die Betroffenen ehrlich offene Ohren und Herzen signalisieren, die behutsam Angebote machen, zu nichts drängen und Betroffene in ihrem Dasein annehmen. Das gilt insbesondere für den Umgang mit traumatisierten Menschen.

Vielen Betroffenen hilft es, im ersten Schritt in Zeitschriften oder Büchern zu lesen, im Radio zu hören oder Fernsehen zu sehen, dass es weitere Menschen in ähnlichen Situationen gibt, dass sie nicht allein mit ihren Erfahrungen dastehen. Das kann dazu dienen, sich seiner eigenen Geschichte bewusst zu werden, und dazu ermutigen, ebenfalls an für sie geeigneten Stellen zu berichten. Es kann auch die notwendige Klärung und Bestätigung bringen, dass das, was sie erlebt haben, Missbrauch war und dass ihre eigene Einordnung des Geschehenen richtig ist. Andere beruhigt es und sie können so besser damit leben, ohne weitere Schritte zu gehen. Ingeborg Bergmann schreibt: „[...] bis ich in der Zeitschrift ‚Chrismon' in einem Interview mit der Bischöfin Kirsten Fehrs etwas über die Möglichkeiten der Aufarbeitung von Missbrauchserfahrungen innerhalb der evangelischen Kirche las." Danach fand sie den Mut, den Missbrauch der Evangelischen Landeskirche zu melden. Inela Marin spürte Erleichterung: „In den Büchern, die sie [die Sozialarbeiterin der Frauenberatungsstelle] mir zur Lektüre gab, fand ich Beschreibungen der Symptome, die mich jahrelang quälten. Einerseits fiel ich aus allen Wolken und andererseits fielen mir Steine vom Herzen. Ich war ja gar nicht verrückt!"

Für einige Menschen aber ist es höchst abschreckend und beängstigend, schlimmstenfalls retraumatisierend, nun auch noch in der Öffentlichkeit mit ihrem schwierigsten Lebensthema konfrontiert zu werden. Wir sind uns bewusst, dass wir mit der Veröffentlichung dieses Buches nicht jedem Bedürfnis nach Schutz oder Öffentlichkeit gerecht werden.

Und schließlich: Es fällt mir nicht leicht, mich in das Geschehen der einzelnen Berichte zu begeben. Da sind Schmerz, Mitleiden, Erschrecken, immer wieder, bei jedem Lesen neu. Und gleichzeitig tut es gut, schwarz auf weiß zu lesen, was passiert ist. Wahrheit, tiefste Wahrheit, die im Licht und der Sichtbarkeit im Wort dem

Leben eine Chance gibt, sich zu wandeln. Wahrheit, die Menschen auch davor schützen kann, nochmals in missbräuchlichen Beziehungen zu landen. Denn was mir bewusst ist, brauche ich nicht erneut zu durchleben. Die Wahrheit der Berichte kann anderen Betroffenen die inneren Augen öffnen. Ja, das ist mir auch passiert, ich bin nicht allein damit, ich bin nicht verrückt.

Warum ich? Risiko durch Herkunft?

Prinzipiell ist kein Mensch, unabhängig von seiner Herkunft, vor sexualisierter Gewalt sicher, nicht vor roher Gewalt, aber auch nicht vor Manipulation. Es kann jede*n treffen. Dennoch gibt es Risikofaktoren wie instabile familiäre Verhältnisse oder den Heimkontext, von denen in den Berichten mehrfach erzählt wird. Inela Marin wächst mit der an Schizophrenie erkrankten Mutter und dem alkoholkranken Vater auf, Nscho-tschi mit einer psychisch kranken Mutter, Ingeborg Bergmann erlebt eine vaterlose Kindheit, Sieglinde, Leonie und Wilhelm Ganz haben viele Jahre ihrer Kindheit im Heim verbracht und Hannah wird in einem familiären Umfeld fern von Liebe und Fürsorge, stattdessen mit viel Gewalt groß.

Gab es Geschwister, Freunde, nahe Vertraute im Umfeld der Autor*innen? Welche Rolle spielten diese? Warum war es nicht möglich, dass sie sich ihnen anvertrauten und um Unterstützung baten? Ida erwähnt ihren Bruder nur nebenbei. Auf einem Filmeabend im Pfarrhaus nimmt dieser die Übergriffe nicht wahr. Wilhelm Ganz erzählt, dass er von seiner Schwester im Heim getrennt wurde und die einzig vertraute Person verliert. Hannah war mit Abstand zu den drei Geschwistern die Jüngste, auch bei ihr sind keine Verbündeten zu erkennen. Nscho-tschi erzählt: „Meine Schwester war die Stille in der Familie. Sie war in meiner Kindheit immer da. Aber man bemerkte sie kaum." Nahe Freund*innen werden kaum erwähnt. Ingeborg Bergmann erlebt den Übergriff im Beisein ihrer Freundin, aber weder danach noch Jahre später ist ein vertrauensvolles Gespräch über das, was geschehen ist, möglich. Nur Ida kann mit ihrer Mutter über das missbräuchliche Verhalten des Pfarrers reden, was durch die parteiliche Sicht der Mutter für den Täter aber alles nur noch verwirrender macht. So finden wir in kaum einer Erzählung Hinweise darauf, dass während oder nach dem Missbrauch Hilfe bei nahen Menschen in den Familien oder Peergroups geholt wurde.

Haben denn die Eltern, Großeltern, verantwortlichen Erziehungsberechtigten wirklich nicht gemerkt, dass die Kinder sich in einer äußerst bedrohlichen Lage befanden? Wollten sie es nicht sehen? Nicht Thomas Wesskamp, nicht Victor E., weder Hannah noch Sieglinde oder Leonie wurden in ihrer Lage wahrgenommen und hätten die Möglichkeit gehabt, über das, was ihnen angetan wurde, zu sprechen. Was für eine einengende Einsamkeit, Isolation und Ausgrenzung erleben die Kinder, in der niemand seine Verantwortung erkannt hat und den Kindern mit der gebotenen Aufmerksamkeit begegnet ist.

So stellt sich unweigerlich die Frage, ob mit der entsprechenden Beachtung, fürsorglichem Blick auf das Wohlergehen der Kinder und einem sensiblen Umgang mit den Gefühlen der Schützlinge ein Missbrauchsgeschehen schon im Vorfeld hätte verhindert oder rechtzeitig eingegriffen und es beendet werden können. Was aber hat ein Kind, dessen Eltern krank oder gewalttätig sind, denn für Möglichkeiten, sein berechtigtes Bedürfnis nach Liebe, Anerkennung oder auch schlicht dem Recht, von Vater und Mutter gesehen zu werden, erfüllt zu bekommen. Auch erwachsene Menschen leiden oftmals ihr Leben lang unter der familiären Vernachlässigung oder Gewalt. So wird die Sehnsucht, gesehen, anerkannt und geliebt zu werden, zu einem unausgesprochenen Lebensbegleiter.

Bei Hannah lesen wir: „Ich war zu viel, eine Nachzüglerin, die Vierte mit großem Abstand zu den anderen. Meine Mutter saß in der Klinik, im letzten Moment entschied sie sich – für mich oder eher für das, was ich für sie sein konnte.“ Mit dieser Lebenslast wird sie ihre Kindheit und Jugend lang missbraucht. Kein Rückhalt, keine Chance, den Tätern zu entfliehen, und immer wieder das Gefühl „Da zu sein bedeutet aushalten, stillhalten, durchhalten und mithalten."

Die Vorgeschichten der Betroffenen tragen nicht selten dazu bei, dass Täter es leicht haben, sich an diesen Kindern, Jugendlichen oder Erwachsenen zu vergreifen. Wenn die Familie kein vertrauensvolles Gefüge bietet, in dem Kinder selbstbewusst und sicher aufwachsen können, wenn nicht gesprochen wird oder offen und ehrlich miteinander umgegangen wird, erleben Kinder ein Defizit. Dieses hoffen sie, bei Menschen in ihrer Umgebung erfüllt zu bekommen. Für Ingeborg Bergmann, „das kam hinzu, war er nicht nur der Pfarrer, der Mann, sondern vor allem eine Vaterfigur." Genau das spürte der Täter, so wie andere Täter*innen auch, die gründlich schauen, an wen sie herantreten. Sie nutzen schamlos aus, wo Kinder und Jugendliche leiden. Unter dem Deckmantel des gütigen Helfenden oder fürsorglichen Begleiters geraten die Betroffenen in eine große emotionale, aber auch durch die hierarchische Stellung des Täters gegebene Abhängigkeit. Täter planen und leiten geschickt ein, nutzen Systeme, in denen sie arbeiten, Strukturen wie Heime, Kindergärten oder Kirchengemeinden, in denen sie sich auskennen. Opfer sind so zweifach schutzlos ausgeliefert und es ist ein Leichtes für Täter, an ihnen ihre eigenen Bedürfnisse zu befriedigen.

Das Schweigen und seine Folgen

Das Schweigen hat viele Facetten. Da gibt es das Schweigen, sich selbst gegenüber, um abzuschalten und zu überleben. Erinnerungen werden verdrängt, in einer dunklen Ecke der Seele versteckt, damit das Leben weitergehen kann, Verdrängung, unbewusst von der Seele organisiert oder auch bewusst die Belastungen ignorierend. Verdrängung oder Ablenkung sind ein hilfreicher und sinnvoller Schutzmechanismus. Sich ständig seiner Ohnmacht bewusst zu sein, wäre nicht auszuhalten. Inela Marin schreibt: „Und das blieb sie [die Erinnerung] in der Tat über viele Jahre. Was geschah, war wie in mir vergraben, nicht vergessen, aber wie abgespeichert auf einer zweiten Spur." Das Leben so gut wie möglich zu leben, dazu dient, das Geschehene zumindest zeitweise aus dem Bewusstsein zu verbannen.

Missbrauchte Menschen ahnen, sie würden Bilder, Gefühle und Erinnerungen zum jetzigen Zeitpunkt nicht vertragen. In größter Not spalten manche Menschen sogar einzelne Missbrauchskontexte in verschiedene Personen in sich auf, was helfen kann, Erlebtes aushaltbar zu machen. Eine solche dissoziative Identitätsstörung ist niemals gewollt oder gemacht, sondern aus der Not entstanden. Das sei hier erwähnt, um die Dimension der Auswirkungen sexualisierter Gewalt zu verdeutlichen.

Die Schattenseite der Verdrängung ist der hohe Kraftaufwand, den sie kostet. Umso erstaunlicher und letztlich bewundernswerter ist, wie diese Menschen ihr Leben trotz aller Belastung über lange Zeitspannen mit großem Einsatz führen. Welche immense Kraft dafür nötig wird, zeigt sich häufig dann, wenn das Erlebte nach draußen möchte. Plötzlich kann der*die Betroffene nicht mehr wegschauen, die Symptome nicht mehr übergehen. Inela Marin schreibt: „Ich hatte immer wieder Albträume und große Schwierigkeiten mit meiner Sexualität, die ich mir nicht erklären konnte. Als ich mit dem Vikariat begann, bekam ich plötzlich starke Erschöpfungssymptome [...]". Depressionen, Unruhe, suizidale Gedanken, Schmerzen und Krankheiten signalisieren, da ist etwas Unerträgliches in mir, will gesehen werden und aus dem Schweigen heraustreten.

Wer hat als Kind lernen dürfen, über Bedürfnisse, Grenzen, seelische und körperliche Gefühle zu sprechen? Auch heute wird in vielen Familien dem Gespräch wenig Raum gegeben, sei es aus Zeitmangel, eigenen Problemen der Eltern, weil Eltern es nicht gelernt haben oder schlichtweg aus Gleichgültigkeit. Bei Sieglinde entsteht nach einem Wespenstich auf die Mahnung ihrer Mutter hin: „Nur einen Mucks und es setzt was!“ ein Klima der Angst, sich in irgendeiner Weise den Erwachsenen gegenüber zu äußern. Dort hinein schwingt das Verbot, über schlimmstes Leid durch sexualisierte Gewalt zu sprechen.

Neben Sprachlosigkeit und Verwirrung nagen Zweifel an der eigenen Wahrnehmung. Dazu kommt oft die Angst, dass ihnen nicht geglaubt, dass das Erzählte geleugnet oder verniedlicht wird, aber auch die Angst, anderen mit der Wahrheit zu schaden und damit Schuld auf sich zu laden. Ida erlebt: „Dass meine Oma diesen Schmerz wegen mir erfahren musste, habe ich bis heute kaum verkraftet.“ Und so schweigt sie gegenüber ihrer Familie bis heute. Inela Marin beklagt, „was dieses jahrelange Schweigen(-müssen) für eine wahnsinnige Last war. Wie viel Lebensenergie es kostete und wie viel innere Spaltung nötig war, um nach außen hin zu funktionieren und so zu tun, als wäre in meinem Leben und in meiner Seele alles in Ordnung.“

Das Schweigen beenden

Unsere Autor*innen haben sich entschlossen, ihr Schweigen zu beenden, schon bevor sie diese Texte verfasst haben. Inela Marin hat eine Therapie begonnen und der Kirche das Geschehene gemeldet, Ida hat sich nicht an ihr persönliches Umfeld, aber an die Zentrale Anlaufstelle.help und die Landeskirche gewandt, Victor E. und Thomas Wesskamp haben auch den Tätern gegenüber das Schweigen beendet. Ingeborg Bergmann schreibt und spricht in der Therapie darüber, Nscho-tschi konfrontiert ihren Vater mit den Taten. Das sind einige Möglichkeiten, sich aus dem Druck des Schweigens zu befreien.

Es ist für Außenstehende schwer vorstellbar, was für ein Kraftaufwand das erste Sprechen ist und wie viel Überwindung dieser Schritt kostet. Plötzlich werden Bilder und Gefühle von damals wieder aktiviert. Ohnmacht, Einsamkeit, körperliche Symptome, eine Achterbahn der Gefühle, eine Zerreißprobe für Seele und Nerven. Ein Schwanken zwischen Vertrauen und Misstrauen gegenüber den Zuhörenden oder Lesenden, zwischen dem, „wie viel vertrage ich“ und „wie viel muss ich mich schützen“. Ist der Schritt einmal getan, gibt es kaum noch ein Zurück. Das Erlebte will mit Macht nach außen, behutsam angeschaut und integriert werden, soweit dies möglich ist. Oft führt die eigene Aufarbeitung zu einem Herausgerissenwerden aus dem Alltag, erfordert Klinikbesuche und professionelle traumasensible Begleitung. Und nicht selten beginnt eine Auseinandersetzung mit der Außenwelt, wo Betroffenen nicht geglaubt wird, ihnen mit Rat- und Hilflosigkeit, auch Ablehnung begegnet wird.

Auf der anderen Seite erleben Betroffene aber auch, wie sie an ihrer persönlichen Aufarbeitung wachsen, wie ihr (Lebens-)Mut zunimmt und wie sie Klarheit über das Geschehene erlangen. Stück für Stück gewinnen sie an Selbstbestimmung zurück und nehmen den Täter*innen die Macht über ihre Gedanken, Gefühle und Handlungsfähigkeit. Manchmal passiert zunächst das Gegenteil, weil die Konfrontation mit Erinnerungen auf einmal viele neue Details offenbart und sich ungeahnte Gefühle und Abgründe auftun. Leider ist es nicht so, dass Hilfe sofort zur Verfügung steht. Der Weg zu einer passenden Therapie ist mühsam, auch Glückssache und erfordert ebenso Kraft. Sich amtsärztlichen Gutachten zu unterziehen, weckt oft die Ohnmacht, die im Missbrauch vorherrschte, erneut. Dazu kommen lange zermürbende Wartezeiten auf einen Klinik- oder Therapieplatz. Nun haben sie sich entschlossen, sich ihrem Trauma zu stellen, und sehen sich Ärzten, Versicherungen und Krankenkassen ausgeliefert. Ärzte und Versicherungen sind natürlich per se nichts Schlechtes. Betroffene von sexualisierter Gewalt können aber ein Lied von fehlendem Verständnis für ihre Situation und die berechtigten Ansprüche singen. Nicht selten gehen sogar Freundschaften oder Bekanntschaften auf diesem Weg in die Brüche, wenn nahestehende Menschen die Wahrheit der Betroffenen nicht aushalten. Dabei wäre genau in dieser Zeit eine zuverlässige Begleitung so wichtig.

Die Wahrheit verträgt das Schweigen nicht und Missbrauch endet erst dort, wo Worte benennen, was passiert ist. Opfer befreien sich aus der Erstarrung und Abhängigkeit. Sich nun stattdessen als Betroffene*r oder Überlebende*r zu bezeichnen und einen Teil des Lebens wieder selbst zu bestimmen, ist ein bedeutsamer Schritt. Das klingt nach Fingerschnippen, Schalter umlegen, ist aber ein jahrelanger, mühsamer Prozess mit häufigen Rückschlägen und zähem Ringen. Manche Betroffene erzählen von einem Ganzwerden auf diesem Weg, „ganz" im Sinne von vervollständigt mit allen verletzten Anteilen und schwierigen Wegen, die im Leben gegangen wurden. „Heilwerden" wäre zu hoch gegriffen, weil es verspräche, dass die Wunden heilen. Erfahrungen zeigen, dass diese Wunden jederzeit wieder aufbrechen können. Es gibt keine umfassende Heilung für Betroffene, der Schaden lässt sich nicht wieder gut machen. Und trotzdem gibt es irgendwo einen heilen Kern, den auch der Missbrauch nicht hat zerstören können. In ihm sind Überlebenswillen, das Streben nach einem guten Leben und die Hoffnung vereint. Sich dessen bewusst zu werden, kann Betroffenen helfen, ihren Weg zu gehen und trotz allem ein zufriedenes Leben zu führen. Hannah schreibt dazu, „und doch gab es in mir irgendwo ganz klein eine Gewissheit, dass es so etwas wie einen Auftrag für mich gibt."

Folgen sexualisierter Gewalt

Spuren und Verborgenes

In allen Berichten wird deutlich, wie nachhaltig und tief die Spuren und Verletzungen durch sexualisierte Gewalt sind, welch hohe Belastungen sie für das eigene Leben mitbringen und wie sehr sie das Leben, den Alltag verändern. Sexualisierte Gewalt erzeugt körperlichen wie seelischen Schmerz und viel Angst, je weniger Schutzraum die Person hat, desto mehr. Sie hinterlässt größte Verunsicherung und diffuse Gefühle, oft auch Selbstvorwürfe, weil es nahezu unmöglich ist, sofort zu durchschauen, was da passiert ist. Wenn der Missbrauch durch Manipulation und ohne körperliche Gewalt eingeleitet wurde, bleiben Betroffene nach den Taten doppelt verwirrt zurück. Einige Täter*innen werden von den Autor*innen nicht nur als böse, sondern auch als fürsorglich und liebevoll beschrieben, so dass das missbräuchliche Geschehen für sie noch schwerer erkennbar war.

Betroffene hüten die unerträglichen Geheimnisse über sehr lange Zeiten, Jahre und Jahrzehnte. Viele machen sich selbst verantwortlich für die Taten, weil Täter die Schuld nicht übernehmen. Schambehaftet suchen sie nach Momenten, wo sie selbst an der Geschichte ursächlich beteiligt waren. Diese falschen und nahezu unaussprechlichen Schuld- und Schamgefühle führen in große Einsamkeit, in der bohrende Fragen quälen. Wie ist das Geschehene zu verstehen, wie einzuordnen im eigenen Leben? Was ist in der eigenen Wahrnehmung dazu richtig oder falsch? Gibt es Worte dafür, die klar beschreiben, was passiert ist? Und wenn ja, wie können sie vermitteln, was das mit mir gemacht hat? Wie lässt sich das aussprechen für mich selbst oder gar anderen gegenüber? Dazu kommen möglicherweise Ängste, die in den ausgesprochenen oder stillschweigenden Drohungen der Täter*innen wurzeln. Noch Jahre und Jahrzehnte nachdem der Missbrauch beendet ist, hängen diese Drohungen über der verletzten Seele. Und so bleibt, was dringend Hilfe bräuchte, im Verborgenen.

Gleich wie sexualisierte Gewalt verübt wird, sie hinterlässt dunkle Spuren im Vertrauen, in der Sicherheit gegenüber sich selbst und im Umgang mit dem eigenen Körper. Auch der Glaube an das Gute im Gegenüber wird beschädigt oder geht manchmal gar verloren. Ingeborg Bergmann schreibt: „weil meine Erfahrung auf den ersten Blick doch fast eher charmant als gewalttätig herüberkommen mag, […] hat (sie) doch so viel angerichtet […]“. Und auch im Alltag verlieren sich die Spuren nicht einfach. Victor E. stellt abschließend fest: „Es gibt immer noch Zeiten der Ohnmacht und des Rausgerissenwerdens aus meinem Alltag.“

Reaktionen auf den Missbrauch

Thomas Wesskamp erzählt: „Ich konnte nichts sagen, ich konnte mich überhaupt nicht mehr rühren [...]. Ich war verwirrt und zugleich entsetzt." Auch Wilhelm Ganz bemerkt: „Ich verstand nicht, was er machte, aber ich fühlte mich nicht gut." Und Ingeborg Bergmann beschreibt: „Ich fühlte mich wie in einer irrealen Welt gefangen, nahm alles nur wie durch eine Wand wahr." Opfer reagieren verständlicherweise irritiert und verstört, wenn Täter sich in solch unangemessener und verletzender Weise nähern. Und zugleich ist es ihnen nicht möglich, sich Hilfe zu holen.

Sich in diesem Zustand der Verunsicherung und Verwirrung nach dem Missbrauch anderen Menschen anzuvertrauen, fällt schwer. Wenn Täter nicht aggressiv handeln, sondern vorgeben, ihr Gegenüber wertzuschätzen, und wenn Opfer auf ihre Hilfe oder gar Liebe hoffen, wird es noch schwieriger, hinter der Tat böse Absichten zu erkennen. Der Pfarrer weiß die 16-jährige Ida an sich zu binden, als er von seinen Eheproblemen erzählt. Ida berichtet: „[...] ich fühlte mich auch sehr geehrt. Davon, dass der Herr Pfarrer mich ins Vertrauen zog. Darüber, dass ich so wichtig für ihn war, dass er sein Herz bei mir ausschüttete, dass er so offen mit mir sprach [...]". Ida beschreibt das scheußliche Kalkül des Pfarrers, das Mädchen von sich abhängig zu machen. Immer und immer wieder hört sie, wie nah, wichtig und wohlgesonnen der Täter ihr ist, das schafft größte Abhängigkeit. Auch Inela Marin beschreibt: „Der Pfarrer sagte zu mir: ‚Ich weiß, dass du in mir einen Vater suchst, aber ich kann dich nur wie ein Mann lieben.' Es würde aber keine Rolle spielen, er wäre eben mein väterlicher Freund." In beiden Fällen wird das Bedürfnis nach Anerkennung und Liebe schamlos ausgenutzt. Hätten Ida und Inela Marin irgendeine Chance gehabt, das „Spiel" in der Tiefe zu durchschauen, hätten sie sich womöglich herausretten können? Für Kinder und Jugendliche ist es nahezu unmöglich, die Tat zu durchschauen. Selbst von Erwachsenen hören wir, wie Täter Schwächen und Bedürfnisse der Betroffenen so ausnutzen und ihre Taten verschleiern, dass sie die Manipulation nicht erkennen. Um nicht ganz den Boden unter den Füßen zu verlieren, versuchen manche zu glauben, da geschieht etwas Rechtes, etwas, das mit Liebe zu tun hat, wonach sie doch so hungerten.

Ida und Inela Marin, auch Ingeborg Bergmann und Hannah sind Jugendliche, die dem von außen betrachtet offensichtlichen Machtgehabe der Pfarrer zum Opfer fallen. Das Geschehen spielt sich zwischen Faszination, Begeisterung, Schwärmerei und Sehnsucht dem Mann gegenüber auf der einen Seite, und der Ahnung, dass etwas nicht stimmt, auf der anderen Seite ab. Manipulation und Abhängigkeit werden erst im Nachhinein deutlich. Gewalt? Nein, so fühlte es sich erst einmal nicht an. Möglicherweise empfanden sie sogar etwas wie Liebe. Liebe, weil der Mann ihnen große Aufmerksamkeit schenkte und sie diese erwidern mochten. Das Machtgefälle war in dem Augenblick nicht spürbar. Möglich auch, dass im jugendlichen, zur Frau erwachenden Körper Resonanz spürbar war und wenn dem so war, wie konnte das nicht Liebe sein? Dabei handelt es sich um eine schwer zu steuernde Reaktion des Körpers, die nicht zwangsläufig mit Liebe zu tun hat. Hier aber führt sie zu einem höchst missverständlichen Gefühl und macht es noch schwieriger, die Manipulation wahrzunehmen.

Liebe und Bewunderung für Täter kann eine Maske sein, um sich selbst eine Umgebung zu schaffen, in der das Erlittene aushaltbar wird. Das erschwert einerseits, sich daraus zu entfernen, andererseits macht es die Situation erträglicher. Wenn Betroffene sich in Täter verliebt glauben, dann können sie ja nicht komplett ausgeliefert und ohnmächtig sein. In gewisser Weise sind sie selbst aktiv und so kann zumindest ansatzweise das Gefühl von Kontrolle entstehen. Ich liebe ihn/sie, also steuere ich diese Beziehung. Einerseits gefühlte Eigenmächtigkeit, andererseits dadurch auch die fehlende Möglichkeit, aus dem Geschehen auszusteigen. Welche Möglichkeiten haben Betroffene, die Situation zu durchschauen? Oft haben sie eine Ahnung, hier stimmt etwas nicht. Ich frage: Wenn nun von außen, über wohlwollende Menschen oder Öffentlichkeitsarbeit Impulse kommen, kann es hilfreich sein zu erkennen, „ich erlebe da etwas völlig Verdrehtes und brauche Hilfe“? Doch oft sind Täterbeziehungen so eng und extrem gut kontrolliert, Täterintrojekte verinnerlicht und auch die Umgebung nicht vertrauenswürdig, sodass ein Ausstieg sehr schwer gemacht wird.

Die geschilderten Taten im Kindesalter sind nur Gewalt an Schwächeren, ein berechnendes Vergreifen an jungen und jüngsten schutzbedürftigen Menschen. Sie kommen so abscheulich wie abschreckend daher, dass mir beim Lesen die Luft wegbleibt. Victor E. schreibt: „Tag für Tag, Nacht für Nacht, wie eine Schaufel Erde mehr, die das Grab, in das ich geworfen wurde, zuschüttet. […] Nichts mehr ist. Von dem, der ich war, oder sein würde. […] Wäre nicht dieses gewesen, indem das Monströse, Talar behangen, begann […]“. Ein Kind, das keine Chance hat, sich gegen diesen übermächtigen Mann zu wehren, wird immer und immer wieder zum Spielball eines perversen Täters. Niemand sieht, niemand gibt ihm den Schutz, der ihm zusteht. Und selbst als dieses Kind im erwachsenen Mann in der Konfrontation mit der Kirche und Öffentlichkeit um das kämpft, was ihm zusteht, wird es nur ansatzweise gesehen.

Verletzungen nach dem Missbrauch

Warum sind Verletzungen im Bereich der Sexualität so besonders gravierend? Und was macht es so schwer, über Sexualität, besonders die Verletzung durch Übergriffe, zu reden? Warum kann ich meinem Gegenüber sagen, ich bin geohrfeigt, geschlagen oder bestohlen worden, aber nicht, jemand hat mir Gewalt an meinen intimsten Stellen angetan, mich verbal oder körperlich benutzt?

Ich versuche, mich den Fragen aus dem Alltag mit zahlreichen Betroffenen heraus zu nähern. Und ich nehme vorweg, ich habe keine erlösenden Antworten. Ich höre, wie Betroffene sich mit ihrer Sexualität auseinandersetzen, oft sogar quälen und nach lebbaren

Kompromissen suchen. Sie versuchen, sich trotz aller Verletzungen und beschädigtem Vertrauen auf Nähe einzulassen, Nähe, die manchmal die Sexualität im üblichen Sinn ausschließt. Wo Vertrauen auf dieser tiefsten und intimsten Ebene missbraucht worden ist, fällt besonders körperliche Nähe unendlich schwer. Das sind Grenzverletzungen, die Menschen ein Leben lang begleiten.

Schon ohne verletzt worden zu sein, gelingt es Menschen oft nicht, diese persönlichen, intimen und oft unbeschreiblichen Gefühle in Worte zu fassen. Häufig ist beim Heranwachsen Sexualität ein Tabuthema. Nicht darüber sprechen dürfen erweckt den Eindruck, dass dieser Lebensbereich schmutzig, schambesetzt und unanständig ist. Im Text von Sieglinde warnt die Mutter wegen „der Geschlechtskrankheit" vor der gefährlichen und sehr bedrohlichen Sexualität. Solche Aussagen lassen im Alltag wenig Raum für ein positives Verständnis von Sexualität, die in umsichtiger, behutsamer und das Gegenüber achtender Form gelebt, als schützenswerter und kostbarer Teil des Menschseins anerkannt wird.

Ingeborg Bergmann sagt: „Uns fehlten die Worte und die Begriffe, um uns über Erotik und Sexualität mitzuteilen. Das Ganze war uns nur unendlich peinlich." Ida schreibt: „Ich hatte keine Ahnung von einem Kinderwunsch, von Sexualität. Ich war völlig überfordert." Und in diese Unsicherheit hinein treten Täter und treffen kaum auf Widerstand. Denn wie soll etwas abgewehrt werden, von dem ich gar nicht weiß, was da passiert? Wir nehmen wahr, was wir sehen, hören und einordnen können, in der Situation von Ida ist es das aufgesetzte Vertrauen in sie, das ihr ein Gefühl von Ehre vermittelt. Auf die unaussprechlichen Annäherungen in der Sexualität zu reagieren, fällt dagegen schwer.

Und so versinkt die erlittene, noch nicht identifizierte Gewalt nicht selten wegen der Sprachlosigkeit in den Tiefen der Seele. Ein Schutz, den Betroffene, wie oben beschrieben, sich nicht aussuchen, der ihnen aber ermöglicht, ein nahezu normales Leben zu führen. Und selbst wenn nach Jahren oder Jahrzehnten Erinnerungen auftauchen, ist oft nicht greifbar, was passiert ist, nicht währenddessen, nicht danach. Nur die zerstörerischen Folgen, die als Symptome darauf aufmerksam machen, weisen auf schmerzhafte Verletzungen hin. Sie können sich unter anderem als unerträgliche Qualen in der Seele oder dem Körper zeigen, als Depression, Angststörung, Sucht oder psychosomatische Symptome. Vielen ist durch diese Erfahrung die Möglichkeit genommen, eine unbefangene Beziehung zu leben oder sich intensiv auf einen anderen Menschen einzulassen. Thomas Wesskamp stellt sich selbst gegenüber fest: „Schau doch, was aus dir geworden ist, ein schwuler Pfarrer, der es nicht schafft, in einer Beziehung zu leben [...]", und auch Nscho-tschi erzählt: „Ich habe mich in der Vergangenheit auch immer mal verliebt. Allerdings hatte ich nie genügend Mut, mit einem Mann zusammenzuleben oder selbst eine Familie zu gründen. Meine Angst ist zu groß, das könnte mich zu sehr destabilisieren und im gefühlsmäßigen Chaos enden." Beide leben bis heute, inzwischen versöhnt, allein.

Neben der körperlichen und sexualisierten Gewalt wird auch dem Glauben an Gott und der spirituellen Suche Gewalt angetan. Beides, Glauben und Sexualität, sind sehr intime Lebensbereiche, so dass Verletzungen in beidem als doppelter Vertrauensbruch empfunden werden. Diesem Themenbereich widmet sich Andreas Stahl in seinem Beitrag „Spuren im Glauben" ausführlich. Mir bleiben das Staunen und die Freude, dass es manchen Betroffenen trotz allem gelingt, an der Ressource Glaube festzuhalten. Ich empfinde es als Appell an die evangelische Kirche, sich der Spiritualität nach sexualisierter Gewalt in verstärkter Weise anzunehmen.

Aber es darf nicht bei dem Appell, sich mit der Spiritualität Betroffener auseinanderzusetzen, bleiben. In einem Mail-Kontakt mit Nscho-tschi wurde etwas sehr Wesentliches offensichtlich. Sie schreibt bezogen auf die Äußerung ihres Vaters, sie wegen Rufmordes anzuzeigen, wenn sie den Missbrauch an ihr öffentlich machen würde: „[...] diese Drohung hat mich zutiefst enttäuscht. Ich war zutiefst enttäuscht, dass er mir zutraute, ich wolle seinen Ruf schädigen. Als ob es mir darum ginge! Es ging mir mit meiner Konfrontation doch um viel Wichtigeres, nämlich um unsere Beziehung. Um Vertrauen, Liebe, Verantwortungsübernahme. Wie sehr habe ich mir damals gewünscht, dass er mir gesagt hätte: ‚Ja, ich habe das getan. Ich sehe, was ich dir angetan habe. Es tut mir leid.' Diese Sätze hätten nicht alles, aber doch manches wieder gut gemacht. Sie wären fast so etwas wie eine Erlösung gewesen."

Ähnliches fühlen manche Betroffene der Kirche als Institution, bzw. deren Vertreter*innen gegenüber. Inela Marin schreibt sehr klar und deutlich: „Eine Kirche, die sich von uns berühren ließe, [...]", und bringt damit ihren Wunsch nach Beziehung mit der Kirche zum Ausdruck. Einige Autor*innen haben in ihren Texten geäußert, dass sie (noch) eine Sehnsucht nach Beziehung zu Gott und/oder nach Zugehörigkeit zur Kirche spüren. Wenn Kirche doch nur riefe: „Ihr seid willkommen! Alle Betroffenen, ob aus familiärem, kirchlichem oder anderem Umfeld, ihr seid willkommen in eurer Suche nach Gott und Kirche mit euren grausamen und widerwärtigen Erfahrungen. Wir wollen euch unterstützen auf der Suche nach Vertrauen, Glaube und Geborgenheit in Gott und mitten unter uns."

Nicht selten aber passiert es, dass ihnen mit Misstrauen und der Unterstellung, Kirche bedrohen und schaden zu wollen, begegnet wird. Das wiederum zerstört ein tiefes Bedürfnis mancher (!) Betroffener nach Nähe und Beziehung. Auch sie könnten sagen: „Als ob es mir darum ginge, der Kirche schaden zu wollen." Es geht um ganz anderes: um Gerechtigkeit, für manche auch um die Beziehung zur Kirche, um die „Liebe" zu ihr, um die Sehnsucht nach einem (ehemals) bergenden, sicheren Raum, es geht um den Glauben an einen wohlwollenden Gott, der sich in Gemeinschaft besser erfahren lässt als im stillen Kämmerlein.

Bewältigungsstrategien

Menschen erleiden einen Unfall. Sie sind verletzt, geschockt. Helfer*innen bemühen sich, die Wunden zu versorgen und zu verbinden, sie beruhigen und tun alles Notwendige zur Linderung, ohne zu hinterfragen. Und die verletzte Person ahnt, nach einiger Zeit wird es heilen. Was aber passiert, wenn jemand sexualisierter Gewalt ausgeliefert ist, körperlich und seelisch verletzt zurückbleibt und im Verborgenen tobt der Schmerz? Er*sie ist allein, wagt nicht, sich zu dieser ungeheuerlichen Tat Hilfe zu holen, und versucht schließlich, sich selbst so gut wie möglich zu helfen. Hier beginnt die Suche nach Bewältigungsstrategien. Was für ein sperriges Wort, das die Fähigkeiten benennt, mit der seelischen Verletzung umzugehen. Was hilft, nicht ständig von Bildern, Gefühlen, Erinnerungen im Körper und der Seele überrollt zu werden und den daraus immer wieder erlebten Schmerz aushalten zu müssen? Was unterstützt und gibt im Alltag Halt? Was kann das Leben vor diesem Hintergrund nicht nur erträglich, sondern auch gut gelingen lassen?

Betroffene entwickeln eine bewundernswerte Kreativität, um schlimme Ereignisse und ihre Folgen zu ertragen. Alle Ressourcen, die die Seele in irgendeiner Weise an etwas Gutes binden können, helfen, sich wieder im Leben zurechtzufinden. Diese müssen erst einmal gefunden, oft neu entdeckt werden, weil alte, womöglich in der Zeit des Missbrauchs entwickelte Wege, nun zu sehr an das Geschehene erinnern. Es gibt Zeiten, da greifen Bewältigungsstrategien gut, aber auch solche, in denen trotz aller Kreativität das Trauma nicht zu bändigen ist und nur noch eine Klinik oder therapeutische Unterstützung helfen. Fachleute haben hilfreiche Imaginationen wie den sicheren Ort, den Tresor zum Wegschließen der Erinnerungen, innere Helfer*innen und vieles mehr entwickelt. Letztlich ist jede*r Betroffene mit entsprechender Hilfe herausgefordert, die eigenen Haltepunkte im Leben zu finden. Das Leben bleibt voller Triggermomente, die die eigene zerbrechliche Sicherheit, die Realität, in der Menschen sich nun zurechtfinden, gefährden.

Wir finden in den Berichten sehr unterschiedliche Ressourcen zum Überleben. Thomas Wesskamp fand Trost in der Fantastischen Literatur, deren Helden, die verwundet, gedemütigt und doch am Ende siegreich sind, er hörte Musik, in der seine Gefühle

Ausdruck fanden. Aber auch der Gedanke an seine fest im Glauben stehende Oma, die so viel überlebt hatte, half ihm. Nscho-tschi entdeckte in den Geschichten von Winnetou ihren sicheren Zufluchtsort und redete mit ihren Stofftieren, denen sie alles anvertrauen konnte. Ingeborg Bergmann verharmloste die Tat, wandte sich von der Kirche ab und entkam so den Erinnerungen. Ida schreibt, sie arbeitet, sehr, sehr viel, fühlt sich zwar als Getriebene, rastlos, gleichzeitig konnten und können damit die Ereignisse in den Hintergrund gedrängt werden. Inela Marin erhält sich ihren Glauben und stellt im tiefen Wissen um die Hilfe fest: „Meinen Glauben habe ich mit allen Höhen und Tiefen durch die Zeiten retten können." Auch Hannah fand und findet in der Christenlehre und in einem Gott, der zwar Geheimnis, aber eben doch da war, Halt. Leonie setzt den vielfältigen Taten ihren Widerstand entgegen: „Weil ich nicht bereit bin und war, mich brechen zu lassen – von niemandem und von nichts. Weil ich nur das Richtige tun wollte und getan habe. Weil ich nicht unwidersprochen gelassen habe, angegriffen worden zu sein. Weil diese Dinge passiert sind, die heute mein Leben verletzend einschränken." Auch Schweigen und Verdrängen werden als Strategien genannt, obwohl bei allen spürbar wird, dass es der Seele sehr viel Kraft abverlangt, Kraft, die vom alltäglichen Leben abgezogen wird.

Es gibt auch Bewältigungsstrategien, die dem Leben und der Gesundheit nicht zuträglich sind. Hannah erzählt von Selbstverletzungen und Essstörungen, die zunächst helfen, den unerträglichen Schmerz der seelischen Verletzungen auszuhalten und sich in irgendeiner Weise lebendig zu fühlen. Beide Strategien können ein Gefühl von Kontrolle und Beherrschung über sich selbst erzeugen, weil sie als Handeln am eigenen Körper empfunden werden und nicht als Fremdeinwirkung. Das bringt ins Hier und Jetzt, auch wenn niemand, einschließlich der betroffenen Person, die Folgen gutheißen kann.

Werfen wir einen Blick in die Missbrauchssituationen. Was hilft währenddessen die Gewalt auszuhalten? Hannah schreibt, „[…]

aushalten, stillhalten, durchhalten und mithalten. Niemand darf etwas merken. Ich bin da und halte mich zusammen." Victor E. erzählt in drastischen Worten vom Gefühl, begraben zu werden, und spürt gleichzeitig: „Mein Herz schlägt weiter. Mein Atem ganz leicht, zart und weich." Ida fühlt sich geehrt, herausgehoben. Erst viel später ist es ihr möglich, die perfide Manipulation des Täters zu durchschauen. Ingeborg Bergmann und Hannah fragten sich, ob sie selbst daran schuld waren, was passierte. Ida kämpft bis heute mit Schuldgefühlen. Inela Marin wurden die Schuldgefühle in der ersten Offenlegung eingeredet. Schuld, die definitiv zum Täter gehört. Hier geschieht eine Verdrehung, um Täter und alle, die die Taten decken, zu schützen. Und wie oft gehen diese unbeschadet aus dem Geschehen heraus, während die Betroffenen ihr Leben lang darunter leiden. Auch in den Berichten der Autor*innen übernimmt keine*r der Täter*innen Verantwortung für das, was sie verbrochen haben.

Schuldgefühle können Teil einer Bewältigungsstrategie sein. Sie verschleiern die eigene Hilflosigkeit und Ohnmacht. Fühle ich mich schuldig, habe ich etwas falsch gemacht und könnte die Situation ändern, bleibe – rein theoretisch – Akteur. Täter geben ihres dazu, dass sich Betroffene schuldig fühlen, indem sie die Verantwortung für die Taten von sich weisen. Das ist sowohl für Kinder als auch für Erwachsene schwer zu durchschauen und wird oft erst nach Jahren der Therapie wahrgenommen. Für Ida hat die Umkehrung allerdings negative Konsequenzen: „Und seit ich erkannt habe, dass ich nicht schuld bin, habe ich das Vertrauen in die Menschen verloren." Wo Erleichterung einkehren könnte, tritt nicht selten der Vertrauensverlust ein.

Für Thomas Wesskamp ist die Konfrontation des Täters ein Schritt zur Bewältigung und Befreiung. Welch kraftvoller Schritt, als er dem Täter aus der Klinik heraus einen Brief schreibt mit den Worten: „Ich klage Sie an für das, was Sie mir vor vielen Jahren angetan haben …" Damit bringt er einen Briefwechsel in Gang, der schließlich in einer Gegenüberstellung mündet und zeigt, welch armselige Gestalt der Täter ist und wahrscheinlich immer war. Victor E. schreibt den Pfarrer ebenfalls persönlich an und leitet einen mühsamen, über Jahre dauernden Weg ein, auf dem ihm zwar Glauben geschenkt wird, aber keine Konsequenzen von der Kirche gegenüber dem Täter folgen. Auch Inela Marin erzählt: „[...] schrieb ich dem Täter einen Brief und konfrontierte ihn mit dem, was damals geschehen war und welche Folgen es für mein Leben hatte. Für mich war dies ein sehr wichtiger Schritt des Wiederaufrichtens, auch wenn der Täter nur sehr ausweichend und nichtssagend antwortete." Starke Schritte und enorme Kraftanstrengungen, die die drei auf sich genommen haben.

Doch die Täter leugnen, weichen trotz der direkten Konfrontation aus. Und nicht nur die Täter, sondern auch die Organisationen. Victor E. muss ertragen, dass der Täter in einem Nachruf in den Himmel gelobt wird. Diesem wird in fragwürdiger Weise eine Ehre zugesprochen, die ihm nach den Taten nicht zusteht. Was wird Betroffenen hier nochmals angetan?

Wenn Betroffene an die Kirche herantreten, um ihr gutes Recht auf ein Minimum an Gerechtigkeit einzufordern, kann auch dies zur Bewältigung oder Aufarbeitung beitragen. Bestenfalls erhalten sie eine für sie angemessene Anerkennungszahlung ohne allzu belastende Wege und/oder erleben wohlwollende und heilsame Kontakte. Victor E. erzählt außerdem von der Mitarbeit in der Studie ForuM zur Aufarbeitung von sexualisierter Gewalt in der evangelischen Kirche. Das Engagement gegen das, was er in der Institution erlitten hat, ist kein leichter Weg. Aber auch hierin liegt eine Möglichkeit, Selbstbestimmung und Eigenmächtigkeit zu erringen.

Positiv besetzte und tragende Bewältigungsstrategien können reichen, um gut durch das Leben zu kommen. Aufarbeitung ist nicht für alle Menschen möglich und beileibe kein Kriterium eines gelungenen Lebens. Es gibt keinen allgemeingültigen Fahrplan, wie Missbrauch aufgearbeitet werden kann. Jedem*jeder Betroffenen ist mit Hochachtung zu begegnen, dass er*sie ihr Leben so führen kann, wie es möglich ist. Der entstandene Schaden an der Seele wird auf keinem Weg wieder gut gemacht, aber diese Schritte geben Menschen die Möglichkeit, aus ihrer Ohnmacht auszusteigen und sich ein gutes Stück Leben (zurück) zu erobern.

Auswirkungen auf das Leben

Die in den Berichten beschriebenen Folgen des Missbrauchs sind sehr vielfältig und individuell. Manche davon treten direkt nach dem Missbrauch auf, manche erst sehr viel später und vieles lässt sich im Leben von Betroffenen nie wieder gut machen. Ida benennt in einer langen Liste die Folgen des Missbrauchs, die sie bis heute begleiten. Ingeborg Bergmann erzählt vom Bettnässen, dem Ende ihrer Tagebucheinträge nach dem Geschehen und dem Verlust von Sicherheit und Vertrauen bis heute. Thomas Wesskamp schreibt von Depressionen und seinem Ringen mit dem Pfarrberuf und der Sexualität. Inela Marin führt ihre Erschöpfung, Albträume und Suizidgedanken auf. Nscho-tschi hatte es am Magen, litt unter Schlafstörungen und erzählt, dass ihr als Kind beim Zu-Bett-Gehen der „[…] Körper zitterte und bebte und schlotterte." Es reicht! Diese Aufzählung ist nur ein Ausschnitt der genannten Folgen, mit denen Betroffene neben aller Verunsicherung leben müssen. Das Erlebte hat sich nicht nur in der Seele eingebrannt, auch im Körper sind Erinnerungen gespeichert, die oft unvermittelt als den Betroffenen sogar unverständliche Reaktionen auftreten. Es ist für sie ein langer Weg zu verstehen, was in ihrem Körper und der Seele passiert ist. Und schließlich dauert es nochmals eine lange Zeit, bis Körper und Seele genügend Sicherheit für ihren Alltag gewonnen haben. Außenstehende sind hier nicht selten überfordert, Betroffenen Verständnis und die notwendige Geduld entgegenzubringen.

Neben allen Symptomen hat der Missbrauch meistens Einfluss auf die Lebensplanung. Wenn bedacht wird, dass Nähe und Vertrauen sehr häufig als problematisch empfunden werden, dann liegt die Annahme nahe, dass klassische Beziehungs- und Familienmodelle herausfordernd sind. Wilhelm Ganz, Inela Marin und Ingeborg Bergmann fanden nach einer gescheiterten Ehe in einer zweiten Beziehung ihre Heimat. Dass sie trotz allem den Mut zu einem zweiten Versuch wagten, berührt sehr. Ida gründete eine Familie, in deren Zusammenhang schreibt sie, dass sie ein gutes Leben habe. Wilhelm Ganz erzählt von seinen Kindern aus erster Ehe und einem schwierigen Kontakt. Leonie bekommt sehr früh zwei Kinder, verliert den Kontakt zur Tochter und der Sohn lässt sich noch spät in eine andere Familie adoptieren. Nscho-tschi und Thomas Wesskamp leben allein. Ob alle Schwierigkeiten auch ohne das Geschehen so gekommen wären oder eine Folge des Missbrauchs sind, bleibt unausgesprochen und Spekulation.

Wie sehr dem beruflichen Werdegang Steine in den Weg gelegt werden, lesen wir bei einigen Autor*innen. Inela Marin studiert Theologie, verliert aber während der Aufarbeitung ihre Heimat und ihren beruflichen Weg in und mit der Kirche. Auch Nscho-tschi sucht sehr lange, bis sie in einer Nische der Institution Kirche ihren Platz gefunden hat, denn: „Mit der Institution Kirche habe ich wenig gute Erfahrungen gemacht." Wilhelm Ganz hat sich nach einem abgebrochenen Bildungsweg sehr spät auf den Weg zu einem staatlich anerkannten Bio-Techniker gemacht und sein Leben zurückerobert. Leonie lebt bis heute in unsicheren beruflichen und wirtschaftlichen Verhältnissen.

Von den sozialen und gesellschaftlichen Einschränkungen der Autor*innen erfahren wir hier wenig. Erwähnt wird die Sozialisation in kirchlichen Kreisen und dort ist bei einigen von gravierenden Einschnitten zu lesen. Ihre frühere Heimat in der Kirche ist nach dem Missbrauch kein sicherer Ort mehr. Inela Marin erzählt: „Meine tiefe Trauer darüber, dass ich mein ‚Zuhause in der Kirche', wie ich es damals formuliert hätte, verloren hatte, dauerte viele Jahre. Manchmal kommen mir auch heute noch die Tränen. Ich habe das Gefühl, mit dem, was ich erlebt habe, herausgefallen zu sein, nicht mehr dazuzugehören, nicht mehr reinzupassen und auch nicht mehr willkommen zu sein." Ida sagt: „Ich habe den

Kontakt zur Kirche verloren. Seitdem ich verstanden habe, was damals passiert ist, kann ich nicht mehr in die Kirche gehen, finde keinen Weg zurück zur christlichen Gemeinde." Und Ingeborg Bergmann schreibt: „So komisch es klingen mag, über eine ganze Zeitlang hat mir die totale Abwendung von der Kirche und vor allem von ihren Vertretern, den Pfarrern, geholfen."

Welch ein Verlust für die Autor*innen, wenn durch Missbrauchstaten die innere und äußere Heimat, die sie als Kind oder Jugendliche in der Kirche hatten, wegbricht. Hannah schreibt: „[...] die Kirche war mir vertrauter und wärmer, als es meine Familie je sein konnte." Inela Marin betrat mit dem Konfirmandenunterricht eine völlig andere, bereichernde Welt. Und auch Thomas Wesskamp spricht von Heimat. Es ist gleichermaßen erschreckend wie grausam, dass trotz des Leitbildes der dem Menschen zugewandten Kirche solch zerstörerische Kräfte innerhalb der Institution wirken können.

Trotz der Belastungen, Umwege und Anstrengungen in der Bewältigung kommen doch einige Autor*innen zu dem Schluss, dass sie ein gutes Leben führen, ein Leben mit Familie oder allein, Arbeit und gesellschaftlicher Einbindung. Aber zweifellos leben neben unseren Autor*innen unzählige Betroffene in wirklich prekären und ärmlichen Verhältnissen. Ihnen wurden durch die Taten Lebensträume vereitelt, zerstört. Manche konnten sich nie auf einen Lebensweg begeben, der ihren Fähigkeiten entspräche.

Beim Lesen der Berichte ersehnte ich den Moment einer Begegnung mit Helfer*innen. Doch wie sehr vermisse ich in allem Erzählten unterstützende Menschen. Welche Rolle spielen in dem Geschehen Geschwister, Eltern, Freund*innen, nahestehende Menschen? Warum kommen sie kaum vor? Oder warum können Betroffene sich keine Hilfe holen? Inela Marin stellt fest: „aber ich kannte niemanden, dem ich vertrauen konnte".

Es braucht doch gar nicht viel. Betroffenen ist geholfen, wenn sie ein empathisches Gegenüber haben, das ihnen zuhört, glaubt und sich mit ihnen auf die Suche nach Unterstützung macht. Solch zugewandte, vertraute Menschen sind eine große Hilfe, wenn sie in Gesprächen mit den Betroffenen immer wieder signalisieren: „Ich glaube dir aus vollem Herzen!" Und manchmal ist es notwendig, zunächst das Schweigen, das nicht Aussprechenkönnen mit auszuhalten, sich nicht abzuwenden, sondern „einfach" da zu sein.

Für professionelle Helfer*innen ist neben der kompetenten Unterstützung in ihrem Fachbereich nochmal in besonderem Maße wichtig, ein festes, klares und hoch empathisches Gegenüber zu sein, das Zuverlässigkeit in Zeit und Umgang mit Betroffenen ausstrahlt. Bei Thomas Wesskamp erkennen wir in einem Brief große Sympathie für ihn, als Frau Stark den Täter anschreibt: „Sie erkennen Ihre Schuld nicht an. Vielmehr versuchen Sie sich aus der Verantwortung zu stehlen, indem Sie die Ereignisse ‚klein reden', ihnen einen pädagogischen Anstrich geben, die Verantwortung auf das von Ihnen für Ihre Befriedigung benutzte Kind abschieben."

Beides, die Aufmerksamkeit der Mitmenschen und professionelle Unterstützung, könnten Ausweg aus Ohnmacht und Leiden sein, um schon viel früher die jahrelangen Qualen des Schweigens zu verkürzen.

Würde und Wunde

Ein Thema verdient es, zum Abschluss noch näher betrachtet zu werden. Die Würde. Vom Grundgesetz her ist sie jedem Menschen von Geburt an zugesprochen und verankert: „Die Würde des Menschen ist unantastbar." Sie ist also gegeben und niemand kann sie dem Menschen entwenden. Im kirchlichen Kontext spricht die Bibel davon, dass jeder Mensch, egal auf welchem Lebensweg, wie alt, sexuell orientiert, ein geliebtes Kind Gottes ist, kostbar und schützenswert. Was geliebt ist, ist gewürdigt.

Doch im Mittelpunkt aller Texte stehen die Wunden, die durch sexualisierte Gewalt geschlagen wurden. Auf sehr unwürdige Weise haben Täter sich der Seele und des Körpers Betroffener bedient.

Bei allen Autor*innen ist spürbar, wie demütigend, erniedrigend und entwürdigend die Taten gewirkt haben. Wie viel Verunsicherung und Zweifel an sich selbst in ihr Leben einbrach, wie beschmutzt, benutzt und beschämt sie zurückbleiben. Oft bleibt das Gefühl zurück: „meine Würde ist mir genommen worden."

Die Würde kann aber durch sexualisierte Gewalt nicht zerstört werden, auch wenn viele Betroffene oft nichts mehr von ihr spüren können. Im Leben der Betroffenen entsteht so ein Schaukeln zwischen dem Wissen, dass nichts ihre Würde vernichten kann und dem Nicht-Wahrnehmen ihrer Würde, weil die Wunden alles überdecken. Besonders sexualisierte Gewalt kann den Zugang zur ureigenen Würde beschädigen oder vergraben, sie aber nicht vernichten.

Ich bin noch niemandem begegnet, der oder die missbraucht wurde und nicht eine Wunde zurückbehalten hat, im Selbstbewusstsein, in der Unbefangenheit mit sich und der Welt, in der Begegnung mit christlichen, kirchlichen Gemeinschaften, im Vertrauen und Glauben. Was hilft, sich trotz allem als wertvoller und vollwertiger Mensch zu fühlen? Zuallererst helfen Menschen, die Betroffenen mit Achtung begegnen, ihnen Glauben schenken und ihren Weg würdigen, sie können auf dem Weg zur Wiederentdeckung der Würde helfen. Ohne aufmerksame und sensible Zuhörer*innen, die glaubwürdig bestätigen, dass das, was den Betroffenen angetan wurde, größtes Unrecht war, gelingt das selten. Aufrichtige Liebe von Menschen, die sehen und hören, kann die Würde wieder hervorlocken und helfen, sich darauf zu berufen, ich bin geliebt, gewollt, von Gott, der Welt, mit allem, was mich ausmacht, und ich darf meinen eigenen Weg gehen. Aus sich selbst heraus ist es unglaublich schwierig, sich seiner Würde zu nähern. In dieser Annäherung bedarf es einer gehörigen Portion Hoffnung, dass das Leben auch für sie Gutes bereithält. Hoffnung, die aus der Enge des Erlebten herausholt und den Horizont weitet.

Durch das Erzählen haben die Autor*innen uns Lesende teilhaben lassen an ihrer Welt, ihrem Leben im Schatten der Gewalt. Sie haben von Hartnäckigkeit, Kraftanstrengungen, Vertrauen trotz der niederschmetternden Erfahrungen erzählt. Und sie haben sich selbst mit der Verschriftlichung höchste Anerkennung und Annahme zugesprochen: Ein Ja zu dem, was ihnen angetan wurde und was sie überlebt haben, schwarz auf weiß in diesem Buch. Dankbar dürfen wir so etwas von ihrem Weg zur Wahrheit und Würde erkennen.

Gewalt verändert das Leben Betroffener unwiderruflich

Erika Kerstner

Die große Verwirrung

Victor E. formuliert, was im Missbrauch geschieht: „Nichts mehr ist. Von dem, der ich war, oder sein würde."

Für jene Betroffenen, die vor dem Missbrauch in einer wohlwollenden Atmosphäre leben konnten, ändert sich das Leben radikal. Das Trauma verursacht den Bruch mit allem, was bisher war. Es verändert grundlegend die Gegenwart, stößt die Betroffenen in tiefe Einsamkeit und Verwirrung: „Traumatische Ereignisse schalten das soziale Netz aus, das dem Menschen gewöhnlich das Gefühl von Kontrolle, Zugehörigkeit zu einem Beziehungssystem und Sinn gibt."[1] Es prägt unwiderruflich auch die Zukunft der Betroffenen: Berufliche Perspektiven werden eingeschränkt, Beziehungen können scheitern, Wünsche nach einer Familie können manchmal nicht erfüllt werden. Gesundheitliche Beeinträchtigungen, die aus der Gewalt resultieren, müssen ertragen werden.

Die Betroffenen, die vom Anfang ihres Lebens an in dysfunktionalen Elternhäusern oder Kinderheimen leben mussten, müssen aushalten, dass sie in ihrem Leben nicht einmal auf eine unbeschwerte Vergangenheit zurückgreifen können. Sie müssen sich ohne Vorbilder Maßstäbe für ihr eigenes Leben erringen, denen sie folgen wollen.

Viele der Berichte enthalten Erfahrungen der Betroffenen, die geeignet sind, sie an der eigenen Wahrnehmung zweifeln zu lassen oder die eigene Wahrnehmung für falsch zu halten. Häufig sind

---

[1] Lewis Herman, Judith: Die Narben der Gewalt. Traumatische Erfahrungen verstehen und überwinden, München 1993, 53.

eine tiefe Verunsicherung und Verwirrung der Betroffenen die Folge. Die Verwirrung kann sich steigern bis zu dem höchst bedrohlichen Gefühl, verrückt zu sein und den Verstand zu verlieren. Inela Marin fielen „Steine vom Herzen“, als sie Symptombeschreibungen anderer Menschen fand, die sie von sich kannte: „Ich war ja gar nicht verrückt! Auch andere Frauen kennen meine Symptome, meine Verwirrung, meine Verzweiflung.“

Die Quellen der Irreführung können unterschiedlich sein:

- Die Täter können das Opfer, aber auch die Umgebung bewusst manipulieren und täuschen.
- Die Institution – Familie, Kinderheim, Kirche – kann im Dienste ihres Ansehens lügen und sich damit Konflikte ersparen.
- Die Umgebung des Opfers kann Normalität vortäuschen, damit der reibungslose Ablauf in der Institution nicht gefährdet wird und Konflikte vermieden werden.

Manipulation des Opfers und der Umgebung

In Idas Bericht benutzt der Pfarrer eine richtige Aussage, kombiniert sie mit einer falschen Aussage und suggeriert damit der Jugendlichen, dass sein Tun richtig ist. „Einmal sagte er zu mir: ‚Wäre ich Lehrer an Deiner Schule, könnten wir das hier nicht so machen. Da müsste ich mit Konsequenzen rechnen.‘“ Ida muss den Eindruck gewinnen, dass der Pfarrer nichts Unrechtes tut. Er erweckt bei der sicher gesetzesunkundigen Jugendlichen den Eindruck, dass sein Tun auch vor dem Strafgesetz richtig ist. Nicht nur, dass er unterschlägt, dass auch Mitte der 80er Jahre sexuelle Handlungen mit Schutzbefohlenen strafbewehrt waren. Er unterschlägt auch, dass er die Pflicht hatte, sein Leben so zu führen, dass die glaubwürdige Ausübung des ihm anvertrauten Amtes nicht beeinträchtigt wird – sexueller Missbrauch eines minderjährigen Mädchens beeinträchtigt die glaubwürdige Ausübung des Amtes massiv. Der Pfarrer führt die Jugendliche in die Irre und gibt vor, dass sein Verhalten als Bürger und als Pfarrer in Ordnung ist.

Nach dem Tod der Mutter nimmt die Familie des Pfarrers Inela Marin „inoffiziell als Pflegekind“ auf. Der Pfarrer und seine Frau sorgen nicht für eine Klärung ihrer Rollen. So vermeiden sie auch jede Kontrolle durch die staatliche Aufsicht.

Der Pfarrer der Gemeinde von Inela Marin nimmt am Anfang Anteil an ihrem schwierigen Leben in der Familie – die Mutter erkrankt an Schizophrenie, der Vater trinkt und schlägt die Mutter und Inela. Da bietet der Pfarrer an, ab jetzt ihr Vater zu sein, wenn sie das möchte. Auch seine Familie könne ihre Ersatzfamilie sein. Immerhin benennt er seine Familie als „Ersatz“, differenziert also zwischen der Herkunftsfamilie und dem Ersatz. Für seine Rolle gilt das nicht – er nennt sich kurzerhand ihren Vater, obwohl er nicht ihr Vater ist. Er spielt ihr etwas vor. Zugleich zieht er die Jugendliche in diese ungeklärte Situation hinein, wenn er ihr vorgeblich die Entscheidung übergibt, ob er ihr Vater sein darf: „*Wenn du möchtest*, bin ich ab jetzt dein Vater und meine Familie ist deine Ersatzfamilie.“

Der Pfarrer sorgt im Kontakt mit Inela Marin für eine völlige Rollenkonfusion, wenn er sagt: „Ich weiß, dass du in mir einen Vater suchst, aber ich kann dich nur wie ein Mann lieben“ und hinzufügt, das würde „aber keine Rolle spielen, er wäre eben mein ‚väterlicher Freund‘“.

Inela Marin lebt auch vor dem Tod der Mutter zweifellos in einem sehr schwierigen Elternhaus. Ihr geht es schlecht, weil sie neben den familiären Belastungen durch die Beziehung zum Pfarrer, dessen Rolle zwischen Pfarrer, Vater, Mann/Missbrauchstäter, väterlichem Freund changiert, verwirrt ist. Der Täter jedoch erklärt dem Mädchen, dass seine Verzweiflung vom Tod der Mutter und dem sehr schwierigen Elternhaus rühre. Er ist es, der den Zustand seines Opfers deutet. Seine Deutung nutzt seinen Interessen. Sie verleugnet, dass die Ursache für Inela Marins psychischen Zustand mit dem Umgang des Pfarrers mit ihr zu tun hat.

Leonie wird im Kinderheim „Schutzbegleitung“ versprochen – aber sie wird gefangen gehalten und tyrannisiert. Die reale Erfahrung von Gefangenschaft und Tyrannei machte das Versprechen auf Schutz und Begleitung zunichte.

Auch der Pfarrer, der Thomas Wesskamp missbrauchte, wählt ein ähnlich verwirrendes Vorgehen, nachdem Thomas Wesskamp ihn Jahrzehnte nach dem Missbrauch zur Rechenschaft ziehen will. Der Pfarrer schlägt zur Klärung der ihm vorgeworfenen Taten einen Treffpunkt vor, der einschlägig bekannt ist für anonyme Sexkontakte – als wollte er dem Opfer von damals sagen: „Du warst ja einverstanden!“ Aber jetzt als Erwachsener hat Thomas Wesskamp innere Sicherheit gewonnen und kann die Botschaft, die der Täter mit der Ortswahl trifft, erkennen und zurückweisen.

Allgegenwärtige Lügen

Die Doppelbotschaften konnten sich bis zur Lüge steigern, die das Kind verwirrt. Wilhelm Ganz wird im Internat belogen über die beiden Geschwister Böhm. Der Bruder hatte Missbrauch durch den Internatsdirektor erlebt, die Eltern hatten Anzeige erstattet. Die Schwester des missbrauchten Bruders sei der Prostitution nachgegangen, wurde Wilhelm Ganz gesagt. Ihm kam diese Erklärung „komisch“ vor. Später erfuhr er von der Anzeige und wusste, dass er belogen worden war. Bedrückend für ihn ist nicht nur, dass er belogen wurde, sondern mehr noch, dass niemand mit ihm und den anderen Internatszöglingen über die Ereignisse gesprochen hat. Bedrückend auch, dass die Schwester des Opfers diskriminiert wird – nicht zufällig durch den Vorwurf der Prostitution – ein klassischer Vorgang von „blaming the victim“. Ein solcher Vorwurf ist geeignet, den Ruf von Menschen unwiderruflich zu zerstören. Die Diskriminierung der Schwester des Opfers als Prostituierte lenkte ab vom Missbrauch durch den Direktor und machte das Verbrechen unsichtbar.

Als Nscho-tschi einmal sehr verzweifelt war, hatte sie sich ihrer Grundschullehrerin anvertraut und von den Schlägen daheim erzählt. Die Eltern bestreiten vor der Lehrerin, dass sie ihre Tochter schlagen. Sie drohen ihrer Tochter, in ein Heim zu müssen, wenn sie von den Schlägen zu Hause erzählte. Erneut von der Grundschullehrerin befragt, nimmt Nscho-tschi die Lüge der Eltern auf sich und sagt, sie selbst habe gelogen.

Als Motiv für die Übernahme der elterlichen Lüge benennt Nscho-tschi zunächst die Drohung der Eltern mit dem Heim: „Denn meine Eltern hatten mir angedroht, dass ich in ein Heim müsse, wenn ich so etwas erzählte. Und ich wollte nicht in ein Heim." Später erkennt sie, dass die Drohung mit dem Heim nur ein Teil der Wahrheit ist. Sie schreibt in einem anschließenden Mail-Kontakt: „Schlimmer als zu Hause – so schien es mir damals in meiner aktuellen Situation – könne ein Heim wohl auch nicht sein."

Nscho-tschi nähert sich dem Motiv für ihre Lüge an: „Ich habe damals meine Grundschullehrerin belogen, weil ich Angst hatte, meine Eltern zu verlieren. [...] Ich hatte Angst davor, meine Eltern zu verlieren. Denn – auch wenn es schwer zu verstehen ist – ich habe meine Eltern geliebt. Trotz alledem. Und ich wollte meiner Mutter helfen, den Vater unterstützen. [...] Ich habe nie aufgehört, meine Eltern zu lieben. Sonst hätte ich auch nach dreijähriger Kontaktpause als Erwachsene nicht den Kontakt wieder zu ihnen aufgenommen. (Meine Therapeutin hat das nicht gerne gesehen.) Als ich damals meine Grundschullehrerin belog, fiel mir das schwer, weil ich sie sehr mochte und sie mir wichtig war. Aber ich habe es getan, weil ich die Vorstellung nicht ertragen konnte, von meinen Eltern getrennt zu werden. Hätte mich damals jemand gefragt, warum ich auf gar keinen Fall von meinen Eltern getrennt werden will, hätte ich geantwortet: ‚weil ich sie liebe'". Es ist letztlich die Liebe von Nscho-tschi zu ihren Eltern, die sie veranlasst zu lügen. So einfach und so schmerzlich ist die Wahrheit: Sie lügt, weil sie liebt.

Den Preis für diese Lüge nimmt Nscho-tschi in Kauf. In den Augen der ihr wichtigen Grundschullehrerin steht sie als Lügnerin da. Und sie muss ihre eigenen Wertmaßstäbe um der Liebe willen verraten. In ihr Selbstbild gehört von nun an, dass sie sich als Lügnerin erlebt. Sie wird ein Mensch, der der Welt eine Fassade zeigt und seine Wirklichkeit verleugnet. Alle sozialen Kontakte sind von da an durchtränkt von dem Gefühl, dass sie anderen etwas vorspielt und niemandem zeigen darf, wer sie wirklich ist.

Als später ein Referendar auf dem Gymnasium aufmerksam auf Nscho-tschi wird und sie fragt, was bei ihr zu Hause los sei, lächelt sie ihn an und sagt, alles sei in Ordnung. Sie hat inzwischen gelernt, dass ein Lächeln eine Lüge glaubwürdiger erscheinen lassen kann. Die Lüge erfüllt ihren Zweck: Der Referendar unternimmt weiter nichts, obwohl er ihr nicht glaubt. Darüber ist Nscho-tschi froh.

Betroffene werden aber auch lange nach dem Ende der Gewalt erneut belogen, als sie sich bei der Kirche gemeldet haben.

Leonie muss erleben, dass Bilder, die sie gemalt hat, in der Exploration auftauchen, ohne dass sie ihre Bilder dort hatte haben wollen. Sie sind ohne ihr Wissen und gegen ihren Willen dorthin geschickt worden und auch benutzt worden.

Inela Marin berichtet, dass der von ihr angesprochene Superintendent mit der Situation nicht umgehen konnte und sie zum Landeskirchenamt schickte. Dort sagte ihr der Oberkirchenrat seine Unterstützung zu und versprach Konsequenzen. Und danach hörte sie erst einmal lange nichts: „Es vergingen Monate. Letztlich geschah nichts."

Wenn Menschen schon als Kinder belogen wurden und zur Lüge gezwungen wurden, und wenn sie nach langen Jahren unter großer Anstrengung und mit vielen Ängsten verbunden zu ihrer Wahrheit stehen und die Gewalt aufdecken und dann erneut belogen werden, so ist die Katastrophe perfekt. Nicht umsonst beschreiben manche Betroffene den intransparenten und sie ignorierenden Umgang der Kirche mit ihnen als fast noch schlimmer als die ursprünglich erlebte Gewalt.

Vermeintliche Normalität

Besonders tückisch und irreführend erleben Betroffene, wenn die Gewalt hinter dem Schleier einer vermeintlichen Normalität und eingebettet in Normalität unsichtbar gemacht wird.

Als der Pfarrer Ida vor den Augen des Kindes küsst, vermittelt er der Jugendlichen, dass sein Verhalten ganz in Ordnung ist. Würde er sie sonst vor dem Kind küssen? Ida übergeht ihre Irritation und schlussfolgert: „Schließlich war er der Pfarrer und so viel älter als ich. Er musste doch wissen, was richtig war. Es war, als wäre mein Kopf ausgeschaltet.“ Ida erlebt ein Gefühl der Entfremdung von sich selbst.

Nach dem ersten Übergriff auf den 12-jährigen Thomas Wesskamp lässt der Pfarrer Grüße an die dem Kind vertrauten Großeltern ausrichten. Damit erweckt er den Eindruck von „Normalität“. Wenn der Junge direkt im Anschluss an den Übergriff die Großeltern grüßen soll, dann kann das vorher Erlebte ja gar nicht nicht in Ordnung gewesen sein. Die Grüße an die Großeltern signalisieren dem Jungen, dass das Verhalten von Pfarrer Stolze ganz normal gewesen ist und ihn nicht an den Grüßen hindert – als wollte er damit die Großeltern in das Geschehen hineinziehen und die Legitimation erhalten, dass der Übergriff ganz normal ist. Damit konnte der Pfarrer sicher sein, dass das Kind nichts erzählen würde. Denn die Gefühle des Kindes schienen ja der Situation offensichtlich nicht angemessen zu sein: „Ich konnte nichts sagen, ich konnte mich überhaupt nicht mehr rühren, wie eine Puppe stand ich da. Doch in mir ging alles durcheinander. Ich war verwirrt […].“ Wie sollte ein verwirrtes Kind diesen Anschein von Normalität mit seinen eigenen Erfahrungen und Gefühlen in Einklang bringen?

Ingeborg Bergmann beschreibt das Verhalten des Pfarrers in der Freizeit: „Für mich war das Allerschlimmste, dass er am nächsten Morgen am Gebirgsbach die Andacht abhielt wie jeden Morgen: lächelnd, locker, fröhlich, entspannt – als habe es diesen Abend niemals gegeben. Es kam auch danach von seiner Seite kein klärendes Wort. Es war, als sei dies alles nicht geschehen. Das habe ich schon damals als verlogen, doppelzüngig und heuchlerisch erlebt. Auf der einen Seite das übergriffige Verhalten gegenüber zwei jungen, recht naiven Mädchen, auf der anderen Seite die Verkündung des Evangeliums, als sei dies ein ganz normaler Tag wie jeder andere gewesen." Die Jugendliche bringt – zu Recht! – einen Übergriff nicht zusammen mit der Verkündigung des Evangeliums. Damit erkennt sie ein zentrales Moment des Missbrauchsgeschehens in kirchlichem Zusammenhang. Übergriffe und sexueller Missbrauch im Kontext der Verkündigung einer frohen Botschaft machen die Verkündigung des Evangeliums unglaubwürdig. Die Taten widersprechen den Worten: „Wo Seelsorger Kinder missbrauchen, verkünden sie einen Gott unterdrückender Abhängigkeiten im Intimsten, einen Gott, der allzu oft dann auch tatsächlich krank macht, Selbstvertrauen und Autonomie zerstört und Schuld nicht nimmt, sondern Schuldgefühle auferlegt."[2]

Wilhelm Ganz erlebt selbst einen Übergriff des Direktors im evangelischen Internat und wird Zuschauer vieler weiterer Übergriffe auf andere Jungen. Der Direktor bezeichnet die Übergriffe als „besondere Belohnung und Anerkennung für das Kind". Wilhelm Ganz ist in der Lage, sich von dieser Deutung zu distanzieren: „Ich verstand nicht, was er machte, aber ich fühlte mich nicht gut. Als besondere Belohnung und Anerkennung erlebte ich es nicht." Referendare, denen die Betreuung der Internatszöglinge anvertraut war und die dafür freie Kost und Logis erhielten, waren Zeugen der Übergriffe, aber sie griffen nie ein. Den Jungen wurde so vermittelt, dass die Übergriffe des Direktors ganz normal sind, nicht bemerkenswert, nicht der Rede wert.

---

2 Bucher, Rainer: Machtkörper und Körpermacht. Die Lage der Kirche und Gottes Niederlage, in: Concilium. Internationale Zeitschrift für Theologie – 40. Jahrgang/ August 2004 – Heft 3: „Struktureller Verrat. Sexueller Missbrauch in der Kirche", 362.

Nicht nur im Kontext des direkten Gewaltgeschehens vermitteln die Täter den Betroffenen, dass ihr Verhalten „ganz normal“ ist – auch Jahre und Jahrzehnte danach noch erweckt die Umgebung den Eindruck, dass die Gewalt nicht der Rede wert ist.

So hatte Victor E. mehr als ein halbes Jahrzehnt vor dem Tod von Pastor Felix Schmied von der Landeskirche die Anerkennung als Opfer erhalten. Dennoch erschien in einem Nachruf für den Täter die Aussage, er habe „der Gemeinde den lebendigen und österlichen Christus verkündigt“ und „vorgelebt, was dieser Glaube bedeuten kann“. Eine solche Aussage macht das wirkliche Geschehen unwirklich, leugnet es und vermittelt dem Opfer die Bedeutungslosigkeit seines Erlebens und seines Zeugnisses. In der Öffentlichkeit wird ein Eindruck erweckt, der den Fakten fundamental widerspricht, denn ein Pfarrer, der ein Kind missbraucht, konterkariert mit seinem Verhalten alles, was er verkündigt. Mitnichten lebt er vor, was dieser Glaube bedeuten kann. Und der im Nachruf zugesagte Respekt und die Wertschätzung, die die Gemeinde dem Täter verspricht, ist im Erleben des Opfers Hohn. Noch nach der Anerkennung als Opfer durch die Kirche und nach dem Tod des Täters wird das Opfer verhöhnt.

Nscho-tschi konfrontiert als Erwachsene den Vater mit ihrer Gewissheit, dass er sie als Kleinkind missbraucht hat. Der Vater reagiert mit der Drohung, sie anzuzeigen, wenn sie das irgendwo erzählte. Und nach dieser Konfrontation wurde „einfach nicht mehr darüber geredet und so getan, als wäre auch nie darüber geredet worden und als hätte es nie so etwas gegeben.“ Noch kurz vor dem Tod der Mutter muss Nscho-tschi von ihr hören, dass der Vorwurf Nscho-tschis den Vater schwer belastet habe und sie, die Mutter, sicher sei, dass „da nichts gewesen sei. Sie hätte das bemerkt“. Damit leugnet die Mutter bis zuletzt die Wahrheit und macht noch kurz vor ihrem Tod die Tochter verantwortlich dafür, dass sie den Vater belastet habe. Thema ist nicht das Verbrechen des Vaters, Thema ist die Verantwortung der Tochter für die von ihr verursachte Belastung des Vaters. Nscho-tschi erlebt, dass sie von beiden Eltern verlassen wird.

Das Beschweigen des Verbrechens dient dem Täter und der Umgebung. Beide meinen, so das Verbrechen zum Verschwinden bringen zu können. Für die Betroffenen bringt das anhaltende Schweigen ihre ungeheuerliche und folgenreiche Erfahrung nicht zum Verschwinden. Was Täter und ihre Helfer*innen entlastet, wird für die Opfer zur erneuten Belastung. Das Beschweigen der Verbrechen und die fehlende Verantwortungsübernahme für die Verbrechen wirken auch im Untergrund der Institutionen – Kirche und Familie – weiter wie eine schwärende Wunde, die erst heilen kann, wenn die Wahrheit zu ihrem Recht kommt.

Auch Seelsorge und Theologie können dazu dienen, eine lebensfeindliche Norm durchzusetzen. So hört Hannah von einem Gott, der *den* Menschen liebt, „der ihm bedingungslos nachfolgt, ihn immer bezeugt und nicht zweifelt, sich hingibt im Vertrauen, dass Gott immer da ist und immer trägt. Das mit der Liebe, dem Vertrauen und der Hingabe war mir nicht in die Wiege gelegt. So bin ich ins Leben gestartet, mit dem tiefen Wissen und Glauben, dass nichts bedingungslos ist [...].“ Hannah stellt daraufhin fest, dass in ihr „Leben die große Verwirrung“ einzog. Einerseits will sie Gott lieben, vertrauen und sich hingeben – andererseits wurde ihr im bisherigen Leben tief eingeprägt, dass Hingabe und Vertrauen identisch waren mit „aushalten, durchhalten und sich innerlich auflösen.“

Als sie sich auf ihrem zutiefst einsamen Weg in eine Frau verliebt, verschärft sich die Alternative erneut: Gott lieben oder einen eigenen Weg zu einem erfüllteren Leben gehen. Sie erfährt „ein großes Durcheinander, denn diese Liebe durfte es so nicht geben.“ Sie erlebt, dass ihre lesbische Liebe sie von Gott trennt. Gott dränge sie, sich „für ihn und somit gegen meine Freundin, meine Liebe zu entscheiden.“ Auch die Erfahrung einer Liebe ist schon vergiftet durch das „Wissen“, dass eine Liebe zwischen Frauen von Gott verboten ist.

Seelsorge und Theologie sollten im Blick haben, dass die Vertrauensfähigkeit von Menschen – auch schon im Kindesalter! –

durch die bisherige Lebenserfahrung bereits gestört sein kann und die Fähigkeit zum Glauben eingeschränkt sein kann. Seelsorge sollte auch berücksichtigen, dass lebensgeschichtlich durch das Trauma aufoktroyierte Vorverständnisse zentraler Begriffe – wie Vertrauen und Hingabe – in den Dienst der Verfügbarkeit des Opfers für den Täter gestellt wurden und so ihrer wahren Bedeutung entblößt und ins Gegenteil verkehrt wurden. Es ist ein langer und schmerzhafter Weg Betroffener, beklemmend falsche Erfahrungen und ihre Deutung zu verändern – hin zu einem Glauben, der zu selbstbestimmtem Leben ermächtigt und Betroffene erfahren lässt, dass Gott das Leben will und es in Fülle will (Joh 10,10).

Hannah vermeidet, von anderen als vermeintlich defizitär Glaubende erkannt zu werden, und verhindert zugleich, dass ihre Zugehörigkeit zur Gemeinschaft aufs Spiel gesetzt wird. Damit wird aber auch die Entwicklung eines Menschen zu einem authentischen Menschen erschwert. Zurück bleibt das Gefühl, nicht ehrlich sein zu können und sich von anderen Menschen zu isolieren. Verbunden damit ist das Gefühl, anders als alle anderen Menschen zu sein. Zurück bleibt auch eine abgrundtiefe Einsamkeit. Hannah muss also wählen zwischen Gott auf der einen Seite und sich selbst auf der anderen Seite. Offensichtlich gelingt es den Menschen in Hannahs Umgebung nicht, sie einen Glauben erfahren zu lassen, der sie die bedingungslose Liebe Gottes erleben lässt und ihr ermöglicht, eine Gegen-Erfahrung zu ihrer Kindheit und Jugend zu machen, die ihre Persönlichkeit stützen und stärken könnte.

Schuldgefühle und Sündentheologie

Das Gefühl, schuldig zu sein, durchzieht die Berichte. Dabei zeigen sich Unterschiede: Dem Heimkind tritt die Gewalt unfrisiert entgegen, sie tarnt sich nicht hinter freundlichen Worten. So ist es für das Heimkind möglich, die Gewalt zu erkennen und sie als Unrecht zu benennen.

Wenn Gewalt erlebt wird durch Menschen, die das Kind einerseits sexuell missbrauchen, ihm andererseits aber auch zugleich wohlwollend zugewandt sind, dauert es oft Jahre und Jahrzehnte, bis die Betroffenen die Gewalt identifizieren können.

Das Heimkind Leonie kann sehr klarsichtig formulieren: „Ich war Projektionsort der Betreiber, da ich bereits als Baby als Sünderin geboren worden war." Leonie wurde nach ihrer Geburt zu Beginn der 1960er Jahre in ein Säuglingsheim gebracht. Wenn sie von sich als einem Menschen spricht, der „als Sünderin geboren" wurde, so beschreibt sie, was in kirchlichen Säuglingsheimen und Kleinkinderheimen, aber auch noch in kirchlichen Kinderheimen für ältere Kinder und Jugendliche von Kindern gehalten wurde, deren Mütter sie weggegeben haben oder – nach damaliger Rechtslage – weggeben mussten. Bereits das Neugeborene wird als eine „Frucht der Sünde" angesehen. Die Bekenntnisschriften der Reformation gehen davon aus, dass „nach Adams Sündenfall alle Menschen, die auf natürliche Weise gezeugt werden, mit Sünde zur Welt kommen. Das bedeutet: Sie haben von Mutterleib an keine Gottesfurcht und kein Gottvertrauen, sondern nur böse Neigungen. Auch lehren wir, dass dieses Übel der Erbsünde echte Schuld ist. Die Erbsünde verurteilt die Menschen und bringt denen, die nicht durch Taufe und Heiligen Geist wiedergeboren werden, den ewigen Tod."[3] Mit der von Augustinus stark beeinflussten Lehre von der Erbsünde wird das christliche Menschenbild verdunkelt. Wer schon einem Neugeborenen „echte Schuld" zuschreibt, kann in der Gefahr stehen, alles zu tun, um den Menschen vor dem ewigen Tod zu retten – auch Gewalt kann bei dieser Abwägung zwischen einem kurzen, weil irdischen Leid gegenüber dem „ewigen Tod" nicht ausgeschlossen werden.

---

[3] Confessio Augustana, Das Augsburger Bekenntnis von 1530 in heutigem Deutsch, Berlin 2014, S. 16; http://www.sola-gratia-verlag.de/Sola-Gratia-Verlag.008-01-21.pdf, zuletzt abgerufen am 17.12.2022.

Leonie berichtete, dass die Leitung des Säuglings- und Kinderheims, in dem sie groß wurde, zwar „von einer sektenähnlichen Gemeinschaft geleitet wurde, aber zur evangelischen Kirche gehörte“. Nicht sicher zu erkennen, wenn auch zu vermuten ist, dass dieses theologische Denken die in vielen Kinderheimen übliche Gewalt noch einmal legitimiert hat.

Noch als Leonie eingesperrt wird und nicht weiß, ob sie für immer eingesperrt bleibt, kann sie auf ihrer Unschuld beharren: „Oft war ich über viele Stunden lang so eingesperrt; völlig verängstigt, zitternd und wimmernd. Um Gnade und Vergebung für nichts an Schuld weinend, dabei in völliger Verstörtheit ohne Trinken und Essen. Und ohne das Wissen, nicht für immer eingesperrt zu bleiben, vergessen worden zu sein und elendig zugrunde gehen zu müssen.“

Auch Sieglinde wird von Beginn ihres Lebens an Schuld aufgeladen. Sie beginnt mit den wiederholten Aussagen der Mutter, dass sie kein Mädchen hatte haben wollen. In der Pflegefamilie, in der sie sechs Monate lebte, wird ihr im Angesicht des dornenbekränzten Jesus vermittelt, dass sie schuld sei an seinem Leiden, weil sie Böses tue und denke. Damit wird einem Kind an der Schwelle zum Schuleintritt eine Last aufgebürdet, die es nie im Leben wird abtragen können. Dass diese Schuldenlast dem Kind zu Unrecht aufgebürdet wird, kann es nicht durchschauen und es kann sich nicht dagegen wehren.

Ingeborg Bergmann fragt sich: „Warum war ausgerechnet uns das passiert? Waren wir selber daran schuld? Hatten wir irgendetwas getan, was sein [des Pfarrers, d. A.] Verhalten erklärte?“

Hannah findet Halt in einer Gemeinde. Da hat sie einen Platz. Aber dieser Platz hat einen Preis. Sie muss sich verstellen, sie muss den anderen vorspielen, jemand zu sein, der sie nicht ist. Um vorzugeben, wie die anderen zu sein, muss sie gar ihren Vater beklauen: „[...] kein Kind aus gebildeter Familie, keine Gymnasiastin, wie alle anderen, spielte kein Instrument und musste für alles arbeiten oder meinen Vater beklauen, um dabei sein zu können, wenn wir etwas unternahmen." Die anderen sprechen von Gott, erzählen, dass sie durch Gottes Hand gehalten und gestützt wurden. Hannah erlebt das nicht. Und sie stellt sich Fragen, an deren Ende sie sich selbst verdächtigt: „Wenn Gott schon bei Klausuren und leichten Erkältungen hilft, warum dann nicht mir, in meiner Not? Habe ich es denn nicht verdient, gerettet zu werden, Hilfe zu bekommen oder Trost? Warum hilft Gott mir nicht? Warum schaut er weg? Bin ich seiner Liebe nicht würdig? Bin ich vielleicht selbst schuld an meiner Situation? Habe ich mich nicht genug angestrengt? Warum reicht seine Liebe nicht für mich?" Hannah sucht die Schuld dafür, dass Gott ihr in ihrer Not nicht hilft, bei sich selbst.

Auch für Ida soll die Frage der Schuld noch Jahrzehnte später, von ihrem 16. Lebensjahr an bis Mitte vierzig, eine eindeutige Antwort finden: Sie hatte „eine Affäre mit einem verheirateten Pfarrer". Eine „Affäre" können Erwachsene haben. Hier klingt noch Idas völlige Überforderung durch den Pfarrer nach, der sie wie eine vermeintliche Erwachsene behandelt. Er hat damit einen Konsens suggeriert und die ungleiche Machtverteilung verschleiert. Ida als die Ohnmächtige in diesem Missbrauchs-Geschehen hat die Deutung des Täters übernommen, weil sie den Missbrauch, der ihr geschah, nicht erkennen konnte.

Für Ida ist es ausgemacht, dass sie, sie alleine Schuld hatte daran. Als ihrem Vater die Art ihres Kontaktes mit dem Pfarrer bekannt wird, kommt es zu einem „Gericht" vor dem Vater. Ida erlebt: „Und ich war schuld – natürlich war ich schuld. Wie konnte ich so etwas tun." Der Pfarrer und dessen Anteil – gar dessen Initiative, Manipulation und Ausbeutung – kommt Ida zu diesem Zeitpunkt nicht in den Sinn.

Sie gibt sich auch die Schuld daran, dass ihre Oma, „eine sehr kirchennahe, gläubige Frau, mit einer großen Achtung vor allen Lehrern und Pfarrern" „fix und fertig" und „am Ende" ist, weil ihr geliebtes Enkelkind „solche Dinge" macht. Es ist diese Oma, die über den Pfarrer sagt: „So ein Saubär!" Die Oma jedenfalls hat den Pfarrer vielleicht als Täter, jedenfalls als Mitschuldigen im Blick. Aber in all den überwältigenden Schuldgefühlen kann Ida die Äußerung der Oma nicht als wirklich entlastend erleben. Sie ahnt nur, dass die Oma vielleicht nicht ihr allein die ganze Schuld gibt. Offensichtlich ist Idas Schuldgefühl so umfassend und ihre Sprachlosigkeit so groß, dass sie mit der Oma nicht darüber sprechen kann. Ida ringt in dieser Zeit ständig mit ihrem Schuldgefühl und fragt sich: „Was hatte ich ihnen [der ganzen Familie, d. A.] nur angetan?"

Ein Jahr nach dem Ende des Missbrauchs erfährt sie, dass der Pfarrer auf gerader Strecke einen Motorradunfall hatte und dass die Umgebung von einem Selbstmordversuch ausging: „Wieder hatte ich schlimme Schuldgefühle." Es ist die Angst vieler Betroffener, dass der Täter Selbstmord begehen könnte und dass sie, die Opfer, die Verantwortung dafür trügen. Diese Angst hindert manche Betroffene, sich bei der Kirche zu melden. Sie fürchten, dass der dann noch lebende Täter mit seinen Taten konfrontiert würde und Suizid begehen könnte und das Opfer Schuld daran hätte, weil es das Verbrechen angezeigt hat. Dass ein Täter, der sich nach einer Anzeige suizidiert, die Verantwortung für seinen Suizid trägt und zugleich die Übernahme von Verantwortung für seine Taten verweigert, fließt meist nicht in die Überlegungen des Opfers ein.

Sieglinde wird von den Pflegeeltern in eine Situation gebracht, die das sechsjährige Mädchen nicht bewältigen kann, ohne sich schuldig fühlen zu müssen. Die Pflegemutter glaubt ihr nicht, dass sie 30 Pfennige für die Fibel in der Schule abgeben muss, und gibt ihr das Geld nicht. Auf dem Schulweg weint sie deswegen. Ein Mann fragt sie, warum sie weint: „Auf die Antwort hin, dass ich die 30 Pfennige für die Schulfibel von meiner Pflegemutter nicht bekäme, nahm er ein altes rindsledernes Portemonnaie aus der Tasche und gab mir 30 Pfennige." Damit hat das Kind zwar das Problem mit der Schule gelöst, sich jedoch ein neues Problem eingehandelt: „Aber nie im Leben hätte meine Pflegemutter davon erfahren dürfen, es hätte mich mindestens einen Nachmittag ohne

Essen und Trinken im dunklen Zimmer gekostet." Was immer das Mädchen in diesem Fall tut, es wird in jedem Fall schuldig – an der Schule oder an der Pflegemutter.

Die siebenjährige Sieglinde erlebt auch im zweiten Kinderheim, in dem sie achteinhalb Jahre bis zu ihrem 16. Lebensjahr leben sollte, bei jeder Gelegenheit – bei Abendfeiern, in Kindergottesdiensten und bei den Mahlzeiten –, dass ihr eingebläut wurde, dass „alles, was zwischen einem Jungen und einem Mädchen, einem Mann und einer Frau passiert, [...] immer die Schuld des Mädchens, der Frau" ist.

Bereits als Zweijährige hatte sie von ihrer Mutter erfahren, dass eine besonders gefährliche und gefürchtete Krankheit die „Geschlechtskrankheit" sei. Das Kind hörte zu, wenn die Mutter ihre „Maiden" davor warnte und wenn der Landarzt die „Maiden" befragte und untersuchte. Bis Sieglinde lesen konnte, trägt sie die nicht benennbare Gefahr, schuldig zu werden, in sich. Als sie dann lesen konnte, suchte sie in ihrer „übergroßen Angst" jedes Buch zu diesem Thema. Ihre Suche bezeichnet sie als „panisch". Es muss offen bleiben, ob sie in den Büchern tatsächlich Informationen fand, die ihre Ängste wirksam eingrenzen konnten.

Vor diesem familiären Hintergrund fallen die Äußerungen im Kinderheim in ein Kinderherz, das längst vor dem erzittert, was „zwischen einem Jungen und einem Mädchen" passieren kann.

Worin genau das besteht, was „zwischen einem Jungen und einem Mädchen", zwischen einem Mann und einer Frau passiert, erfährt das Mädchen nicht. Der Bereich der Sexualität ist von Sprachlosigkeit umgeben, er kann nicht benannt werden. Damit wird ein Grundstein für uferlose Verantwortungs- und Schuldgefühle gelegt. Von Anfang an ist alles, was mit dem Mädchen-Sein, mit Sexualität zu tun haben könnte, von der Angst vor einer schlimmen Krankheit getränkt und vom Geruch der Sünde umgeben.

Krankheit als Schwäche und Schuld

Leonie berichtet von medizinischen Behandlungen, die zu größten Schmerzen führen. Nach einer Appendix-Operation hat sie während der Menstruation „unermessliche Bauchkrämpfe" – Maßnahmen werden verboten, Hilfreiches wird verweigert. Stattdessen muss sie kniend beten. Am Ende hat Leonie das Gefühl, eine Müllhalde mit sich herumzutragen, deren Hauptteil sie selbst ist: „Nur Dreck, Objekt für Benutzungsarten von Tätern."

Es muss offen bleiben, ob Leonie von der Heimleitung keine Hilfe erhielt, weil ihre großen Schmerzen in Verbindung mit der bis heute häufig tabuisierten Menstruation standen und als Zeichen weiblicher Schwachheit gedeutet wurden.

Aber nicht nur in der Tabuzone Menstruation erhielt Leonie keine Hilfe, ihr wurde völlig unnötig ein Zahn gezogen und ein zweiter Zahn fiel dem „Missbehandler" drei Wochen später zum Opfer. Sie erlebt sich als krank gemacht durch falsche Behandlungen. Wer solche Erfahrungen wie Leonie mit Ärzten machen muss, ist in der Gefahr, in ihnen keine Helfer zu sehen, sondern Menschen, die vorhandene Beschwerden und Schmerzen noch verstärken und weitere Schäden zufügen.

Schon als kleines Mädchen erlebt Sieglinde, dass ihre Mutter Kranksein, Schwachsein, Schmerzen haben nicht akzeptiert. Als sie von einer Wespe gestochen wurde, drohte ihr die Mutter: „Nur einen Mucks und es setzt was!" Sie zwingt das Kind, seine Schmerzen zu ignorieren und zu verbergen. Die Mutter will ein starkes Vorzeigekind, das keine Schmerzen kennt. Dass Sieglinde bis heute die Neigung hat, „Krankheiten zu verschleppen bzw. sie gar nicht zu bemerken und stattdessen den Alltag mit immer größerer Anstrengung zu bewältigen", ist ebenso verständlich wie möglicherweise auch gefährlich für sie.

Geburtsfehler Mädchen

Dass das Leben von Mädchen mit Einschränkungen der Lebensmöglichkeiten einhergeht, wird von mehreren Frauen berichtet.

„Es war auch nicht gut, ein Mädchen zu sein“. So fasst Sieglinde ihre Erfahrungen als Kind in der Kriegs- und unmittelbaren Nachkriegszeit zusammen. Der Vater starb bereits vor ihrer Geburt, ihre Mutter, die nationalsozialistisches Denken tief verinnerlicht hatte, sagt ihr immer wieder, dass sie kein Mädchen wollte. Wieweit sie damit ihre Selbst-Verurteilung als minderwertiger, weil weiblicher Mensch transportierte, mag offen bleiben. Dass sie die Vorstellung von der Minderwertigkeit von Mädchen und Frauen auf ihre Tochter zu übertragen versuchte, ist offensichtlich.

Noch etwa 20 Jahre später als Sieglinde geboren ist, erfährt Nscho-tschi, dass ihr Mädchen-Sein mit Einschränkungen verbunden ist. Sie war noch nicht in der Schule, als sie Pfarrer werden wollte – wie ihr Vater. Er belehrt sie, dass dieser Berufswunsch für Frauen „schwierig“ sei. Dennoch wollte Nscho-tschi es versuchen. In der EKD war es erst seit September 1958 möglich, dass Frauen den Pfarr-Beruf ergreifen konnten. Die Landeskirche Schaumburg-Lippe konnte sich erst 1991 dazu durchringen, den Pfarr-Beruf für Frauen zu öffnen. Bis heute zeigt sich, dass die Gleichstellung der Geschlechter innerhalb der evangelischen Kirche ein langer Prozess ist, der noch nicht abgeschlossen ist. Schon als Kind entwickelte Nscho-tschi den Wunsch, keine Frau zu sein; lieber wollte sie ein Junge sein, um später im Leben die Möglichkeiten und Freiheiten zu haben, die ein Mann hat. In Fernsehfilmen beobachtete sie, dass Frauen „immer so blöde Rollen“ haben: „Die konnten nichts und wollten geküsst werden.“ Ihr Wunsch, lieber ein Junge sein zu wollen, reflektiert sehr früh, welchen Einschränkungen weibliches Leben unterliegt, und sucht nach einem Ausweg.

Inela Marin spricht in der Seelsorge-Fortbildung für Pfarrerinnen und Pfarrer zum ersten Mal gegenüber der Ausbilderin, einer Krankenhausseelsorgerin, über das, was ihr im Pfarrhaus geschehen war. Das erste Anliegen der Krankenhausseelsorgerin ist es, dass Inela Marin dem Täter gegenüber versichern solle, dass „er sich selbstverständlich keine Sorgen machen müsse“. Sie verweist auf die seelsorgerliche Schweigepflicht und dass niemand sonst etwas davon erfahren würde. Die größte Sorge der Krankenhausseelsorgerin gilt dem Pfarrer, der Inela Marin über Jahre missbrauchte. Ihre zweite Sorge gilt den Ansprüchen des Mannes, mit dem Inela Marin verheiratet ist. Sie will dafür sorgen, dass Inela Marin ihre „Sexualität wieder in Ordnung“ bringt. Um das zu erreichen, müsse Inela Marin „alles genau“ erzählen, was „damals geschah. Dann würden die Symptome verschwinden“ und sie könne nach Hause gehen und mit ihrem Mann schlafen.

Geschützt werden soll der Pfarrer, der Inela Marin missbrauchte. Auch ihr Ehemann soll geschützt werden, indem ihm eine „sexuell funktionstüchtige Frau“ geliefert wird. Die Ausbilderin scheut sich nicht, der jungen Pfarrerin Schuldgefühle zu vermitteln, indem sie sagt, das Opfer sei ja schon „16 Jahre alt gewesen“, sie „hätte doch, wenn nicht sofort, aber dann doch in den darauffolgenden Jahren ‚einfach aufstehen und gehen können‘“.

Am Ende ist es Inela Marins Mann, der ihr vorwirft, „vor der Ehe mit falschen Karten gespielt“ zu haben. „Wenn er gewusst hätte, dass ich sexuell missbraucht worden war, hätte er mich nicht geheiratet“, sagte er ihr.

Inela Marin erhält hier mehrere Botschaften, die ihr ausnahmslos vermitteln, dass ihre eigenen Bedürfnisse den Wünschen der Männer nachgeordnet sind. Nach ihren eigenen Bedürfnissen wird nicht einmal gefragt, sie spielen schlicht keine Rolle:

- Der Pfarrer, der der Täter ist, muss u. a. durch die seelsorgliche Schweigepflicht geschützt werden.
- Die Interessen des Pfarrers – allem voran sein guter Ruf – sind wichtiger als die Belange des Opfers.
- Die Frau muss auch sexuell für ihren Mann zur Verfügung stehen. Der Ehemann hat Anspruch auf eine sexuell „unbeschädigte Frau“.

Auch Ingeborg Bergmann wäre wohl von ihrer Mutter – hätte sie denn mit ihr sprechen können – darauf hingewiesen worden, dass „Männer nun mal so sind“ und dass er „schließlich eine kranke Frau habe und dass, wo viel Licht, bekanntlich auch viel Schatten sei. Sie hätte mich schließlich kritisch angeguckt und etwas penetrant gefragt: ‚Bist du dir sicher, dass du das nicht durch irgendetwas herausgefordert hast?‘“ Damit bestätigt ihre Vorstellung von dem, was die Mutter sagen würde, die übliche Erfahrung: Das Mädchen ist irgendwie schuld und der Mann hat ein Anrecht auf sexuelle Aktivität. Wenn seine Frau wegen einer Krankheit sexuell „nicht zur Verfügung steht“, darf er sich sexuell auch außerhalb der Ehe Befriedigung verschaffen.

Aber auch von der Benachteiligung eines Jungen ist die Rede. Wilhelm Ganz berichtet, dass seine Schwester – als er etwa elf Jahre alt war – von der Tante adoptiert wird. Ihn adoptiert die Tante nicht. Im Gespräch deutete er an, dass die Tante „schlimme Erfahrungen mit Männern“ gemacht hatte und dass dies der Grund war, seine Schwester, nicht jedoch ihn zu adoptieren. Hier wird uns vor Augen geführt, dass sexuelle Gewalt über die direkt Betroffenen hinaus schädigende Auswirkungen auch auf andere Menschen und Gemeinschaften hat. Dem Elfjährigen wird nach dem Verlust von Vater und Mutter die Möglichkeit genommen, zusammen mit seiner Schwester einer anderen Familie anzugehören.

Helfer*innen auf dem Weg

Christiane Lange vermisst in den Berichten zu Recht Menschen, die die Opfer unterstützen: Geschwister, Eltern, Freund*innen. Die Ersten, deren Aufgabe es gewesen wäre, die Kinder zu schützen, versagen – allen voran die Eltern.

Immer wieder jedoch ist in den Berichten die Rede von hilfreichen Menschen, die Licht in ein schweres Leben bringen. Oft begegnen die Betroffenen ihnen nur kurz – dennoch hinterlassen auch diese Menschen einen bleibenden Eindruck, der bis ins hohe Alter unvergessen bleibt. Bei einigen Betroffenen ist es die Großmutter, die – zumindest zeitweise – das Kind entlastet und ihm Orientierung in einem orientierungslosen Kontext gibt.

Nscho-tschi erzählt von Diakonissen als „hochkompetenten Frauen, die in Krankenhäusern, Kinderheimen oder in der ambulanten Altenpflege aktiv waren. Die meisten mochten Kinder sehr. Sie sind mir und meiner Schwester sehr herzlich und wohlwollend begegnet."

Nscho-tschi erinnert sich an eine Begegnung mit einer Passantin, die in der Stadt Zeugin wurde, als die Mutter sie schlug. Die Frau sah es, ging auf ihre Mutter zu und sagte: „Es tut mir weh, dass Sie Ihre Kinder schlagen. Sie haben zwei so wunderbare kleine Kinder. Auf die schlägt man nicht ein!" Dabei schaut die Frau Nscho-tschi mitfühlend an. Das Kind ist dankbar für das Mitgefühl, obwohl es weiß, dass die Mutter wegen des Einschreitens der Passantin ihre Tochter erneut schlagen würde. Das geschah dann auch. Die Passantin jedoch hat das Kind in seiner Überzeugung gestärkt, dass man Kinder nicht schlagen darf und dass es „irgendwie" bei ihr „zu Hause nicht richtig war, so wie es war". Eine zufällige, eher beiläufige Begegnung mit einer Frau, die sich nicht scheut, gegen die Gewalt einzuschreiten, hilft dem Kind in seiner Orientierung und stärkt seine eigene Wahrnehmung.

Nscho-tschi erlebt die Oma mütterlicherseits als einen wichtigen Menschen: Mit ihr konnte sie schmusen, bei ihr durfte sie draußen spielen, sich auch dreckig machen, Geschichten hören, die die Oma sich ausdachte und Lieder aus Operetten hören und singen. Eine solche Erfahrung stärkt das Kind in seiner Wahrnehmung, dass das Leben auch anders, schöner, leichter sein kann, als sie es im Elternhaus erlebt.

Obwohl die Krankenhausseelsorgerin der Ansicht war, dass Inela Marin Seelsorge bräuchte und keine Psychotherapie, geht Inela Marin in eine Frauenberatungsstelle. Dort trifft sie auf eine Sozialarbeiterin, die sich Zeit nimmt, behutsam nachfragt und der jungen Frau hilfreiche Bücher mitgibt. Die Begegnung mit dieser Sozialarbeiterin sollte der Beginn eines langen Heilungsweges sein.

Thomas Wesskamp berichtet von seiner Großmutter: „Und dann war da meine Großmutter. Sie hatte in ihrem Leben schon manches durchgemacht und dennoch ihr gutes Herz bewahrt und ihr Vertrauen auf Gott. Von ihr lernte ich – zu überleben." Der Enkel lernt von der Großmutter sehr Wichtiges, das letztlich zu einem gelingenden Leben führen kann: Dass es möglich ist, trotz allem Schweren sich ein gutes Herz zu bewahren und auf Gott zu vertrauen.

Sieglinde hat die Hauswirtschafterin, „eine liebe Frau", nicht vergessen, die dem heimwehkranken Kind die Nähe zur Mutter ermöglichen wollte. Auch wenn sie dem Kind damit letztlich keinen Gefallen tat, erinnert sich Sieglinde bis heute an diese Frau, weil sie ihr wohlgesonnen war und sich für sie eingesetzt hat.

Sieglinde hat von der Pflegemutter die 30 Pfennige für die Schulfibel nicht bekommen. Auf dem Schulweg weint sie, ein Mann spricht sie an und fragt sie nach dem Grund des Weinens. Er gibt ihr die 30 Pfennige: „Immer noch sehe ich voller Dankbarkeit die großen Hände über mir, die 30 Pfennige heraussuchten." Der Mann lässt sich von den Tränen eines Kindes berühren, fragt nach und hilft. Es ist eine beiläufige hilfreiche Begegnung, die Sieglinde zu Recht nicht vergessen hat.

Hannah berichtet von der Begegnung mit einer älteren Frau, die ihr anlässlich einer Veranstaltung über sexuellen Missbrauch in der Kirche von ihrer persönlichen Geschichte während des Krieges erzählt. Später kommt diese Frau noch einmal zu Hannah und berichtet von ihrem Traum: „An einem Sonntag kam sie zu mir und erzählte mir, dass sie von mir geträumt hätte, sie hätte eine Vision. Ich wusste nicht, was sie meinte, und ließ sie reden. Sie sprach davon, dass sie mich gesehen hat, auf einem Podest stehend und ich würde zu einer großen Menschenmenge, vielen Frauen sprechen. Von mir würde Licht ausgehen, das Heilung bringt. Das war ein ziemlich großes Bild und zu groß, um als junge Frau zu verstehen, was diese ältere Frau mir da gerade sagt." Erlebt hatte Hannah bisher, dass sie zur Benutzung freigegeben war: „Ich bin da, als Schutzschild für meine Mutter vor dem übergriffigen Mann. Ich bin da, als Belastung für die älteren Geschwister. Ich bin da, als Spielzeug des Vaters. Ich bin da, als Ersatz, für den Schwager, wenn die Schwester „verbraucht" ist. Ich bin da, für den Bruder, der in die Fußstapfen des Vaters treten wird. Ich bin da, für Spott und Hohn der Männer um mich rum, angestachelt von meinem Vater. Ich bin da, für die vielen Jungen, um sich auszuprobieren. Ich bin da, für den Mann, der Abwechslung braucht. Ich bin da, für den Freund meines Bruders. Ich bin 16 Jahre lang einfach nur da, Spielball aller, rumgereicht und habe gelernt, da zu sein. Ich bin da, um den Frust meiner Mutter auszuhalten, die Gewalt und Erniedrigung, all ihre Willkür."

Nun stellt die ältere Frau Hannah ein Gegenbild vor Augen, in dem der damals 17-jährigen Hannah Würde zugesprochen wird. Auch wenn sie nicht verstanden hat und nicht verstehen konnte, wovon diese Frau sprach, so hat sie vielleicht doch gespürt, dass ihr Leben Sinn haben kann, gerade weil sie ihre Ausbeutungs-Erfahrungen nicht verleugnen muss. Sinn liegt dabei nicht etwa in der Gewalt – Sinn kann nur in einem Leben jenseits der Gewalt gesucht und – hoffentlich – gefunden werden.

In diesen oft kurzzeitigen und manchmal einmaligen Begegnungen Erwachsener mit den Kindern erfahren die Kinder Hilfe und Entlastung. Sie erleben, dass sie wertgeschätzt werden und Unterstützung verdienen. Sie erhalten Vorbilder und spüren, dass Leben nicht mit Missachtung, Würdelosigkeit, Demütigung, Missbrauch, Angst, Gewalt identisch sein muss.

Die Leser*innen können sehen, dass Aufmerksamkeit für die Bedürfnisse eines Kindes, aber auch noch für Erwachsene auf einen Menschen treffen kann, für den sie ein Lichtblick in schwerer Zeit sein kann. Nie ist ja von außen zu sehen, dass ein anderer

Mensch bitter nötig auf Wahrgenommen-Werden, Ermutigung und Orientierung angewiesen ist. Niemand kann wissen, ob seine oder ihre aufmerksame Begegnung mit einem anderen Menschen nicht am Ende zu einem bedeutsamen Baustein für ein Leben wird, das durch diese Begegnung ein wenig leichter wurde.

Ein Blick in die Geschichte

Heimkinder

„Wenn Du nicht brav bist, kommst Du ins Heim!" Diese Drohung dürften bis in die 70er Jahre des letzten Jahrhunderts hinein nicht wenige Kinder in ihren Elternhäusern gehört haben.

So drohen Nscho-tschis Eltern dem Kind, in ein Heim zu müssen, wenn sie erzählen würde, was sie zu Hause erlebt. Kinder, denen mit dem Heim gedroht wurde, ahnten, dass das Leben im Heim irgendwie schrecklich sein muss. Auch die Erwachsenen, die ihren Kindern mit dem Heim drohten, dürften eine Vorstellung davon gehabt haben, wie das Leben für Kinder in Kinderheimen wohl ist. Ihre Ahnung jedoch hat sich wohl nicht annähernd der Wirklichkeit des Lebens in einem Kinderheim der Nachkriegsjahrzehnte genähert. Und so ist die Aussage im Abschlussbericht „Runder Tisch Sexueller Kindesmissbrauch in Abhängigkeits- und Machtverhältnissen in privaten und öffentlichen Einrichtungen und im familiären Bereich" zutreffend: „Kaum jemand hatte es für möglich gehalten, wie häufig, manchmal sogar alltäglich, sexuelle Übergriffe in Schulen, Heimen, Internaten, kirchlichen und sonstigen Einrichtungen sich ereignet haben und ereignen."[4]

[4] https://www.bmfsfj.de/resource/blob/93204/2a2c26eb1dd477abc63a6025bb1b24b9/abschlussbericht-runder-tisch-sexueller-kindesmissbrauch-data.pdf, S. 5, zuletzt abgerufen am 17.12.2022.

Der Zwischenbericht des Runden Tisches „Heimerziehung in den 50er und 60er Jahren“[5] und der Abschlussbericht „Runder Tisch Heimerziehung in den 50er und 60er Jahren“[6] zeugen vom Leben der Heimkinder. Drei Viertel der Kinderheime wurden von den beiden Großkirchen getragen, 29 Prozent aller Kinderheime waren in evangelischer Trägerschaft. Im Abschlussbericht des Runden Tisches Heimerziehung berichten etwa 20 Prozent der ehemaligen Heimkinder, dass sie sexuelle Gewalt häufig bis sehr häufig erlebt haben. Manches Heim knüpfte pädagogisch gesehen nahtlos an die NS-Zeit an, andere bemühten sich aber auch bewusst um Abgrenzung – so die Einschätzung von Petra Knötzele, die das Projekt „Aufarbeitung der Heimkinderschicksale in der Nachkriegszeit“[7] geleitet hat.

In den vorliegenden Berichten erzählen zwei Frauen und ein Mann von ihrem Leben in Kinderheimen. Diese Heime scheinen „nahtlos an die NS-Zeit“ angeknüpft zu haben. Wir lesen in den Berichten von unsäglichen Formen von Gewalt: Gewalt von Kindern und Jugendlichen an Kindern und Jugendlichen, Gewalt von Erziehenden gegen Zöglinge, Gewalt als körperliche, psychische und sexuelle Gewalt und – nicht zu unterschätzen – auch als spirituelle Gewalt.

Wilhelm Ganz war in einer sehr verletzlichen Situation – der Vater hatte die Familie verlassen und die Mutter war schwer krank. Da kam er vorübergehend und dennoch tief prägend in ein Kinderheim in der DDR. Seine Erfahrung dort fasst er mit dem lapidaren Satz

---

5 https://afet-ev.de/assets/themenplattform/2010-12-21_RTH_Zwischenbericht-01-2010.pdf, zuletzt abgerufen am 17.12.2022.

6 https://www.agj.de/fileadmin/files/publikationen/RTH_Abschlussbericht.pdf, zuletzt abgerufen am 17.12.2022.

7 https://www.evangelisch.de/inhalte/150261/25-06-2018/die-evangelische-kirche-ekhn-hat-die-geschichte-der-heimkinder-der-nachkriegszeit-aufgearbeitet, zuletzt abgerufen am 17.12.2022; s. auch: „Kinder in Heimen von 1945 bis 1975“, hg. im Auftrag der Kirchenleitung der EKHN von Anette Neff in Verbindung mit Petra Knötzele und Peter Röder, Darmstadt 2018.

zusammen: „Ich war dort nur eine Nummer: F 14 E. Nie wurde ich mit meinem Namen angesprochen, immer nur mit der Nummer." Bis heute hat er diese depersonalisierende Nummer nicht vergessen. Er berichtet von der offenen Gewalt in diesem Kinderheim: „In diesem Heim erfuhr ich das erste Mal brutalste Gewalt an uns Kindern. Wer nicht gehorchte, wurde an den Beinen über den Boden geschleift und dann mit dem Kopf gegen die Wand geschleudert. Es hörte sich an, wie wenn eine Kokosnuss auf den Boden schlägt. Die Schmerzensschreie der Kinder höre ich manchmal noch heute." Damit wird jedem Kind in diesem Heim vermittelt, was mit ihm geschehen wird, wenn es nicht gehorcht. Zugleich wird das Kind zum ohnmächtigen Zeugen von Gewalt an anderen Kindern gemacht – von einer Gewalt, der keines der Kinder entfliehen konnte. In keinem der beschriebenen Heime war es möglich, dass die Kinder von außen Hilfe erhalten konnten. Sie waren einer „totalen Institution" (Erving Goffman) ausgeliefert, die das gesamte Leben der Kinder regulierte und kontrollierte.

Sieglinde war – nach einem halben Jahr in einer hoch problematischen, dysfunktionalen Pflegefamilie, die das gerade eingeschulte Kind in diesem neuen Lebensabschnitt nicht unterstützte – zwischen dem siebten und dem 16. Lebensjahr in zwei Kinderheimen.

In vielfältiger Weise war schon dem kleinen Mädchen von der Mutter vermittelt worden, dass es aufgrund seines Geschlechtes ein minderwertiger Mensch sei. Im ersten Kinderheim, in dem die Achtjährige 1949 ein halbes Jahr untergebracht war, diente bereits die räumliche Unterbringung der Mädchen in einem engen Raum des Haupthauses dem Zweck, den Mädchen vor Augen zu führen, dass sie kein Recht darauf haben, einen angemessenen Raum einzunehmen, und dass ihre Unterordnung unter die Jungen hinzunehmen war. Den Jungen hingegen steht im Kinderheim ein eigenes Haus zur Verfügung.

Dass die Mädchen in dem evangelischen Kinderheim als „Schafe" bezeichnet wurden, scheint in der Achtjährigen, die wohl kaum mit dem Christentum vertraut war, nicht das biblische Bild des verlorenen Schafes hervorzurufen, dem der gute Hirte nachgeht und um das er sich liebevoll kümmert. Die Erfahrungen dieses halben Jahres lassen das Mädchen vielmehr erfahren, dass es zwar untergebracht ist, aber Demütigung und Entwürdigung ausgeliefert war, ohne Hilfe zu erhalten.

Die Jungen hingegen wurden „Thingjungen" genannt und hatten „wöchentliche Thingstunden bei der Heimleiterin, wo sie ihre Anliegen vorbringen konnten." Eine vergleichbare Möglichkeit, die eigenen Anliegen zu Gehör zu bringen, hatten die Mädchen nicht. Die Begründung war, dass den Mädchen die „Demut" dafür fehlte. Von klein auf sollten Mädchen lernen, dass sie die Rolle eines demütigen Menschen zu spielen haben, der weniger wert ist als ein Junge und dem weniger Rechte zugestanden werden.

Besitz und Eigentum als Ausdruck von Persönlichkeit war Sieglinde im Kinderheim nur sehr eingeschränkt möglich. Privater Besitz konnte nur im eigenen Bett verwahrt werden und „verschwand" oft. Offen bleibt, ob andere Kinder oder Erzieher*innen den Besitz weggenommen haben. In jedem Fall wird den Mädchen signalisiert, dass ihre Bedürfnisse, ihre Wünsche und ihre Individualität unerwünscht waren. Dabei bestand der persönliche Besitz des Kindes in einfachen Dingen: „Lieblingsbüchern, Lieblingsspielzeugen, Bonbons, Plätzchen, gefundenen Äpfeln, gesammelten Beeren".

Leonie lebte in der Zeit des Wirtschaftswunders im Kinderheim. Der wirtschaftlichen Not der Nachkriegszeit, der Sieglinde unterworfen war, ist Leonie nicht mehr zwangsläufig ausgeliefert. Dennoch muss sie abgelegte Kleidung und Schuhe auftragen. Sie wird nicht gefragt, ob sie ein Kleidungsstück gerne anzieht. Neue Kleidung erhält sie nicht: „[…] so als hätte keine Seite für mich und meinen Heimaufenthalt Gelder gegeben." Sie hat nicht einmal punktuell die Möglichkeit, ihre Kleidung als Ausdruck ihrer Persönlichkeit zu wählen.

Auch die Möglichkeiten für eine berufliche Ausbildung waren für die Mädchen im Kinderheim eingeschränkt. Für Sieglinde wurde im Kinderheim der Nachkriegszeit nicht einmal erwogen, ihr eine Gymnasialbildung zu ermöglichen. Anders war dies bei den Jungen – zumindest bei den beiden, deren Vater als Vorsitzender eines obersten westdeutschen Landesgerichtes eine herausgehobene Stellung hatte: Sie durften ein humanistisches Gymnasium besuchen.

Leonie berichtet vom Abbruch ihrer Ausbildung: „Der Umgang mit mir im Heim verbarrikadierte meine Fähigkeiten, Grenzen zu ziehen. Er beeinträchtigte meine Abgrenzungsfähigkeiten, meine persönlichen Grenzen und Widerstandskräfte gegen das Unrecht, das mir angetan wurde – auch in den Bereichen sexualisierter Gewalt. Schon sehr früh habe ich – mehr intuitiv als tatsächlich bewusst – realisiert, dass ich lediglich Nutzerobjekt für den jeweiligen Täter oder die jeweilige Täterin bin, einem Gebrauchsgegenstand gleich. Es wurden allen Täterkategorien, die bei uns ein- und ausgingen, sämtliche Übergriffsmöglichkeiten geboten. Ich war in Absolutheit ausgeliefert. Ein einziges Fiasko, das mir zum Zerbrechen meiner Ausbildung verhalf.“ Vor dem Hintergrund anhaltender, nicht-vorhersehbarer körperlicher, psychischer und sexualisierter Gewalt kann Leonie den Anforderungen der praktischen Ausbildung nicht standhalten – wie auch!

Selbst die Grundbedürfnisse Essen und Schlaf wurden in Leonies Kinderheim missachtet. Sie kam früh in ein Säuglingsheim und blieb ohne Unterbrechung bis in die späte Jugendzeit hinein in Kinderheimen „interniert“. Wenn sie erzählt, wie sie mitansehen muss, dass den Kleinkindern das Essen bis zum Erbrechen hineingestopft wurde und sie Erbrochenes essen mussten, dann kann sie wissen, dass auch sie selbst als Kleinkind so behandelt wurde.

Auch von gestörtem Schlaf berichtet Leonie: „Weitere Schreckenserlebnisse waren diese: Des Nachts trampelte eine Erzieherin fast regelmäßig in den Schlafraum, den ich mir mit Saskia teilte. Sie drehte in lauter ‚Geschäftigkeit‘ das Licht an, obwohl Schlafenszeit war. Es war, als könnte die Erzieherin den Frieden von unsereins nicht ertragen. Sie riss die Kleiderschränke auf, tat entweder Wäsche hinein oder zerrte einen Großteil der darin befindlichen Wäschestücke heraus und begann einen lautstarken Konflikt, weil die Wäsche nicht so geordnet lag, wie sie es vorschrieb. Es folgte ein Extrastrafmandat, womit dies dann geahndet wurde." Leonie muss nicht nur erleben, dass ihr Schlaf mutwillig gestört wird – die Störung ist zugleich mit einer von dem Kind ängstlich erwarteten Bestrafung verbunden.

Ob mit ihr und anderen Kindern auch Medikamentenversuche[8] gemacht wurden, weiß Leonie nicht, beobachtet jedoch Wirkungen und Nebenwirkungen, die auf Medikamentenversuche zurückzuführen sein können: „Auf die Frage, ob man an uns Heimkindern herumexperimentieren lassen habe, bestehen zwar begründete Verdachtsmomente, es fanden sich jedoch – warum auch immer – keine Experten, die ermittelt hätten, ob wir zum Beispiel Medikamentenversuchen ausgeliefert waren. Bei etlichen Heimzöglingen gab es plötzlich aufgetretene Zustände, deren Ursache nicht bekannt ist."[9] Auch als Erwachsene muss sie noch das weitgehende Desinteresse der Gesellschaft an Medikamentenversuchen an Heimkindern aushalten.

Das Bedürfnis nach Zugehörigkeit ist ein elementares menschliches Bedürfnis, das das Überleben sichert. Fällt die Familie aus, der ein Kind sich zugehörig fühlen könnte, gewinnt die Gruppe, in der es lebt, umso größere Bedeutung. Dann sind nicht nur Kinder, sondern auch Erwachsene bereit, einen hohen Preis dafür zu zahlen, dass sie zu irgendwem dazugehören dürfen.[10]

Wilhelm Ganz hat als junger Erwachsener die erste Frau, die er

---

[8] Vgl. Wagner, Sylvia: Arzneimittelversuche an Heimkindern zwischen 1949 und 1975, Frankfurt a. M. 2020.

[9] Toepfer, Sonja: KOPF HERZ TISCH 3 – Die Rolle der Medizin in der Heimerziehung. https://www.youtube.com/watch?v=ImkuXkWEvR4, zuletzt abgerufen am 12.12.2022.

[10] https://www.herder.de/stz/hefte/archiv/144-2019/3-2019/empathie-statt-klerikalismus-chancen-und-grenzen-externer-unterstuetzung-bei-der-auseinandersetzung-mit-sexuellem-missbrauch/ zuletzt abgerufen am 12.12.2022.

überhaupt kennenlernte, gleich geheiratet: „Ich habe mir so sehr eine Familie gewünscht. Leider habe ich mir die Frau nicht wirklich angeschaut. Erst später merkte ich, dass sie spielsüchtig ist. Das waren schwere Jahre. Wir haben drei Kinder, die ich damals weitgehend alleine versorgen musste." Der Wunsch nach einer Familie, die er als Kind schmerzlich vermisste, ist so überwältigend, dass er die erste Frau, die er kennenlernte, „nicht wirklich angeschaut" hat und sie gleich heiratete. Die Konsequenzen trägt er viele Jahre – er versorgt seine drei Kinder weitgehend alleine neben seinem Beruf und seinen Fortbildungen.

Sieglinde beschreibt, dass es für die Jungen im Kinderheim ein Leichtes war, von den Mädchen einen Preis zu fordern, wenn die Mädchen „dazugehören" wollten. Sie mussten ihre „Lieblingsbücher, Lieblingsspielzeuge, Bonbons, Plätzchen, gefundene Äpfel, gesammelte Beeren" den Jungen überlassen. Das Bedürfnis nach Zugehörigkeit machte erpressbar. „Auf Edwin und Hagen war ich also in dem Hofgut angewiesen, wenn ich ‚mitspielen' wollte, was mich dazu brachte, alles herzugeben, was ich hatte, ohne dass es Erwachsene bemerkten. Eines Tages aber, als ich um das Mitspielendürfen bat, sagte Edwin, dass ich mitspielen dürfte, wenn ich mich auszöge, was ich dann in meiner Verzweiflung auch tat. Was dann passierte, das weiß ich nicht, bis heute ist da alles schwarz, nur schwarz, und diese alles verdeckende SCHWÄRZE lässt sich auch nicht auflösen, bis heute nicht!" Die Jungen nutzen den elementaren Wunsch nach Zugehörigkeit von Sieglinde, um auch noch über ihren Körper Verfügungsgewalt zu bekommen.

Macht über den Körper

Wolfgang Sofsky[11] beschreibt, dass die ultimative Gewalt hat, wer sich des Körpers bemächtigen kann. Von allem kann ein Kind, eine Jugendliche, ein Erwachsener sich trennen: von Eltern, von

[11] Sofsky, Wolfgang: Traktat über die Gewalt, Frankfurt a. M. 1996.

Geschwistern, von Besitz, auch von seiner oder ihrer Freiheit. Von seinem Körper jedoch kann sich kein Mensch trennen. Wenn der Körper zum Schlachtfeld wird, an dem der Mächtige seine Macht über den Ohnmächtigen zeigt, so gibt es für den Ohnmächtigen keine Flucht. Denn niemand kann seinen Körper verlassen, um der Gewalt zu entkommen. Wolfgang Sofsky formuliert: „Das ist es, was die Gewalt dem Menschen antut. Sie verletzt, zerschlägt, entstellt. Gewalt ist eine verwandelnde Kraft. Sie macht den Menschen zur Kreatur, zu einem schreienden Angstbündel, zu schmerzendem Fleisch.“[12]

Leonie fragt sich verzweifelt, „was mit uns so verkehrt war, besonders mit unseren Körpern“. Als Beispiel führt sie auch das Fiebermessen an, das sie wie einen „Akt des Grauens“ erlebt. „Ich war in Absolutheit ausgeliefert“, schreibt sie an anderer Stelle und bringt damit auf den Punkt, dass sie sich mit ihrer gesamten Existenz als ausgeliefert, fremdbestimmt, massiv in ihren Lebensmöglichkeiten eingeschränkt und permanent gefährdet durch verschiedene Formen von Gewalt erlebt. Sie verortet das Erleben der Gewalt da, wo sie sie erleidet: in ihrem Körper. Sie sucht nach dem, was so „verkehrt“ war mit ihrem Körper.

Damit benennt sie den Schauplatz der Gewalt. Nach einem Sinn der Gewalt sucht sie nicht, sie verschleiert die nackte Gewalt nicht und sie macht sie nicht unsichtbar. Diese große Klarheit, die sich weigert, dem Unerträglichen eine Ideologie, irgendeinen verzweifelten „Sinn“ zu unterlegen, ist eine besondere Stärke von Leonie. Sie beschreibt ihre Situation genau: „Ich war in Absolutheit ausgeliefert.“

Naheliegend wäre es, wenn Leonie in diesem Ausgeliefert-Sein nur noch sich selbst sehen könnte. Sie jedoch sieht, dass nicht nur ihr Körper in Gefahr ist: Sie hat auch die anderen Kinder im Blick, wenn sie sich fragt, „was *mit uns* so verkehrt war, besonders mit *unseren* Körpern“.

---

12 Sofsky, Wolfgang: a. a. O., 66.

Leonie wird von den Erzieherinnen zur Zeugin von Gewalthandlungen an Kleinkindern gemacht: „Ein Weiteres war die Tatsache, dass Erzieherinnen die Kiefer von essunwilligen Babys und Kleinkindern, auch weil diese satt waren, mit Gewaltanwendung auseinanderbogen und Essen hineinstopften bis zum Erbrechen. Dabei wurden durch die gewaltvollen Löffelbewegungen im Mund der Kleinen ihr zartes Zahnfleisch und die Lippen verletzt. Aufessen war unumgängliche Pflicht. Das Erbrochene wurde dann vom Teller aufgelöffelt und den Kleinkindern ebenfalls mit Gewalt wieder hineingeschoben." Leonie muss ohnmächtig mitansehen, wie andere Kinder, Kleinkinder, gequält werden. Den Blick auf das Leiden der anderen verliert Leonie auch im Erwachsenenleben nicht.

Die Erzieherinnen im Kinderheim sperren Leonie oft über viele Stunden lang ein und entziehen ihr Trinken und Essen. Auch dies ist eine Missachtung der Bedürfnisse des Körpers. Die Verantwortlichen haben die Macht, dringende körperliche Bedürfnisse zu ignorieren – und sie üben diese Macht auch aus.

Schon früh wird Leonie durch den Heimleiter zum Mitansehen-Müssen des menschenverursachten Leidens und Todes von Tieren gezwungen: „Wir mussten aber auch erleben, wie er vor sich auf dem Holzschneideblock einen Kartoffelsack mit Lebewesen hatte. In dem Sack wimmerte es, es waren Katzenbabys von herumstreunenden Muttertieren, aber auch Kater. Er erschlug ohne Erbarmen dieses Bündel Tierbabys." Der Heimleiter zeigt mit dem Erschlagen der Tierbabys, dass er Macht über Leben und Tod der Tiere hat und diese Macht auch ausübt. Die umstehenden Heimkinder verstehen die Botschaft: Der Heimleiter macht mit den Tieren, was er will – er kann auch mit den Heimkindern machen, was immer er will.

Leonie beschreibt, was die Verantwortlichen im Kinderheim mit ihr gemacht haben: „Oft war ich über viele Stunden lang so eingesperrt; völlig verängstigt, zitternd und wimmernd. Um Gnade und Vergebung für nichts an Schuld weinend, dabei in völliger Verstörtheit ohne Trinken und Essen. Und ohne das Wissen, nicht für immer eingesperrt zu bleiben, vergessen worden zu sein und elendig zugrunde gehen zu müssen." Nicht nur Essen und Trinken wird dem Kind versagt, es wird auch der Angst, für immer eingesperrt zu bleiben und elendig zugrunde gehen zu müssen, ausgeliefert. Das Kind erlebt Todesangst, der es schutzlos preisgegeben wurde. Hoffnung auf ein Ende der Gefahr und der Angst kann in dieser Situation nicht entwickelt werden.

Auch von „brutalsten Schlägen auf den nackten, entblößten Körper" berichtet Leonie. Schläge auf einen entblößten Körper verursachen nicht nur Schmerzen – sie demütigen den Menschen. Ob diese Schläge auf den nackten Körper auch sexuell motiviert sind, kann vermutet werden, ist aber nicht zu entscheiden.

Auch Wilhelm Ganz erlebt „das erste Mal brutalste Gewalt an uns Kindern. Wer nicht gehorchte, wurde an den Beinen über den Boden geschleift und dann mit dem Kopf gegen die Wand geschleudert. Es hörte sich an, wie wenn eine Kokosnuss auf den Boden schlägt. Die Schmerzensschreie der Kinder höre ich manchmal noch heute." Wilhelm Ganz erfährt mit seinen neun Jahren, dass die Erzieher den Leib von Kindern so behandeln, dass nicht einmal der Tod wirklich ausgeschlossen werden kann. Später wird er von seiner Tante geschlagen, wenn er schlechte Noten hatte.

Nscho-tschi erzählt in wenigen Worten, dass sie von der Mutter geschlagen wurde. Der Vater ermahnte seine Frau, „die Kinder wenigstens nicht am Kopf zu schlagen. Aber Ermahnungen bieten noch keinen Schutz. Und es gab *Jahre*, in denen ging es meiner Mutter fast immer schlecht. […] Manchmal hinterließen ihre Prügel blaue Flecken. Wenn es sehr schlimm war, schrieb sie mir eine Entschuldigung für den Sportunterricht."

Auch Nscho-tschi ist sich der Lebensgefahr, in der sie schwebte, bewusst. Als sie ihren Vater mit seinem Missbrauch konfrontierte, sagte er: „Vergiss nie: Wenn ich nicht gewesen wäre, wärest Du heute nicht mehr am Leben." Nscho-tschi fährt fort: „Ich weiß, dass er mit diesem Satz recht hat, vermutlich hätte meine Mutter mich totgeschlagen."

Viktor E. formuliert: „Mein Leib zugeschüttet von einer Masse an Gewicht […]. Mein Körper, mein Leben unter sich begräbt. In die wütende Finsternis. Mein Herz schlägt weiter. Mein Atem ganz leicht, zart und weich. Ich kann nicht schreien, mein Körper umhüllt von kalter Erde. Unbeweglich, verschüttet, versteinert, starr." Viktor E. zeichnet damit das Bild eines Toten, der in der Erde begraben wurde, dessen Vitalfunktionen jedoch weiterhin arbeiten.

Es ist der Körper, der die Gewalt erleben musste. Sie wird auch im Körper gespeichert und auch er erinnert sich an das Erlittene.[13] Die vielfältigen somatischen Folgen bei den Betroffenen legen davon Zeugnis ab.

Nationalsozialistische Erziehung

Menschen, die als Kinder der nationalsozialistischen Erziehung ausgesetzt waren, leben bis heute unter uns. Sie sind alt, viele leben in Alten- und Pflegeheimen. Die Glaubenssätze der nationalsozialistischen Erziehung prägen ihr Leben bis ins Alter. So ist auch ein Blick in Erziehungsvorstellungen und Erziehungspraxis des Nationalsozialismus zu werfen.

Der Bericht von Sieglinde führt uns vor Augen, wie lange und wie prägend nationalsozialistische Überzeugungen nachwirken. In ihrem Lebensbericht ist der damalige politisch-gesellschaftliche Hintergrund zu bedenken. Sie wurde im Zweiten Weltkrieg geboren als Kind einer Frau, die sich hochgradig mit den Zielen und Vorstellungen des Nationalsozialismus identifizierte und bereits Pläne hatte, „nach dem (gewonnenen) Krieg einen sogenannten Wehrbauernhof an der späteren russischen Grenze zu Asien zu besiedeln." Sieglindes Mutter „war eine sehr engagierte Maidenoberführerin, sie leitete bis 1945 größere Arbeitslager für junge Frauen."

[13] Rothschild, Babette: Der Körper erinnert sich. Die Psychophysiologie des Traumas und der Traumabehandlung, Essen 2002.

Damit gehört Sieglinde einer Generation an, deren Mütter ihre Kinder im Geist des Nationalsozialismus erzogen haben. Sie war sechs Jahre lang den nationalsozialistischen Vorstellungen ihrer Mutter über die Erziehung eines Mädchens ausgesetzt. Dann findet sie sich bis etwa zu ihrem 16. Lebensjahr in autoritärer Betreuung in der Pflegefamilie und den beiden Kinderheimen. Es scheint, dass die Atmosphäre in der „frommen" evangelischen Pflegefamilie von Sieglinde ebenso wie die Erziehungsvorstellungen in den beiden evangelischen Kinderheimen nationalsozialistischen Erziehungsvorstellungen entsprochen haben. Dabei ist mit der Sozialpädagogin und Diplom-Supervisorin Sigrid Chamberlain[14] festzustellen: „Nun sind eine nationalsozialistische und eine autoritäre Erziehung nicht dasselbe. Zwar ist eine nationalsozialistische Erziehung auch immer autoritär, aber umgekehrt ist nicht jede autoritäre Erziehung zugleich eine nationalsozialistische."[15] Die nationalsozialistische Erziehung zeichnete sich dadurch aus, dass sie „durch Bindungslosigkeit zu Bindungsunfähigkeit" führt. Bindungsunfähige Menschen sind Menschen, die beliebig verfügbar für die Zwecke der Nationalsozialisten waren. So haben die Nationalsozialisten bereits die frühkindliche Erziehung der Jungen und Mädchen ihren Zielen unterworfen: Jungen sollten einsatzfähige Soldaten werden, Mädchen sollten im Mutter-Sein ihr Lebensziel finden und dem „Führer" möglichst viele Kinder schenken.

Sowohl der ab 1935 verpflichtende Arbeitsdienst für die weibliche Jugend (RADwJ) als auch der Frauenarbeitsdienst, der ab September 1939 für Frauen zwischen 17 und 25 Jahren verpflichtend war, verfolgten das Ziel der „Vorbereitung auf die ‚artgemäße' Rolle als ‚Frau und Mutter'".[16]

---

14 Chamberlain, Sigrid: Adolf Hitler, die deutsche Mutter und ihr erstes Kind. Über zwei NS-Erziehungsratgeber, Gießen 1997, [7]2020.

15 Chamberlain, Siegrid: a. a. O., 11.

16 http://www.jugend1918-1945.de/portal/jugend/thema.aspx?bereich=projekt&root=26636&id=1790&redir= zuletzt abgerufen am 20.12.2022.

Deswegen förderten die Nationalsozialisten auch die Lungenärztin Johanna Haarer (1900–1988), die einen Erziehungsratgeber schrieb: „Die deutsche Mutter und ihr erstes Kind." Er erschien erstmals 1934. Im Vorwort von 1934 heißt es: „Der Geburtenrückgang in Deutschland hatte vor der Machtergreifung durch den Führer bedrohliche Ausmaße angenommen: Im Jahr 1901 hatte die Zahl der lebendgeborenen Kinder 2.032.000 betragen, im Jahr 1932 noch 957.000, also weniger als die Hälfte! Diesen ungeheuerlichen Verfall an Volkskraft verursachte nicht wirtschaftliches Elend allein. Nein, eine kinderfeindliche Weltanschauung war die Ursache. Es fehlte der Wille und der Mut zum Kind und eine heldische Lebensauffassung, der Opfererbringung und Für-andereleben eine Selbstverständlichkeit ist. Die öffentliche Meinung der jüngst vergangenen Zeit bestärkte die Frauenwelt noch nach Kräften in dieser völlig unnatürlichen Einstellung: Auf uns Frauen wartet als unaufschiebbar dringlichste die eine uralte und ewig neue Pflicht: Der Familie, dem Volk, der Rasse Kinder zu schenken."[17]

Nach dem Krieg verboten die Alliierten Haarers Bücher. In leicht veränderter Fassung wurde das Buch – nun unter dem Titel: „Die Mutter und ihr erstes Kind" – nach dem Krieg jedoch erneut herausgegeben. Noch 1987 (!) erschien die letzte Ausgabe des Buches, das eine Gesamtauflage von mehr als 1,2 Millionen Exemplaren erreichte. Dieses Buch hat weit über die Zeit des Nationalsozialismus hinaus die Erziehung von Kindern geprägt.

Sieglindes Mutter schiebt zu Beginn ihrer beruflichen Ausbildung ihre sechsjährige Tochter in eine Pflegefamilie, später in ein Kinderheim ab. Ob die Mutter keine Möglichkeit hatte, ihre Ausbildung zu machen und das Kind bei sich zu behalten, ist nicht erkennbar. Sichtbar jedoch ist, wie sehr das Kind unter der Bindungsunfähigkeit der Mutter und der Trennung von ihr leidet.

---

[17] https://zentralbuchhandlung.de/itm/die-deutsche-mutter-und-ihr-erstes-kind-sfb-005065-aq-5065.html, zuletzt abgerufen am 8.12.2022.

Deutlich wurde, dass die Gewalt das Leben der von ihr Betroffenen unwiderruflich prägt und verändert. Für diejenigen, die zuvor schon in einer dysfunktionalen Familie lebten, verschärft sie deren Situation. Auch für diejenigen, die bislang in einer eher dem Kind und der Jugendlichen zugewandten Familie lebten, bringt sie abgrundtiefe Einsamkeit, Schuldgefühle, Verwirrung und Desorientierung mit sich. Nach dem Gewalterleben ist nichts mehr, wie es vorher war. Das gilt für die Gegenwart, aber es gilt auch für jede Zukunft der Betroffenen. Der Schatten über dem Leben bleibt oft auch nach hilfreichen Therapien – nicht selten bis zum Ende des Lebens. Und für nicht wenige Betroffene bleibt viel mehr als nur ein Schatten.

Kirche und Glauben im Angesicht sexualisierter Gewalt

Andreas Stahl

Mit ihren Berichten erweisen die Autor*innen der evangelischen Kirche, Diakonie und Theologie einen teils unverdienten großen Gefallen. Sie helfen eine Dunkelstelle auszuleuchten, die ohne Beteiligung Betroffener in der Aufarbeitung nicht verstehbar ist. Denn die Berichte enthalten nicht nur wichtige Informationen, wie sie in einigen Aspekten nur die Menschen zur Verfügung stellen können, die selbst durch die sexualisierte Gewalt betroffen sind. Sondern sie ermöglichen ein existentielles Verstehen, was Missbrauch in der Tiefe anrichtet. Auch deswegen sind die gesammelten Berichte sehr wichtig. In meinem Staunen über sie kann ich mich den einleitenden Worten von Christiane Lange zu Beginn des Rahmenteiles nur anschließen.

Die Autor*innen halten der evangelischen Kirche einen Spiegel vor. Sie sprechen über die Täter*innen und Tatkontexte innerhalb der Kirche. Sie zeigen auf, in welcher Weise und Tiefe sich christlich kleidende Religion in das Missbrauchsgeschehen verwoben ist. Sie thematisieren ihr Erleben mit der Institution Kirche in ihren in vielem kritisch zu sehenden Handlungsvollzügen. Und sie beschreiben ihren eigenen Glaubensweg vor dem Hintergrund der Missbrauchserfahrungen.

Mit all dem leisten die Autor*innen für die evangelische Kirche, Diakonie und Theologie einen wichtigen Beitrag. Denn ohne die Zeugnisse Betroffener kann sich die evangelische Kirche in ihrem Umgang mit sexualisierter Gewalt selbst nicht verstehen. Und nur durch die Mitarbeit Betroffener kann sie zu dem werden, was sie im Rückbezug auf ihre Quellen eigentlich sein will. So lohnt es sich, gespannt zuzuhören, was Betroffene über Kirche und Glaube im Angesicht sexualisierter Gewalt zu sagen haben.

Täter*innen und Tatkontexte

Schwerpunktmäßig sind es in den gesammelten Berichten männliche Pfarrer, die sexualisierte Gewalt verüben. Die Arbeit als Pfarrer ermöglicht den Tätern dabei zweierlei: Erstens bietet sie eine Möglichkeit, leicht mit Kindern und Jugendlichen in Kontakt zu kommen. So zum Beispiel in der kirchlichen Jugendarbeit, wie in den Berichten von Ingeborg Bergmann, Inela Marin, Ida und Thomas Wesskamp beschrieben. Im Falle von Victor E. ist es die pfarramtliche Zuständigkeit für einen Kindergarten, die den Übergriff mitermöglicht. Die Berichte beschreiben, dass es für die Täter einfach zu sein scheint, Kontexte zu schaffen, in denen sie mit den betroffenen Kindern und Jugendlichen alleine bzw. relativ alleine sind. In dem Bericht von Thomas Wesskamp wird im Kontext des Konfirmand*innen-Unterrichts beschrieben: „Nach einer Unterrichtsstunde fragte mich Pfarrer Stolze, ob ich ihm noch kurz etwas helfen könnte." Ingeborg Bergmann berichtet von einer Jugendfreizeit: „An einem Abend, wir hatten uns bereits gewaschen und waren im Nachthemd, wir lagen im oder auf unserem Bett, da ging, ohne dass angeklopft wurde, die Tür auf und der Pfarrer kam herein." Und Ida berichtet: „Ich war auch im Kirchenchor aktiv. Wir sangen im Gemeindehaus und vorher musste der Schlüssel beim Pfarrer abgeholt und nachher wieder in den Briefkasten geworfen werden. Meistens habe ich das übernommen, weil ich eh zu Fuß unterwegs war und auf meinem Weg praktisch am Pfarrhaus vorbeilief. Eines Tages sagte Kurt: ‚Wenn du den Schlüssel abgibst, kannst du klingeln, Ute ist nicht da und ich bin bestimmt noch wach.'"

Zweitens ist die Stellung des Pfarrers mit einer Position des Ansehens und – zumindest für einen kirchlichen Kontext – auch mit Macht verknüpft. So beschreibt zum Beispiel Ida: „Der Pfarrer war in meiner Kindheit schon eine besondere Person. Sie stand immer über einem. Was der Pfarrer sagte, war Gesetz. Er war eine Respektsperson und genoss das höchste Ansehen." Zudem thematisieren zahlreiche Berichte, dass es sich bei den Tätern um sehr charismatische Pfarrerpersönlichkeiten handelt. Täter war häufig nicht ein zwischenmenschlich inkompetenter Sonderling, sondern ein „angesehener [und] charismatischer Mensch".

Allerdings machen die Berichte auch deutlich, dass eine Fokussierung der Täterschaft von Missbrauch in der evangelischen Kirche und Diakonie auf Pfarrer zu kurz greift. Dass sexualisierte Gewalt ebenso von Chorleitern, Jugendmitarbeiter*innen, Diakoninnen oder Religionspädagogen verübt werden kann, sowohl von Haupt- als auch von Ehrenamtlichen oder Teilnehmenden, deutet sich auch in den Berichten an. So zum Beispiel im Bericht von Wilhelm Ganz, in welchem ein Heimleiter sich an zahlreichen Kindern vergeht, oder in dem Bericht von Sieglinde, in welchem Missbrauch durch Gleichaltrige – in der Fachsprache „peer violence" genannt – verübt wird.[1]

Die meisten Täter sexualisierter Gewalt in den gesammelten Berichten leben in ehelichen Beziehungen. Die bisweilen vorgebrachte vereinfachte Behauptung, dass Missbrauch kein Thema der evangelischen Kirche sei, weil es dort keinen Pflichtzölibat gäbe, erübrigt sich nicht nur mit Blick auf das Vorkommen von Gewalt in Familien, sondern auch auf die sich aus den Berichten ergebende Sachlage.

Sexualisierte Gewalt geht – wie in verschiedenen Studien belegt – auch in den hiesigen Berichten schwerpunktmäßig von Männern und teils auch Jungen aus. Allerdings wird in dem Bericht von Wilhelm Ganz deutlich, dass auch Frauen sexuellen Missbrauch verüben. Wird Missbrauch weiter als nur sexueller Missbrauch verstanden, und auch andere Formen von Gewalt umfassend, treten vor allem in den Berichten von Leonie und Nschotschi stärker Frauen als Täterinnen in den Blick.

---

[1] Zu dem Thema sexueller „peer violence" und einigen damit verknüpften Fragen bietet einen guten Überblick: Allroggen, Marc: Sexuelle Gewalt unter Gleichaltrigen. Forschungsstand und Forschungsbedarf, in: Trauma&Gewalt 2016/1, 4–11.

Tatkontexte

Marlene Kowalski differenziert in ihrer Fallanalyse von sexuellem Kindesmissbrauch im Zusammenhang der evangelischen Kirche zwischen drei primären Tatkontexten: der Gemeinde, dem Pfarrhaus und dem Heim.[2] Diese Einteilung hat auch für die Einordnung der hiesigen Berichte Erschließungskraft. Alle hier gesammelten Fälle lassen sich entsprechenden Tatkontexten zuordnen. Mit Blick auf die jeweils verübte Gewalt ergeben sich zwischen den verschiedenen Tatkontexten sowohl wichtige Unterschiede als auch Gemeinsamkeiten.

Besonders in den Berichten von Leonie und Wilhelm Ganz wird die unverdeckte Gewalt beschrieben, die Heimkinder durchleiden mussten.[3] Dabei treten sexualisierte, psychische, physische und andere Formen von Gewalt miteinander verschränkt auf. Im Bericht von Leonie wird nachgezeichnet, wie Kinder in diesem evangelischen Heim geprügelt, vernachlässigt, psychisch drangsaliert, eingesperrt und sexuell missbraucht wurden. Wilhelm Ganz beschreibt für die von ihm durchlebte Zeit in einem Heim, wie unverhohlen dabei sexualisierte Gewalt verübt und wie viele Kinder viktimisiert wurden: „Der damalige Direktor kam etwa einmal

---

[2] Kowalski, Marlene: Sexueller Kindesmissbrauch im Kontext der evangelischen und katholischen Kirche. Auswertung der vertraulichen Anhörungen und schriftlichen Berichte der Unabhängigen Kommission zur Aufarbeitung sexuellen Kindesmissbrauchs. Verfügbar unter: https://www.aufarbeitungskommission.de/wp-content/uploads/2018/06/Fallanalyse-Sexueller-Kindesmissbrauch-im-Kontext-der-katholischen-und-evangelischen-Kirche.pdf [zuletzt abgerufen am 20.09.2022].

[3] Einen differenzierten Blick auf die institutionelle Aufarbeitung bietet Thomas Zippert und merkt kritisch an: „Da es zumeist einrichtungsbezogene Publikationen waren, müsste man die Übertragbarkeit der Ergebnisse für andere Orte überprüfen. Eine Zusammenschau gibt es m. W. nicht. Es wäre auch zu fragen, was aus der Art Aufarbeitung überhaupt folgen kann, außer, dass sie im Gedächtnis der Wissenschaft gespeichert ist." Zippert, Thomas: Diakonie und (sexualisierte) Gewalt, in: Claussen, Johann Hinrich (Hg.): Sexualisierte Gewalt in der evangelischen Kirche: Wie Theologie und Spiritualität sich verändern müssen, Freiburg i. Br. 2022, 97.

in der Woche abends in den Waschraum, wo wir uns im Schlafanzug vor dem Zubettgehen wuschen. Sein Nachname war Hartmann. Er trat hinter ein Kind und zog ihm die Schlafanzughose auf. Danach griff er da hinein und fing an, das Gesäß und die Geschlechtsteile zu streicheln, auch mit dem Finger in den Anus einzudringen." Schon durch den strukturellen Kontext eines Heimes sind die Kinder der enormen Machtasymmetrie ausgeliefert. Die Autor*innen beschreiben den Tatkontext des Heimes als einen Ort roher und unverdeckter Gewalt.[4]

Der Tatkontext Pfarrhaus tritt in den Berichten von Nscho-tschi und Inela Marin in den Blick. Der Rahmen der Familie strukturiert diesen Kontext. Ähnlich wie ein Heim können, wie in dem Bericht von Nscho-tschi belegt, Familien sehr geschlossene Kontexte sein. Wobei dies durch die Krankheit der Mutter sicher mitbedingt ist. In einem geschlossenen System können verschiedene Formen von Gewalt leichter offen und wiederholt verübt werden. Die Kinder und Jugendlichen haben keine Möglichkeit, sich zu schützen. Wird die Gewalt von den Eltern bzw. Pflegeeltern als primären Bindungspersonen verübt, entspinnen sich vielschichtige Beziehungsgefüge, in denen Elternfiguren Quelle von Trost und Quelle von Gefahr gleichermaßen sind. Die Geschichte von Nscho-tschi gibt Zeugnis von einer ambivalenten Beziehung: „[Mein Vater] sagte auch: ‚Vergiss nie: Wenn ich nicht gewesen wäre, wärest Du heute nicht mehr am Leben.' Ich weiß, dass er mit diesem Satz recht hat, vermutlich hätte meine Mutter mich tot-

4 Zur Aufarbeitung von Missbrauch in evangelischen Heimen gibt es inzwischen zahlreiche Studien und Analysen. Hier zu beachten ist allerdings das Zitat von Thomas Zippert in der vorhergehenden Fußnote. Beispiele sind: Bing-von Häfen, Inga/Daiss, Albrecht/Kötting, Dagmar: „Meine Seele hat nie jemanden interessiert". Heimerziehung in der württembergischen Diakonie bis in die 1970er Jahre, Stuttgart 2017; Winkler, Ulrike: Kein sicherer Ort. Der Margaretenhort in Hamburg-Harburg in den 1970er und 1980er Jahren, Bielefeldt 2021; Frings, Bernhard/Kaminsky, Uwe: Gehorsam, Ordnung, Religion: Konfessionelle Heimerziehung 1945–1975, Münster 2012.

geschlagen." In dem Text von Nscho-tschi wird deutlich, dass eine Eltern-Kind-Beziehung in Gewaltkontexten eine hohe emotionale Komplexität entwickeln kann, die sich einfachen Zuschreibungen entzieht. In der Korrespondenz mit der Autorin in der Entwicklung dieses Rahmenteiles machte sie deutlich, dass Worte wie „Liebe", „Liebesvergiftung" und „echte Zuneigung" im Erleben der Beziehung jeweils Wichtiges und Spannungsvolles erfassen.

Eine Dynamik aus emotionaler Abhängigkeit, Schuldgefühlen und Erpressung spiegelt sich in dem Bericht von Inela Marin: „Auch als ich nicht mehr im Pfarrhaus wohnte, ging der Missbrauch bis zu meinem 24. Lebensjahr weiter, bis zu dem Zeitpunkt, als ich meinen dann späteren Mann kennenlernte. Noch Jahre später rief er mich an und sagte: ‚Wenn du redest, verliere ich meinen Beruf. Willst du das?' ‚Diese Geschichte muss ewig in unseren Herzen verschlossen bleiben.'"

In der Fallanalyse von Marlene Kowalski beschreiben betroffene Pfarrerskinder, dass das Wohnen im Pfarrhaus zum einen mit einem „normativen, ideologisch aufgeladenen Bild"[5] einer glücklichen und heilen Familie einherging, dem es zu entsprechen galt. Ida beschreibt passend dazu: „Die Pfarrfamilie erschien wie die perfekte Familie. Freundlich, lustig, respektvoll, im Glauben verbunden – eine Beziehung wie man sie sich als 16-Jährige erträumt." Anders als in den Berichten in diesem Buch, in dem Pfarrfamilien als relativ durchlässige Systeme erscheinen, können diese Erwartungshaltungen nach Marlene Kowalski auch zu einer Pfarrfamilie als relativ abgeschlossenem Kontext führen. Sie schreibt: „Die hohen moralischen Erwartungen, die man sowohl an die Familie als solche, als auch an den Pfarrer als Instanz der Rechtschaffenheit und Frömmigkeit heranträgt, führen zu einer erhöhten Geschlossenheit, Undurchlässigkeit und Abschottung des Systems der Pfarrfamilien."[6] Wobei hier zu ergänzen ist, dass die

---

[5] Kowalski, Marlene: a. a. O., 84.

[6] Kowalski, Marlene: a. a. O., 85.

Abgeschlossenheit der Pfarrfamilie nicht per se systemisch bedingt sein muss, sondern in den von Marlene Kowalski analysierten Fällen auch durch die missbrauchenden Väter intendiert sein könnte.

Schließlich war es der Status des Pfarrers, der zusammen mit dem des Vaters die Machtasymmetrie noch verstärkte und im Umfeld die Wahrnehmung von Missbrauch erschwerte: Es „wird dem Täter aufgrund seines hohen sozialen, religiösen und symbolischen Kapitals automatisch auch eine hohe moralische Sittlichkeit zugeschrieben."[7] In den Berichten von Nscho-tschi und Inela Marin werden Spezifika des Pfarrhauses nicht thematisiert. Dies liegt auch daran, dass zum Beispiel die Familie von Nscho-tschi nicht im Kontext eines typischen Gemeindepfarramtes lebt: „Mein Vater war Pfarrer. Aber kein Pfarrer in einer Pfarrgemeinde, sondern an einer diakonischen Einrichtung." Dass sexualisierte Gewalt in Pfarrfamilien in den in diesem Buch gesammelten Berichten eine untergeordnete Rolle spielt, kann auch damit zusammenhängen, dass das Sprechen über Gewalt in Familien, zumal in exponierten, mit hohen moralischen Ansprüchen belegten Familien, mit starken Schamgrenzen versehen ist.

In deutlichem Kontrast zur Offenheit der Gewalt in Heimen und teils auch dem Pfarrhaus wird sexualisierte Gewalt im Tatkontext Gemeinde beschrieben. Die Autor*innen schildern, dass Taten verdeckter geschehen. Als Opfer treten hier besonders junge Mädchen ab dem Konfirmationsalter in den Blick. In den meisten Fällen ist die Gewalt hier nicht mit physischem Zwang verbunden. In den Berichten von Ingeborg Bergmann, Inela Marin und Ida wird deutlich, dass es den Betroffenen auch deswegen so schwerfällt, das Unrecht als solches zu erkennen. Ida schreibt: „Ich hatte in der Zeit Angst, Angst, dass alles herauskommt, Angst, dass seine Frau etwas ‚entdecken' könnte, Angst, anderen Menschen wehzutun. Aber ich hatte niemals Angst vor körperlicher Gewalt. Andererseits ist dies auch der Punkt, warum ich wahrscheinlich so lange die Tatsachen

[7] Kowalski, Marlene: a. a. O., 86.

nicht begriffen habe und somit gezwungen war, alles zu verdrängen, um mit meinen Schuldgefühlen klarzukommen." Die Autor*innen beschreiben, wie Vertrauensbeziehungen nach und nach aufgebaut und dann erst später missbraucht werden. Grenzen werden sukzessive überschritten, Betroffene in emotionale Abhängigkeiten gebracht. Inela Marin berichtet: „Der Beginn meines Konfirmandenunterrichts war für mich wie der Eintritt in eine völlig andere Welt. Ich lernte andere Kinder kennen, ging in Jugendgruppen, lernte Gitarre spielen. Der Pfarrer machte sich sehr viel Mühe mit uns Jugendlichen. Er war der erste Erwachsene, der merkte, dass es mir zu Hause nicht gut ging und vorsichtig nachfragte. Ich wurde Babysitterin für seine beiden kleinen Kinder und verbrachte viel Zeit entweder im Pfarrhaus oder in der Kirche. Der Pfarrer wurde zu meiner engsten Vertrauensperson und ich nannte ihn in meinem Tagebuch ‚Papi'. Irgendwann sagte er zu mir: ‚Wenn du möchtest, bin ich ab jetzt dein Vater und meine Familie ist deine Ersatzfamilie.'" Der Bericht von Thomas Wesskamp macht aber deutlich, dass auch im Tatkontext Gemeinde sexueller Missbrauch in Form eines plötzlichen Übergriffs erfolgen kann. Die Tat erfolgt unvermittelt, ohne dass das Opfer eine intendierte Anbahnung eines Vertrauensverhältnisses wahrgenommen hat. „Als ich auf der Leiter herunterkam, wackelte sie bedenklich, und er versuchte mich festzuhalten, dabei landete eine seiner Hände auf meinem Schoß. Ich war in dem Moment völlig baff, wusste gar nicht, was das sollte, dachte noch an ein Versehen. Er ließ mich dann los und ich stieg von der Leiter ab. Dann stellte er sich dicht vor mich, so dass ich ihm nicht ausweichen konnte und legte seine Hand wieder auf meinen Intimbereich und begann mich dort zu streicheln."

Mit Blick auf die Systematisierung der drei Tatkontexte Heim, Pfarrhaus und Gemeinde ist interessant, dass die Berichte von Ida, Inela Marin und zum Teil auch Hannah zeigen, wie stark Pfarrhaus und Gemeinde verwoben sind. Die Anbahnung des Missbrauchs ist mit der Integration in die räumlichen und sozialen Strukturen des Pfarrhauses verknüpft. Ida beschreibt den sukzessiven Übergang vom Pfarrhaus als öffentlichem hin zum privaten Raum, mit sehr unklaren Grenzen. „Es wurde dann abgemacht, dass sich das Jungschar-Team jeden Montag im Pfarrhaus zur Besprechung für die nächste Jungschar-Stunde trifft." Sie berichtet vom „Filmeabend im kleinen Kreis im Pfarrhaus". Die Übergriffe beginnen „am nächsten Abend, als ich wieder im Pfarrhaus war". Es wird in diesem Bericht erkennbar, wie die Vermischung von Dienstlichem und Privatem, die schon an anderer Stelle als spezifisch protestantischer Risikofaktor ausgemacht wurde[8] und die sich im Pfarrhaus räumlich manifestiert, die Entstehung einer missbräuchlichen Beziehung begünstigt hat. Victor E. berichtet von einem sich über mehrere Monate erstreckenden sexuellen Missbrauch, den er bis zur Einschulung in einem Kindergarten erlitt. Auch dieser Fall geht über die obige Systematisierung der Tatkontexte hinaus. Dieser ist hier in einem Übergangsbereich zwischen Gemeinde und pädagogischer Institution. Kindergärten in kirchlicher Trägerschaft – und um einen solchen handelt es sich mit einer hohen Wahrscheinlichkeit – können in unterschiedlicher Intensität mit dem Gemeindeleben vor Ort verwoben sein. Die Beschreibung eines sexuellen Übergriffs in einem Kirchengebäude durch Victor E. kann dabei wortwörtlich gemeint sein oder eine metaphorische Beschreibung eines missbräuchlichen Kontextes darstellen, in dem die pädagogische Institution sehr eng in eine Kirchengemeinde integriert ist.

Auch wenn die Autor*innen der Berichte in vielen Fällen nicht mit Altersangaben arbeiten, wird doch erkennbar, dass die Viktimisierung in Familien und Institutionen – also Heim und Kindergarten – relativ früh in der Biografie stattgefunden hat, während sie in Gemeinden – der Bericht von Inela Marin bildet als Gesche-

---

8 Fehrs, Kirsten: Einbringung zur Verantwortung und Aufarbeitung bei sexualisierter Gewalt in der evangelischen Kirche: Zeitraum 2010 bis 2018, Geschäftsstelle der Synode, Hannover 2018, 5.

hen zwischen Gemeinde und Pfarrfamilie ein Spezifikum – eher in der Adoleszenz erfolgt.

Ein evangelisch-kirchlicher Tatkontext, der weder in der Fallanalyse von Marlene Kowalski noch in den hiesigen Berichten vorkommt, ist der der „Geistlichen Gemeinschaften und Kommunitäten“. Hier geht es um Gemeinschaften und Orden, die mit einem relativ hohen Grad an Verbindlichkeit zusammenleben. Für die katholische Kirche hat sich gezeigt, dass es in diesen – zumal durch Gründungsfiguren – verhältnismäßig häufig zu Missbrauch kam. Für den evangelischen Raum zeigt die Geschichte der „Evangelischen Geschwisterschaft“, die sich selbst der Aufarbeitung gestellt hat, ähnliches Agieren durch die Gründungsfigur Klaus Vollmer.[9] Bei evangelischen Kommunitäten und Gemeinschaften handelt es sich rein zahlenmäßig um relativ kleine Größen. Dies ist sicher auch ein Grund, warum der Tatkontext „Geistliche Gemeinschaften und Kommunitäten“ zwar auch für den evangelischen Kontext mitgedacht werden muss, in diesem Buch aber in keinem der Berichte vorkommt. Dennoch ist er wichtig und im Blick zu behalten. Angedeutet ist er eventuell in dem Bericht von Leonie, die aus einem Heim berichtet, in dessen Hintergrund eine Gemeinschaft mit einem verbindlicheren religiösen Leben steht. Wobei der Missbrauch hier nicht innerhalb der Gemeinschaft stattfindet, sondern aus dieser heraus auf vielfältige Weisen an Schutzbefohlenen begangen wird.

[9] Evangelische Geschwisterschaft e. V., Bericht der „Aufarbeitungskommission der Evangelischen Geschwisterschaft e. V.“, Stade 2022. Verfügbar unter: http://www.geschwisterschaft.de/ueber_uns/page28/downloads-5/files/Bericht_der_Aufarbeitungskommission_2022-02-17.pdf (abgerufen am 12.10.2022).

Religiöser Machtmissbrauch

Die gesammelten Berichte sind Geschichten von Macht und Machtmissbrauch. All die Texte ließen sich ausführlich unter der Reflexionsperspektive der „Macht“ analysieren. Die Macht der Täter*innen konstituiert sich dabei aus verschiedenen Faktoren. Da ist die berufliche Position. In dem Bericht von Wilhelm Ganz die des Heimleiters, in denen von Ida, Ingeborg Bergmann, Thomas Wesskamp und vielen anderen Berichten die des Pfarrers, im Bericht von Leonie die Stellung als Erzieher*in und im Bericht von Sieglinde haben die Täter durch die verwandtschaftliche Verbundenheit mit dem Vikar eine exponierte Stellung. Täter*innen haben hier qua Amt, beruflicher Aufgabe oder Stellung Macht über die Betroffenen. Die Berichte, die Gewalt in (Pflege-)Familien thematisieren, bringen das Machtgefälle zwischen Eltern und Kindern zu Bewusstsein. Hier bestehen physische, emotionale und ökonomische Abhängigkeitsverhältnisse. Ein weiterer Machtfaktor gegenüber Kindern und Jugendlichen ist das höhere Alter der Täter*innen. Ebenso kann das Geschlecht ein entscheidender Machtfaktor sein, wie auch der Text von Erika Kerstner in diesem Buch aufzeigt. Es geht um Beziehungsmacht, Deutungsmacht, die Macht von Geheimnissen und die verschiedenen Formen von Gewalt als Machtmittel.

Die Dokumentation von Macht und Machtmissbrauch durch Täter*innen ist in der Forschung als Grundthema schon an verschiedenen Stellen festgehalten worden.[10] An den hiesigen Berichten ist spezifisch, dass es sich um Taten in kirchlichen Kontexten

---

[10] Sehr kluge Reflexionen zu diesem Thema enthält ein Buch von Herbert Haslinger, das zwar aus dem katholischen Kontext heraus geschrieben ist, das mit seiner Zusammenschau aus sozialwissenschaftlichen, ekklesiologischen und soziostrukturellen Perspektiven aber auch viel wesentliches für den Protestantismus zu sagen hat. Vgl. Haslinger, Herbert: Macht in der Kirche: Wo wir sie finden – Wer sie ausübt – Wie wir sie überwinden, Freiburg i. Br. 2022.

handelt und entsprechend Religion einen Machtfaktor darstellen kann.[11]

Folglich dokumentieren einige der Berichte religiösen Machtmissbrauch: „Menschen werden mit geistlichen/religiösen Inhalten gedrängt, etwas zu tun oder zu lassen, weil es den Bedrängenden nützt."[12]

Dies ist prinzipiell in Betracht zu ziehen, wenn der Missbrauch durch religiöse Amtsträger erfolgt. Denn der Beruf zum Beispiel des Pfarrers ist per se mit dem Feld der Religion verbunden. Pfarrer*innen sind religiöse Expert*innen, denen eine hohe moralische Integrität zugeschrieben wird. Die Pfarrer*innen zugeschriebene Macht überschneidet sich mit der Macht qua beruflicher Stellung. Aber es geht um mehr. Pfarrer*innen haben religiös gefüllte Positionsmacht. Sie repräsentieren das gesellschaftliche Subsystem der Religion und haben darin relative Deutungshoheit inne. Entsprechend ist es Pfarrer*innen auf besondere Weise möglich, den Machtfaktor Religion für ihre eigenen Interessen zu missbrauchen. Die Berichte dokumentieren unterschiedliche Weisen, wie dies geschehen kann.

Religiös legitimierter Täterschutz

Die religiös aufgeladene Stellung räumt einen Schutz vor Schuldzuschreibungen ein. Dies wiederum kann sich gegen die Betroffenen wenden. Ida berichtet: „Meine Oma ist eine sehr kirchennahe, gläubige Frau, mit einer großen Achtung vor allen Lehrern und Pfarrern. Sie war fix und fertig, als sie es erfahren hat. Am Ende. Vor kurzem erst war ihr Mann nach schwerer Krankheit gestorben

---

11 Stärker vom Begriff der Spiritualität her und primär auf den Kontext der katholischen Kirche bezogen, thematisiert Doris Wagner verschiedene Arten und Weisen spirituellen Missbrauchs, die Parallelen auch in den hier gesammelten Berichten finden. Wagner, Doris: Spiritueller Missbrauch in der katholischen Kirche, Freiburg i. Br. 2019, 79–147.

12 Kessler, Martina: Einleitung: Macht und Machtmissbrauch, in: dies. (Hg.): Religiösen Machtmissbrauch verhindern, Giessen 2021, 14.

[und von dem Pfarrer beerdigt worden][13] und nun machte ihr über alles geliebtes Enkelkind solche Dinge. Welch eine Enttäuschung, welch ein Schmerz. Die ganze Familie war zutiefst erschüttert. Und ich war schuld. Ich alleine hatte ihnen allen dieses Leid zugefügt. Dass meine Oma diesen Schmerz wegen mir erfahren musste, habe ich bis heute kaum verkraftet. Ich kann heute noch diesen Schmerz fühlen, den sie gefühlt hat." Der religiöse Nimbus um den Pfarrer verstärkt die Schuldgefühle der Betroffenen. Schon hier wurde religiöse Macht missbraucht.

Eine massive Form des religiösen Machtmissbrauches mit einer Verschiebung der Verantwortung beschreibt Leonie in ihrer Heimerziehung: „Ich war Projektionsort der Betreiber, da ich bereits als Baby als Sünderin geboren worden war." Die Mitarbeiter*innen des Heimes verüben gegenüber Leonie brutalste Gewalt. Die Verantwortung dafür wird nicht selbst übernommen, sondern in das Opfer projiziert, das – gespeist aus einer religiösen Anthropologie – bereits als „Sünderin" geboren worden war. Sehr eindrücklich beschreibt Leonie einige Passagen später: „Nicht zuletzt hierbei war auffallend, dass die Gewalt Ausübenden und Anwendenden nirgendwo, zu keinem Zeitpunkt ein Unrechtsbewusstsein oder gar Scham an sich hatten. Sondern sich im Gegenteil innerhalb ihrer völlig verdrehten, für diese Zwecke ausgerichteten ‚Auslegung' biblischer Inhalte bewegten. Und dazu hatten sie eigenes, von ihren Vereinsführungen erarbeitetes Material dieser Tonart. Dabei beriefen sie sich darauf, dass sie ausschließlich gute Werke an uns heimatlosen Kindern täten, um uns eine Heimat zu geben und uns vor den Abgründen des Teufels und seinen Welten zu bewahren. Das Unrecht wurde von diesen Gewalthandlern bequemer- und praktischerweise ausgeblendet und verdrängt."

Die religiöse Macht der Mitarbeiter*innen wird als Legitimation für die verschiedenen Formen physischer und psychischer Gewalt missbraucht. In ihrem religiösen Deutungsrahmen verstehen

13 Anmerkung der Herausgebenden.

sie diese als „gute Werke". Entsprechend scheinen bestimmte religiöse Deutungsmuster verquickt mit einer schwarzen, sich aus fragwürdiger Bibelauslegung speisenden Pädagogik, ja sie scheinen diese sogar noch mit motiviert zu haben. Die Täter*innen selbst immunisieren sich gegenüber einer Verantwortungsübernahme durch einen religiös legitimierten Selbstschutz.

Missbräuchliche religiöse Deutungen gegenüber Betroffenen

In den Berichten von Inela Marin und Ida werden durch die Täter in verschiedener Hinsicht missbräuchliche religiöse Deutungen formuliert. Inela Marin schreibt: „Der Pfarrer sagte zu mir: ‚Ich weiß, dass du in mir einen Vater suchst, aber ich kann dich nur wie ein Mann lieben.' Es würde aber keine Rolle spielen, er wäre eben mein ‚väterlicher Freund'. Gott würde mir durch ihn seine Liebe zeigen und es wäre doch ein großes Glück, dass er für mich der Erste wäre." In der Ausnutzung emotionaler Bedürftigkeit mit sukzessiven Grenzüberschreitungen bis hin zum sexuellen Missbrauch deutet sich der Täter gegenüber der Betroffenen als ein Instrument der Liebe Gottes.[14] Durch die Deutung des Täters „Gott würde mir durch ihn seine Liebe zeigen" wird Verschiedenes postuliert: Gottes Wille sei der Wille des Täters, Gott handle durch die Taten des „väterlichen Freundes". Durch diesen religiösen Machtmissbrauch wird zweierlei getan: Der Täter reklamiert die Macht

[14] Die Verschränkung von Glauben, sexualisierter Gewalt und Manipulation ist Gegenstand ausführlicher Reflexion in einem Text von Alexander Fischer. Er arbeitet Strukturen der Manipulation heraus, die auch für die hier gesammelten Berichte erschließend sind. Als literarisches Beispiel rekurriert er auf Goethes Faust und schreibt: „Konkret wird ein Ausnutzen und Bespielen von Margaretes Vulnerabilitäten, ihrer jugendlichen Unerfahrenheit, ihrer mitunter sorgenvollen Einsamkeit, der traurigen Familiengeschichte, des engen Korsetts ihres Lebens, [...] der Anfälligkeit für Scham und Schuld, und der Sehnsucht nach Zuwendung möglich." Fischer, Alexander: Das Handwerk der Verführung: Manipulation, Sexualität und Glaube, in: Wirth, Matthias/Noth, Isabelle/Schroer, Silvia (Hg.): Sexualisierte Gewalt in kirchlichen Kontexten: Neue interdisziplinäre Perspektiven, Berlin/Boston 2022, 204.

und Autorität Gottes für sich und erhöht dadurch den Druck auf sein Opfer, sich zu fügen. Denn wer kann und will, in der Logik des Täters, sich der Liebe Gottes entgegenstellen? Zweitens wird durch den religiösen Machtmissbrauch die Wahrnehmung des Opfers vernebelt, die Kategorien zwischen Gut und Böse werden weiter vermischt. Die aus der Biografie der Betroffenen heraus positiv besetzte Größe „Gott" wird durch den Täter mit dem destruktiven Missbrauch in Verbindung gebracht.

Von einer anderen missbräuchlichen religiösen Deutung berichtet Ida: „Plötzlich wollte Kurt ‚uns' – bzw. mich nicht mehr. Kurt hat mir gesagt: ‚Es kann auch sein, dass der Teufel unsere Beziehung wollte!' Das werde ich nie vergessen. Ich war geschockt. Ich hatte das Gefühl, dass mich der Teufel geschickt hatte, um seine Ehe zu zerstören." In dieser Deutung wird die eigene Verantwortung des Täters kaschiert. Als Ursache für das Geschehene wird die religiöse Figur des „Teufels" in Anspruch genommen. Die Destruktivität der missbräuchlichen Beziehung wird durch den Täter in Ansätzen erkannt, jedoch scheinbar weniger in seiner Wirkung für das Opfer, sondern eher in Bezug auf sich selbst und seine Ehe. Durch die religiöse Deutung des Täters erlebt sich das Opfer als ein Instrument des Teufels: „Ich hatte das Gefühl, dass mich der Teufel geschickt hatte, um seine Ehe zu zerstören." Die Deutungsmacht des Täters kann auf diese Weise die Schuldgefühle der Betroffenen verstärken und den Druck zu schweigen erhöhen.[15]

---

[15] Passend dazu schreibt Joyce Ann Mercer: „By this rendering, child sexual abuse in church contexts produces several particular harm-effects, including: 1. betrayal resulting in severe disruptions in the survivor's ability to trust (thus undermining relational capacities); 2. persistent guilt and shame related to an enduring sense of responsibility (thus undermining self-loving capacities); and 3. the „ultimacy" of the kind of authority a pastor holds leading to serious disruption of religious/spiritual meaning-making when a pastor as perpetrator uses religious symbols, language, space, and a sense of unique identification with the divine, to sexually exploit a child (thus undermining spiritual meaning-making capacities)." Mercer, Joyce Ann: Spiritual Care for Survivors of Church-Related Sexual Abuse, in: Wirth, Matthias/Noth,

Von einem Versuch, religiöse Macht zu missbrauchen, zeugt der Bericht von Thomas Wesskamp. Es handelt sich um einen Versuch, der viele Jahre nach der Missbrauchstat verübt wird. Der Betroffene ist inzwischen theologisch ausgebildet und persönlich von dem Täter unabhängig. Die Machtasymmetrie besteht also nicht mehr und entsprechend scheitert der Versuch auch. Dennoch soll er hier skizziert werden, weil ihm ein Muster zugrunde liegt, dem sich andere Betroffene gegebenenfalls nicht in gleicher Weise entziehen können. Im Bericht von Thomas Wesskamp drängt Pfarrer Stolze auf eine versöhnliche Beilegung des aus dem Offenlegen des Missbrauchs entstandenen Konfliktes, ohne zuvor Verantwortung übernommen zu haben. Dabei argumentiert er an das Opfer gerichtet mit einem Zitat aus der Bibel: „Ich empfehle dringend, einmal nachzulesen, was Jesus zu diesem Thema sagt: Matthäus 18,21 und 22.“ In der entsprechenden Stelle im Matthäusevangelium heißt es: „21 Da trat Petrus hinzu und sprach zu ihm: Herr, wie oft muss ich denn meinem Bruder, der an mir sündigt, vergeben? Ist’s genug siebenmal? 22 Jesus sprach zu ihm: Ich sage dir: nicht siebenmal, sondern siebzigmal siebenmal.“[16] Pfarrer Stolze reklamiert dabei die Autorität religiöser Schriften für seine eigene Position. Durch die durch die Bibel bezeugte Stimme Jesu soll sein Opfer dazu angehalten werden, ihm zu vergeben. Dabei wird in der Instrumentalisierung einer religiösen Instanz „Vergebungsdruck“ aufgebaut. Zudem werden die Verantwortlichkeiten verschoben: Das Problem für den aktuellen Konflikt liegt bei dieser Argumentationsfigur nicht in den missbräuchlichen Taten begründet, sondern in der mangelnden Vergebungsbereitschaft des Opfers. In einem versuchten Missbrauch religiöser Macht will Pfarrer Stolze eine religiöse Instanz für seine Zwecke zu Lasten des Opfers instrumentalisieren.

Isabelle/Schroer, Silvia (Hg.): Sexualisierte Gewalt in kirchlichen Kontexten: Neue interdisziplinäre Perspektiven, Berlin/Boston 2022, 527.

[16] Lutherbibel 2017.

Aus theologisch-reflektierender Perspektive ist zu dieser Begebenheit noch anzumerken, dass unabhängig vom Sinn und Unsinn Bibelstellen aus dem Kontext zu reißen und als Argumente anzuführen, doch ausgerechnet diese Passage aus dem Matthäusevangelium die Intention des Täters konterkariert. So werden in Matthäus 18 zu Beginn die besondere Stellung und der Schutz der Kinder thematisiert. Und in der Passage unmittelbar vor dem vom Täter angeführten Zitat geht es darum, dass ein Gemeindeglied, das trotz mehrfacher Ermahnung nicht zu begangenem Unrecht steht, aus der Gemeinde ausgeschlossen werden soll.

Missbrauch in der Seelsorge

Eine andere Form von religiösem Machmissbrauch findet sich, wenn in spezifisch religiösen Vergemeinschaftungsformen sexualisierte Gewalt geschieht. So zum Beispiel in der Seelsorge. Die badische Landesbischöfin Heike Springhart schreibt: „Menschen wenden sich in ihrer Verletzlichkeit und Bedürftigkeit an Pfarrpersonen, denen sie als Seelsorger*innen vertrauen; häufig entstehen dadurch intensive Vertrauensverhältnisse. Zugleich zeichnen sich gerade Seelsorgeverhältnisse durch eine spezifische Asymmetrie aus, die in den verschiedenen Rollen und der konkreten Situation begründet liegt. Die unterschiedliche emotionale Stabilität und Verfasstheit und die verschiedenen Rollen, in denen sich Seelsorgerin und Gesprächspartner begegnen, können eine Form von seelsorglicher Abhängigkeit begründen. Dabei lebt Seelsorge von der Grundannahme, dass es dort einen Raum gibt, in dem Hilfsbedürftigkeit und Verletzlichkeit nicht ausgenutzt werden, und dass der Seelsorger keine Interessen verfolgt. Auf dieser Basis entstehen die hohe emotionale Dichte und ein großes Maß an Nähe, die paradoxerweise von der Distanz und klaren Struktur lebt. Der Seelsorger und die Seelsorgerin haben die Verantwortung, diese Nähe so zu gestalten, dass sie der Rat suchenden Person nicht zu nah kommen, und für die professionelle Rahmung und Struktur der Seelsorgebeziehung zu sorgen.“[17] Das Zitat umreißt Grundlagen und Rahmen von Seelsorge. Vor diesem Hintergrund ist der Missbrauch einzuordnen, von dem Hannah berichtet: „Er sah mich in meiner Not und bot mir seine Hilfe in der Seelsorge an und so versuchte ich zu vertrauen, zeigte mich in meinem tiefen Schmerz, meiner Wut und meinen Zweifeln an Gott. Und dann gab es auch da diese Schwelle, nichts gibt es einfach so, für alles muss ich zahlen. Ich werde nicht um meinetwillen geliebt.“ Das Zitat macht deutlich, warum Missbrauch in seelsorglichen Beziehungen auch religiöser Machtmissbrauch ist: Denn die Betroffene öffnet sich mit ihren persönlichen Glaubensfragen, ja der Raum und die Offenheit für diese ist das Spezifikum von Seelsorge. Die Intimität religiöser Fragen und des Austauschs darüber führt zu einer Nähe und Verletzlichkeit, die im Fall von Hannah durch den Seelsorgenden ausgenutzt wurde. Der Jugendpastor erhält durch die ihm zugeschriebene religiöse Kompetenz eine Stellung, die ihn ansprechbar macht für ein helfendes Gespräch über den sehr intimen Bereich des persönlichen Glaubens. Und diese Machtstellung wird ausgenutzt.

Destruktive Religiosität

In den weiteren Themenkomplex religiösen Machtmissbrauchs gehören verschiedene Passagen, die destruktive Formen von Religiosität beschreiben. So zum Beispiel in einigen Passagen im Bericht von Sieglinde. Hier bilden bestimmte Aspekte der religiösen Sozialisation einen Teil eines schikanierenden Instrumentariums. Sieglinde schreibt: „Meine beiden Pflegeeltern waren sehr fromm, es wurde regelmäßig gebetet und gefastet, über meinem Bett hing

[17] Springhart, Heike: Kein Zwang zur Vergebung: Befreiungstheologische Aspekte einer evangelischen Lehre von der Vergebung angesichts sexualisierter Gewalt, in: Claussen, Johann Hinrich (Hg.): Sexualisierte Gewalt in der evangelischen Kirche: Wie Theologie und Spiritualität sich verändern müssen, Freiburg i. Br. 2022, 13f.

das bekannte Dürerbildnis des auf einem Stein sitzenden dornengekrönten Jesus, von dem mir gesagt wurde, dass ich durch meine bösen Taten und Gedanken schuld sei an seinem Leiden." Durch die Erziehungsmacht der Pflegeeltern werden dem Kind religiös sanktionierte Schuldgefühle vermittelt. Sie bilden einen Aspekt der religiösen Dimension eines von der Autorin als lieblos und vernachlässigend beschriebenen Lebens in der Pflegefamilie. So macht der Bericht von Sieglinde bewusst, wie – sei es bewusst oder unbewusst von den Pflegeeltern tradiert – destruktive Religiosität Teil einer vernachlässigenden Erziehung sein kann. Das natürliche Machtgefälle in einer Eltern-Kind-Situation wird – bewusst oder unbewusst – zum Schaden des Kindes missbraucht.

Leonie berichtet von massiven Formen destruktiver Religiosität. Hier sind destruktive Religiosität und religiöser Machtmissbrauch in die gewaltförmige Erziehung im Heim verwoben.[18] Ihr wird eine medizinische Betreuung verwehrt und der unter den Schmerzen leidenden Jugendlichen werden stattdessen religiöse Übungen verordnet: „Fakt ist jedoch, dass ich nach der Appendix-OP fortan unermessliche Bauchkrämpfe zur und während der Regel hatte. Maßnahmen dagegen wurden verboten. Wie bei allem Negativen ist Hilfreiches dagegen verweigert worden. Stattdessen folgten auf den Knien zu verbringende Bet-Sessions, im Gott-Daueranbeten-Müssen. Ihr anscheinender Gott hatte aber tatsächlich keine Zeit zur Linderung und Besserung." Statt medizinischer Hilfe wird eine religiöse Praxis verschrieben, welche die Ursachen des Problems nicht adressiert. Statt der erforderlichen Unterstützung wird eine religiöse Ersatzhandlung vollzogen. Dies ist in einem religiösen Weltbild möglich, das ärztliche Hilfe und religiöse Praxis

[18] Die Bedeutung von destruktiven religiösen Vorstellungen, zumal in einer sexualitäts-verleugnenden Variante, und ihre Einbettung in autoritäre pädagogische Institutionen sind Gegenstand des Textes: Kaminsky, Uwe: Tabuisierung und Gewalt: Sexualisierte Gewalt in der konfessionellen Heimerziehung der 1950er- und 1960er-Jahre, in: Wirth, Matthias/Noth, Isabelle/Schroer, Silvia (Hg.): Sexualisierte Gewalt in kirchlichen Kontexten: Neue interdisziplinäre Perspektiven, Berlin/Boston 2022, 285–303.

als Alternativen gegenüberstellt, und zudem erstere mit Zwangsmechanismen versieht. Beides sind Ausdrucksformen einer destruktiven Religiosität.

Erfahrungen mit der Institution Kirche

Welche Erfahrungen haben die Betroffenen mit der Institution Kirche gemacht? Die Antwort auf diese Frage ergibt sehr unterschiedliche, zur Differenzierung anregende Befunde. Einige größere Linien sind erkennbar und sollen im Folgenden gegliedert dargestellt werden.[19]

Gemeindeerfahrungen

Viele der Berichte beschreiben positive Gemeindeerfahrungen in der Zeit vor dem Missbrauch. Besonders die Autor*innen, die später in gemeindlichen Kontexten Opfer wurden, berichten von vormals vielen guten Erlebnissen. So blickt Thomas Wesskamp zurück: „Die Kirchengemeinde war immer ein wichtiger Ort für mich, ja mehr noch: Heimat. Kindergottesdienst, Kinderchor und Jungschar gehörten fest zu meinem Alltag dazu." Inela Marin beschreibt, dass die Kirchengemeinde eine Art heile Gegenwelt im Vergleich zu den schwierigen Umständen zu Hause war: „Der Beginn meines Konfirmandenunterrichts war für mich wie der Eintritt in eine völlig andere Welt. Ich lernte andere Kinder kennen, ging in Jugendgruppen, lernte Gitarre spielen. Der Pfarrer machte sich sehr viel Mühe mit

[19] Auf einer Metaebene einen klaren analytischen Blick auf das Verhältnis vor allem sich progressiv verstehender kirchlicher Institutionen gegenüber Betroffenen gibt ein Text von Hilary Jerome Scarsella: When Survivors Come Forward: Analyzing Patterns of Progressive Institutional Response and Working toward Transformative Interventions, in: Wirth, Matthias/Noth, Isabelle/Schroer, Silvia (Hg.): Sexualisierte Gewalt in kirchlichen Kontexten: Neue interdisziplinäre Perspektiven, Berlin/Boston 2022, 379–403.

uns Jugendlichen." Ähnlich beschreibt dies auch Hannah: „Neben all den schrecklichen Erfahrungen meiner Kindheit und Jugend fand ich Halt, in der Christenlehre, im Besuch des Gottesdienstes, im Kirchenchor zwischen all den alten Menschen, im Krippenspiel und an drei Gottesdiensten den Joseph spielend, um dann am Heiligabend, nach der Bescherung krank im Bett zu liegen. Doch die Kirche war mir vertrauter und wärmer, als es meine Familie je sein konnte." Hannah thematisiert neben den vielen positiven Aspekten des Gemeindelebens eine kirchliche Milieuverengung, die ihr von einem sozial weniger privilegierten Hintergrund herkommend, das Einfinden in der Gemeindejugend erschwerte. „Ich fand Halt in einer benachbarten Gemeinde, ein Jugendkreis, Jugendchor, irgendwie war ich nicht mehr so fremd. Da gab es einen Platz, wo ich mit dem, was ich glaubte und auch woran ich zweifelte, sein konnte, ich hatte einen Platz. Doch ich verstellte mich, war kein Kind aus gebildeter Familie, keine Gymnasiastin, wie alle anderen, spielte kein Instrument und musste für alles arbeiten oder meinen Vater beklauen, um dabei sein zu können, wenn wir etwas unternahmen." Auch wenn diese Begebenheit aufweist, dass Gemeindeleben schon vor dem Missbrauch nicht als ideal erlebt wurde, zeigen die Autor*innen in ihren Texten, was für einen wichtigen Ort kirchliches Gemeindeleben bieten kann. Dies gilt zumal für Menschen, die schon früh auch Erschütterungen durchleben mussten. Umso schwerwiegender waren später dann auch die Einschnitte durch die sexuellen Übergriffe. So zeigen die Autor*innen auf, warum die Missbrauchsfälle in der evangelischen Kirche so gravierend sind: Ein biografischer Ort innerer Heimat, der für Menschen so heilsam und wichtig sein kann, wird zum Ort tiefster Verletzungen.

Kirchliche Verfahren

Wurden die Betroffenen des Missbrauchs gewahr und zeigten diesen an, setzten sich innerhalb der kirchlichen Behörden Verfahren in Gang. Einige der Autor*innen thematisieren, wie im Rahmen kirchlicher Verfahren mit dem Missbrauch umgegangen wurde. Dabei treten signifikante Probleme unter anderem in Bezug auf die Dauer und Transparenz der Verfahren und die Kommunikation mit möglicherweise weiteren Betroffenen zu Tage. Zudem taucht die Ahndung der Vergehen durch die gängigen Disziplinarverfahren als Fragestellung auf. An einigen Stellen wird aktiv der Schutz von Tätern und Mitverantwortlichen betrieben.

Einige der Autor*innen berichten von einem hohen Leidensdruck durch die schiere Länge der Verfahren. Inela Marin beschreibt ein viele Jahre andauerndes Prozedere, das ohne ihren eigenen Einsatz und ihr eigenes Bemühen im Sande verlaufen wäre. Schon die hohe zeitliche Intensität, die Trägheit und die Intransparenz der kirchlichen Vorgänge sind für sich genommen belastend. Sie beschreibt: „Es folgte ein drei Jahre dauerndes, zähes, verwirrendes, widersprüchliches, seltsames Verfahren, das ich ohne meine jahrelange Psychotherapie, ohne gute und liebevolle Unterstützung durch meinen zu dem Zeitpunkt Freund und späteren Mann, meine Psychotherapeutin und meine Rechtsanwältin niemals durchgehalten hätte." Später erfährt sie, dass manches Verwirrende und Widersprüchliche darin begründet war, dass die zuständige kirchliche Behörde ab 2002 versucht hatte, den Fall zu vertuschen und den Täter zu schützen. Der Täter wurde unterstützt und trotz Kenntnis der Sachlage ein Disziplinarverfahren nicht eingeleitet. Dieses Fehlverhalten sollte dann, so scheint es, ab 2011 noch ein zweites Mal im Verborgenen bleiben. Erst durch die Androhung, sich an die Öffentlichkeit zu wenden, wird eine partielle Verantwortungsübernahme erwirkt. Dieses unehrliche Agieren verschiedener Verantwortungsträger zerstörte für Inela Marin damals das letzte Stück Vertrauen in die Kirche.

Victor E. beschreibt, wie er bereits 2010 den Missbrauch anzeigte. Es folgte eine gescheiterte Option eines Disziplinarverfahrens. Als Victor E. 2016 begann, sich um Hilfeleistungen zu bemühen, dauerte es fünf Jahre, bis er sie tatsächlich erhielt. Zudem bedurfte es hohen medialen Drucks.

Leonie berichtet von ihrem Verfahren, das in die Zuständigkeit diakonischer Aufarbeitung fiel, als einem für sie ausgesprochen belastenden, langen Prozess. Für sie war die enorme zeitliche Ausdehnung des Verfahrens so belastend, dass ihre Auseinandersetzung mit dem Missbrauch auch dem Anliegen dient, „dass die Verfahren für die Erwachsenen verkürzt werden, und dass es während der Verfahren mehr Schleusen des Trosts und der Hilfe für die Betroffenen gibt, die Verzweiflung und Hoffnungslosigkeiten erleben." Neben der Länge wird eine hohe Intransparenz beklagt. Leonie beschreibt, dass von ihr eingereichte persönliche Unterlagen ohne Absprachen weitergeleitet wurden. Inela Marin berichtet: „An dem Tag, als ich zur ‚Vernehmung' im Landeskirchenamt eingeladen war, teilte man mir mit, es wäre versäumt worden, mir mitzuteilen, dass die Kirche keine rechtliche Handhabe mehr gegen den Täter habe." Insgesamt ist im Bericht von Inela Marin der Schutz des Täters für die kirchlichen Behörden ein ausgesprochen hohes Gut.

Die Berichte von Victor E. und Wilhelm Ganz weisen auf das Problem mangelnder Kommunikation mit möglichen weiteren Betroffenen hin. Wilhelm Ganz beschreibt, dass nach zumindest einem partiellen Aufdecken der Geschehnisse keine Kommunikation mit den Kindern in dem Heim stattgefunden hatte. Victor E. berichtet, dass seinen Berichten von dem Missbrauch im zuständigen Landeskirchenamt zwar geglaubt wurde, allerdings keine für ihn ersichtliche Kommunikation mit der Gemeinde stattfand, in welcher der Missbrauch geschah. Ohne diese jedoch scheint ein Auffinden weiterer Betroffener nicht möglich.

Zudem ist auffällig, dass keine*r der Autor*innen von einem Disziplinarverfahren berichtet, das der Täter wirklich habhaft werden konnte. Im Falle von Thomas Wesskamp wird es nicht als sinnvoll erachtet und gar nicht erst aufgenommen, bei Inela Marin wird das Geschehene vertuscht und ein Disziplinarverfahren bewusst verschleppt, auch bei Victor E. gibt es kein erfolgreiches Disziplinarverfahren und andere Autor*innen hatten entschieden, die Taten nicht anzuzeigen. Im Fall von Wilhelm Ganz gibt es vielleicht eine Ahndung, allerdings ist nichts aktenkundig.

Es ist eine bittere Wahrheit der hier gesammelten Berichte, dass eine adäquate Ahndung der Taten wahrscheinlich in keinem der Fälle stattgefunden hat.

Ansprechstellen

Über die letzten Jahre wurden von der EKD und den verschiedenen Landeskirchen spezielle Ansprechstellen für Betroffene ins Leben gerufen. Unter anderem der Text von Inela Marin macht deutlich, warum dies dringend nötig war. Ihr Bericht zeigt ein kirchliches Agieren auf, das Vertuschung ermöglicht, das unstrukturiert ist und völlig an den Betroffenen vorbeigeht.

Autor*innen, die über ihre Erfahrung der inzwischen eingerichteten kirchlichen Ansprechstellen berichten, erzählen in vielen Fällen von positiven Erfahrungen. Für Ida ist der Kontakt zur „Zentralen Anlaufstelle.help“ für Betroffene von sexualisierter Gewalt in evangelischer Kirche und Diakonie wichtig und hilft, das Geschehene einzuordnen: „Als ich also ahnte, was damals passiert war, habe ich meine Geschichte aufgeschrieben und an help geschickt, eine Zentrale Anlaufstelle für Betroffene von sexualisierter Gewalt in der evangelischen Kirche. Ich wollte einfach wissen, ob ich auf einer völlig falschen Spur bin oder wirklich Opfer eines Missbrauchs geworden war. Die Rückmeldung kam nach einer Woche und ich hatte es schwarz auf weiß. Ja, es war ein Missbrauch – ohne Zweifel. Eine ‚Fachfrau‘ hatte meine Geschichte gelesen und sie ganz klar als Missbrauch einordnen können.“ Thomas Wesskamp berichtet von hilfreichen Gesprächen mit den zuständigen Frauen aus der Rechtsabteilung der Landeskirche. „Beide Frauen haben mich in guter Weise unterstützt, nie in Zweifel gezogen, was ich erzählte, und doch realistisch die Handlungsmöglichkeiten aufgezeigt.“ Auch Ingeborg Bergmann berichtet über die kirchliche

Ansprechstelle von Kontakt zu Menschen mit „offene[n] Ohren und Herzen".

Leonie betont in ihrem Text aber auch die Wichtigkeit von unabhängigen Vertrauenspersonen für Betroffene. Personen, die in keiner Verbindung zu Kirche und Diakonie stehen. Dieses Anliegen scheint insofern wichtig zu sein, als in ihrem Erleben diese Verbindung eine Parteilichkeit und Solidarität mit den Betroffenen gefährden kann.

Der kirchliche Umgang mit Missbrauch in der Öffentlichkeit

Ein Thema, das in einigen Berichten auftaucht, ist der Umgang mit Missbrauch durch die evangelische Kirche in der Öffentlichkeit. Inela Marin und Wilhelm Ganz beschreiben es als Problem, dass Missbrauch vor allem als „katholisches" Thema wahrgenommen wird. Als geltende Meinung konnte und kann dies Betroffenen aus der evangelischen Kirche und Diakonie es schwerer machen, ihr Schweigen zu brechen, und fördert deren Isolation als „Einzelfall". Entsprechend ist es wichtig, dass Inela Marin und Wilhelm Ganz explizit machen, was auch die anderen Autor*innen bezeugen und was inzwischen auch der gesellschaftlichen und kirchlichen Wahrnehmung entspricht: nämlich, dass sexueller Missbrauch auch ein evangelisches Thema ist.

In einigen der Berichte wird deutlich, dass es in der persönlichen Aufarbeitung der Betroffenen sehr wichtig sein kann, dass kirchenleitende Persönlichkeiten in der Öffentlichkeit zum Thema sexueller Missbrauch und zu dessen Aufarbeitung Stellung beziehen. Auf ein entsprechendes Interview mit Bischöfin Kirsten Fehrs in der Zeitschrift „Chrismon" hin wendet sich Ingeborg Bergmann an die kirchliche Ansprechstelle. Auch Inela Marin fasst Mut, sich mit ihrer Fallgeschichte erneut an die Landeskirche zu wenden, als sie klare Äußerungen zum Thema Aufarbeitung durch einen evangelischen Kirchenmann auf einer Veranstaltung hörte. Dadurch wird sichtbar, dass eine proaktive kirchliche Öffentlichkeitsarbeit, zumal durch kirchenleitende Persönlichkeiten, im Umgang mit Fällen sexuellen Missbrauchs für Betroffene in der persönlichen Aufarbeitung sehr wichtig sein kann.[20]

Auf ein wichtiges Problem kirchlicher Öffentlichkeitsarbeit weist Victor E. in seinem Bericht hin. Dabei geht es um die ungebrochene öffentliche Würdigung des Pastors, der ihn als Kind missbraucht hatte. Dies war zum einen dadurch bedingt, dass „ich meine Erfahrungen Pastor Dr. Jochen Boll, dem damaligen Gemeindepastor, in einem Vieraugen-Gespräch mündlich mitgeteilt [hatte]. Dieser vereitelte mein Vorbringen des sexuellen Missbrauchs, relativierte die Tat. Beschwichtigte und nahm den Straftäter in Schutz. Leugnete dieses Gespräch auf Nachfrage der Landeskirche." Entsprechender Pastor ist es auch, der den – im Inhalt entsprechenden, im Wortlaut für das Buchprojekt anonymisierten – Nachruf mitverantwortete:[21] „Als Gemeinde trauern wir um unseren früheren Pastor Felix Schmied, der in der vergangenen Woche im Alter von 76 Jahren nach ertragener Krankheit verstorben ist. Wir danken für seine Zeit, in der Pastor Schmied als Seelsorger und Pfarrer in der Gemeinde tätig gewesen ist. In all dieser Zeit hat er der Gemeinde den lebendigen und österlichen Christus verkündigt und hat vorgelebt, was dieser Glaube bedeuten kann. Gut 20 Jahre ist Felix Schmied in der Johannes-Gemeinde Pfarrer gewesen, bevor er den Pfarrdienst in der Lukas-Gemeinde übernommen hat. Wir werden seiner in Wertschätzung und Respekt gedenken und vertrauen sein Leben und seine Seele dem österli-

---

20 Nicht thematisiert werden in den Texten die zahlreichen Bitten um „Entschuldigung", die von Kirchenvertretern immer wieder vorgebracht werden. Dies kann auch in der Problematik eben dieser Bitten begründet liegen, die Mathias Wirth sehr klar und plausibel aufzeigt in: Die Banalisierung sexualisierter Gewalt im Gestus ihrer Entschuldigung, in: ders./Noth, Isabelle/Schroer, Silvia (Hg.): Sexualisierte Gewalt in kirchlichen Kontexten: Neue interdisziplinäre Perspektiven, Berlin/Boston 2022, 355–377.

21 Der Wortlaut des originalen Nachrufs liegt auch den Herausgebenden vor und ist bis heute im Internet auffindbar.

chen Christus an." Es ist ein Nachruf, wie er für Betroffene nur als große Lüge und erneute Demütigung gelesen werden kann. Dass dies Victor E. so widerfahren konnte, ist nicht nur durch den Pfarrer zu verantworten, der dem Missbrauchstäter auf der Pfarrstelle nachfolgte. Es liegt auch ein großer Teil der Verantwortung bei der Landeskirche, welche die Gemeinde nicht über das Geschehene in Kenntnis gesetzt hatte.

Seelsorge

Einige der Berichte thematisieren kirchliche Seelsorge. Für Hannah ist sie der Kontext, in dem großes Vertrauen entgegengebracht und dann ausgenutzt wurde. Im Text von Ingeborg Bergmann wird der Kontakt zu einem Krankenhauspfarrer als eine positive Erfahrung beschrieben. Von einem Kontakt zu einer Pfarrerin, der seelsorglicher Natur gewesen sein könnte, berichtet auch Wilhelm Ganz.

Ein besonderes Augenmerk soll an dieser Stelle auf die Seelsorge-Erfahrung von Inela Marin gelegt werden, weil sich ihr Bericht dezidierter mit Seelsorge nach der Missbrauchserfahrung auseinandersetzt. Auch wenn es sich dem Rahmen nach um Supervision handelt, wird inhaltlich ein – wenn auch missglücktes – Seelsorgegeschehen beschrieben. Inela Marin berichtet: „In einer Seelsorge-Fortbildung für Pfarrerinnen und Pfarrer, die von einem Superintendenten und einer Krankenhausseelsorgerin geleitet wurde, sprach ich in der Einzelsupervision zum ersten Mal über das, was im Pfarrhaus geschehen war. Das sei eindeutig sexueller Missbrauch gewesen und ich solle mich unbedingt mit dem Pfarrer aussprechen, sagte die Pfarrerin zu mir. Dabei sollte ich ihm mitteilen, dass er sich selbstverständlich keine Sorgen machen müsse. Alles stünde unter der seelsorgerlichen Schweigepflicht und niemand sonst würde davon erfahren. Außerdem wäre ich schon 16 Jahre alt gewesen. Ich hätte doch, wenn nicht sofort, aber dann doch in den darauffolgenden Jahren ‚einfach aufstehen und gehen können‘. Ihre Frage, warum ich das nicht getan habe, konnte ich nicht beantworten. Ich schämte mich in Grund und Boden und fühlte mich schuldig. Was meinen damaligen Ehemann betraf, könne ich froh und dankbar sein, wenn er sich nun nicht scheiden ließe, denn wer wolle schon mit einer missbrauchten Frau zusammen sein. Ich solle alles dafür tun, meine Sexualität wieder in Ordnung zu bringen. Dazu sei es wichtig, ihr alles genau zu erzählen, was damals geschehen war. Dann würden die Symptome verschwinden und ich könne nach Hause gehen und mit meinem Mann schlafen. Das Gegenteil geschah. Je mehr ich ihr erzählte, desto schlechter ging es mir. Ich verlor den Boden unter den Füßen und bekam Suizidgedanken [...]. Obwohl die Krankenhauspfarrerin der Ansicht war, dass ich Seelsorge bräuchte und keine Psychotherapie, ließ ich mir einen Termin in einer Frauenberatungsstelle geben, um eine Liste mit Adressen von Therapiemöglichkeiten zu bekommen.“

Dieses Beispiel von Seelsorge soll hier noch einmal näher thematisiert werden, weil es sehr eindrücklich genau das Gegenteil von dem repräsentiert, was traumasensible Seelsorge bedeutet.[22] Es zeigt auf, welche destruktiven Folgen es haben kann, wenn Seelsorgende in diesem Bereich kein Wissen über die Dynamik von Traumata mitbringen. Sieben der problematischsten Aspekte sind diese:

1. Es wird nicht erkennbar, dass die Seelsorgerin versucht, die Betroffene zu stärken und zu unterstützen. Die Interessen der Betroffenen werden nicht ins Zentrum gestellt.[23]
2. Solidarität ist nicht Teil des seelsorglichen Handelns.
3. Die Seelsorgende ist nicht informiert über Grundlagen zu sexuellem Missbrauch.

[22] Zum Begriff und Thema „Traumasensible Seelsorge“ siehe: Stahl, Andreas: Traumasensible Seelsorge. Grundlinien für die Arbeit mit Gewaltbetroffenen, Stuttgart 2019.

[23] Vergleiche dazu die sehr passende Analyse der Interessensgewichtungen durch Erika Kerstner in diesem Buch.

4. Die Krankenhausseelsorgerin grenzt Seelsorge und Therapie nicht professionell ab. Sie weiß nicht um die Grenzen der Zuständigkeit von Seelsorge.
5. Es wird nicht auf weiterführende Unterstützungsangebote verwiesen. Diese muss sich die Betroffene selber suchen.
6. Die Seelsorgerin hat ein diffuses Verständnis von seelsorglicher Verschwiegenheit. Dieses wird auf Bereiche angewendet, für die es nicht gilt, und dadurch tendenziell Verwirrung und Unklarheit erzeugt.
7. Für die theologische Forschung und seelsorgliche Weiterbildung ist wichtig, dass das Beispiel aufzeigt, dass bestimmte Grundannahmen, die in vielen Seelsorgetheorien gelten, nämlich z. B., dass Erzählen stets wichtig sei und helfe, für Seelsorge nach traumatischen Ereignissen dezidiert nicht gilt. Das Erzählen treibt die Betroffene in eine Erlebnisspirale hinein, die bis hin zur Suizidalität führt.

Die Berichte der Autor*innen zeigen auf, dass zur Aufarbeitung von sexualisierter Gewalt durch die evangelische Kirche auch gehört, die Seelsorgepraxis zu aktualisieren und auf eine Weise zu gestalten, die Betroffenen dienlich ist.

Kirche als Arbeitgeberin

Drei der Autor*innen haben die evangelische Kirche als Arbeitgeberin erlebt. Thomas Wesskamp, Inela Marin und Nscho-tschi arbeiten zumindest streckenweise als Pfarrer*innen. Dies zeigt noch einmal klar auf, dass auch auf Ebene der hauptamtlichen Mitarbeitenden ein Gegenüber von „den Betroffenen" auf der einen und „der Kirche" auf der anderen Seite die Realität nicht angemessen beschreibt. Betroffene sind auf verschiedene Weise und eben auch als Hauptamtliche Teil der Kirche.

Der Bericht von Inela Marin wirft dabei die Frage auf, in welcher Weise die Gebrochenheiten von Berufsbiografien mancher

Betroffener in der Kirche einen Platz haben. Sie schreibt: „Die Kirche, so war ich damals überzeugt, dürfe von meiner ‚seelischen Labilität' nichts erfahren. Dann würde ich nie wieder eine Stelle bekommen. Und so verlängerte ich meine berufliche ‚Pause' immer wieder." Ihre Perspektive einige Jahre später gibt sie dann so wieder: „Was sollte ich nun tun? Könnte ich unter diesen Umständen nach meiner Gesundung in dieser Kirche noch als Pfarrerin arbeiten? Kann ich mich irgendwann in den Beruf zurückmelden, als wäre nichts geschehen? Würde mich die Kirche mit diesem Wissen denn überhaupt wieder einstellen? Fragen über Fragen, die mich erdrückten."

Diese Sätze von Inela Marin rühren an eine sehr grundsätzliche Frage. Nämlich, wie sich die arbeitsrechtliche Realität der Kirche zu ihrem theologischen Selbstanspruch verhält, besonders ein Ort für Menschen zu sein, die „unter die Räuber gefallen sind".[24] Und was dies für mögliche Mitarbeitende bedeutet, die im Laufe ihres Lebens therapeutische Hilfe in Anspruch nehmen mussten. Der Text von Inela Marin weist hier auf kirchenrechtliche Härten hin, die dem Leben von Betroffenen nur sehr bedingt gerecht werden.

Das Verhältnis zur Kirche im Laufe des Lebens

Fragt man am Ende dieses Abschnitts danach, wie sich das Verhältnis zur evangelischen Kirche in den verschiedenen Biografien bisher entwickelt hat, so ergibt sich ein sehr vielfältiges Bild, auch wenn nur einige der Autor*innen dieses Thema explizieren. Für einige Autor*innen trifft zu, was Kirsten Fehrs beschreibt: „Zumeist werden ‚Institution Kirche' und ‚von sexualisierter Gewalt betroffene Menschen' einander gegenübergestellt. Das ist für viele Gesprächs- und Medienkontexte auch zutreffend und angemessen,

---

[24] So die Formulierung im viel rezipierten Gleichnis vom Barmherzigen Samariter in Lk 10,30.

aber noch nicht alles. Denn viele Betroffene sind auch Teil der Kirche, nicht alle, aber einige wollen dies bewusst bleiben."[25]

Zwei der Autor*innen arbeiten als Pfarrer*innen, sind also hauptamtlich für die Kirche tätig. Wobei dies mit einem zu differenzierenden Grad an innerer Nähe einhergehen kann. Nschotschi schreibt: „Mit der Institution Kirche habe ich wenig gute Erfahrungen gemacht und mir für mein Pfarrerin-Sein eine Nische in der Klinikseelsorge gesucht. Meine Arbeit macht mir Freude und ich erlebe sie als erfüllend."

Für viele Autor*innen ist das Verhältnis zur evangelischen Kirche sehr belastet, bis hin zu innerem Kontaktabbruch und Vermeiden von allem, was an „Kirche" erinnern könnte. Seinen Kindern stellt Wilhelm Ganz frei, „sich taufen und konfirmieren zu lassen. Er selbst ist zwar weiterhin Kirchenmitglied, aber von sich aus betritt er keine Kirche mehr."

Im Leben von Ingeborg Bergmann spiegeln sich verschiedene Wandlungen in ihrem Verhältnis zur evangelischen Kirche wider. Die Frage, was ihr hilft, beantwortet sie damit, dass „[so] komisch es klingen mag, über eine ganze Zeitlang […] mir die totale Abwendung von der Kirche und vor allem von ihren Vertretern, den Pfarrern, geholfen [hat]. Ich habe sie gemieden wie die Pest." Als Studentin tritt sie aus der Kirche aus, viele Jahre später tritt sie erneut ein. Sie beschreibt auch, mit einigen Pfarrer*innen inzwischen befreundet zu sein, was früher für sie undenkbar gewesen wäre. „Doch das Restgefühl aus meinem 15. Jahr, ob ich wohl trauen und vertrauen kann, die Unsicherheit, ob man mir mit Respekt und ohne Lüge begegnen wird, die Nicht-Gewissheit, ob ich zu dieser Gemeinde/Gemeinschaft gehöre oder nicht, ist nicht ver-

---

25 Fehrs, Kirsten: Vergebungsbedürftigkeit der Kirche und Verständigung als Annäherung zum Versöhnungsgeschehen? Versuch einer theologischen Einordnung, in: Claussen, Johann Hinrich (Hg.): Sexualisierte Gewalt in der evangelischen Kirche: Wie Theologie und Spiritualität sich verändern müssen, Freiburg i. Br. 2022, 40.

schwunden, sondern schmerzlich manifest." Das Verhältnis zur Kirche ist und bleibt für sie ambivalent.

Ida beschreibt, wie sie den Kontakt zur Kirche durch die Auseinandersetzung mit dem Missbrauch verloren hat: „Seitdem ich verstanden habe, was damals passiert ist, kann ich nicht mehr in die Kirche gehen, finde keinen Weg zurück zur christlichen Gemeinde. Ich kann mich nicht mehr aktiv einbringen, weil sich alles in mir sträubt. Ich habe es versucht, wirklich, beinahe über meine Kräfte, inzwischen habe ich aufgegeben. Es gab Zeiten, da habe ich mehrere Wochen gebraucht, um den Weg in den Sonntagsgottesdienst zu gehen. Ich habe versucht, mir vorzunehmen hinzugehen, und kurz vorher doch wieder zurückgezogen. Wenn ich es dann geschafft hatte, hat es hinterher eine Woche gedauert, um mich davon zu erholen, bis ich nicht mehr geweint und pausenlos daran gedacht habe. Wenn ich heute zum Gottesdienst gehen muss (wegen Konfirmation oder anderer wichtiger Verpflichtungen), kostet es mich immer noch unheimliche Kraft und ich versuche, ‚jemand anderen' in mir hinzuschicken. Es ist, als würde ich einen Teil von mir abkoppeln, der geht zum Gottesdienst, und wenn ich (bzw. dieser Teil von mir) den Gottesdienst wieder verlässt, tue ich alles mir Mögliche, um schnell alles zu vergessen und in den Alltag zurückzukehren. Nur nicht daran denken: an Kirche, Pfarrer, Talare, Predigten." Dieses starke Vermeidungsverhalten ist auch aus psychotraumatologischer Perspektive verstehbar und verständlich. Es dient dem Selbstschutz vor den enormen Belastungen, die durch die Auseinandersetzung mit dem traumatischen Ereignis bedingt sind. Trigger, also traumabezogene Hinweisreize, sollen möglichst vermieden werden. Ida beschreibt eindrücklich, wie belastend die Konfrontation mit all dem ist, was sie an den Missbrauch erinnert.

Und trotzdem ist der Wunsch da, gegenüber der Familie nicht über das Geschehene zu sprechen. Diese soll den Glauben an eine „gute Kirche" behalten können. „Aber am meisten Angst habe ich, dass ich den Glauben von anderen Menschen zerstöre: einen unerschütterlichen Glauben, an das Gute im Menschen, an eine ‚gute'

Kirche und einen ‚guten' Gott. Wie soll man einer Kirche Vertrauen schenken, wenn man weiß, dass die Mutter oder Ehefrau darin missbraucht wurde."

Inela Marin beschreibt den Zerbruch im Verhältnis zur Kirche als den schmerzlichen Verlust einer inneren Heimat, der auch nach vielen Jahren zu Tränen rührt: „Meine tiefe Trauer darüber, dass ich mein ‚Zuhause in der Kirche', wie ich es damals formuliert hätte, verloren hatte, dauerte viele Jahre. Manchmal kommen mir auch heute noch die Tränen. Ich habe das Gefühl, mit dem, was ich erlebt habe, herausgefallen zu sein, nicht mehr dazuzugehören, nicht mehr reinzupassen und auch nicht mehr willkommen zu sein."

Auch dieser letzte Satz wiegt schwer. Inela Marin erlebt, dass es für Menschen mit ihrer Geschichte keinen Platz in der evangelischen Kirche mehr gibt. Sie passt nicht mehr hinein, fühlt sich nicht mehr willkommen.

Die heftige Erschütterung durch das Trauma des Missbrauchs wirkt auch im Verhältnis zur Kirche für viele Betroffene das ganze Leben fort. Themen, die dabei für einige der Autor*innen immer wiederkehren, sind die Fragen nach Vertrauen, Zugehörigkeit und den Umgang mit Triggern.

Die Erarbeitung dieses Rahmentextes war ein dialogischer Prozess, in dem die Autor*innen der Berichte Rückmeldungen und Überarbeitungsvorschläge einbrachten. In einer intensiven Korrespondenz rund um die Frage, wie sie ihr eigenes Verhältnis zur evangelischen Kirche bestimmen würde, formulierte Inela Marin folgende Worte, die in Rücksprache mit der Autorin hier zitiert werden dürfen:

> „Mir ist die Kirche immer noch nicht egal, worüber ich mich selbst wundere. Ich kämpfe noch mit ihr, setze mich immer noch mit ihr auseinander, fordere sie mit meinen Worten ‚Eine Kirche, die sich von uns berühren ließe, …' heraus.
> Auch mein Beruf sitzt mir immer noch in den Kleidern. Ich wollte diese Kirche mal vertreten. Nicht, weil ich von ihr als In-

stitution überzeugt war, sondern von dem, was ich als unbedingt verkündigungswert empfinde. Mit ihrem Umgang mit dem Thema Missbrauch tritt sie diese Botschaft mit Füßen.
Ich ringe mit dieser Kirche – immer noch! Vielleicht, weil ich noch ‚ein Bruchstück von Hoffnung' habe. Aber von einem Wunsch auf Zugehörigkeit in ihrer Mitte bin ich noch weit entfernt.
Die Worte von Nscho-tschi, die Christiane Lange aus dem Mailwechsel zitiert, berühren mich sehr. Ich habe nicht zweimal so vehement an den Türen des Landeskirchenamtes gerüttelt, um den Ruf der Kirche zu schädigen. Als ob es darum ginge! … Es ging auch mir um Beziehung, um Vertrauen …, um Verantwortungsübernahme … Wie sehr hätte ich mir das damals gewünscht …
Wenn ich den Eindruck hätte, dass mich irgendjemand hören würde, würde ich meine Stimme, so laut es geht, erheben und rufen: ‚Verdammt nochmal!!! Merkt ihr das eigentlich?! Bei all dem, was ihr euch uns gegenüber geleistet habt, gibt es immer noch Betroffene unter uns, die so reden können, die so um den Kontakt, die Auseinandersetzung mit euch ringen!
Es wäre eine unglaubliche Chance!
Wenn ihr uns hören würdet!
Wenn sich Kirche von uns berühren ließe!'"

Spuren im Glauben

Wenn Autor*innen von den Spuren des Missbrauchs in ihren Biografien berichten, dann schreiben viele auch darüber, wie sich ihre eigene Religiosität verändert hat. Der sachliche Grund dafür ist, dass sich traumatische Erfahrungen durch alle Lebensbereiche ziehen und auch den Glauben betreffen können. Weil dies wichtig ist, wurden Äußerungen zu diesem Themenbereich durch das Team der Herausgebenden angefragt: In dem Leitfaden, der nach dem

Erstkontakt verschickt wurde – mit dem die Autor*innen, wie die Berichte bezeugen, allerdings sehr frei umgingen –, waren auch Fragen nach der persönlichen Religiosität enthalten. Dieser Themenbereich ist aus verschiedenen Gründen mit Blick auf erstens die Betroffenen, zweitens die Kirche und drittens Forschung und Gesellschaft wichtig.

Erstens mit Blick auf Betroffene, weil das Sprechen über Glaube nach Missbrauch weitestgehend einem doppelten Tabu unterliegt. Dies gilt sowohl für das Sprechen über Missbrauch als auch für die Kommunikation über Glaubensinhalte. Dieses doppelte Tabu macht es Betroffenen sehr schwer, Räume für eben die Fragen zu finden, in denen beide Bereiche zusammenfallen.[26] Beim Thema sexualisierter Gewalt in der Kirche korrespondiert das doppelte Tabu noch mit der doppelten Verletzung der Intimität. Eine doppelte Intimität ist gegeben durch zum einen die Intimität der Sexualität, zum anderen die Intimität des Glaubens. Erfolgt Missbrauch im Bereich der Sexualität durch eine*n Glaubensvertreter*in, ist die Verletzung der Intimität eine doppelte. Die Sexualität und der Glaube werden verletzt. Der Themenbereich ist also mit Blick auf andere Betroffene wichtig, um das doppelte Tabu zu durchbrechen und Sprachräume für diese doppelte Verletzung der Intimität zu eröffnen.

Mit Blick auf die evangelische Kirche ist der Fragenkreis um Glauben und Missbrauch – zweitens – unter anderem von Bedeutung, weil die Berichte von Betroffenen bezeugen, wie sehr sexueller Missbrauch in der Kirche gegen den Kern des Evangeliums gerichtet ist. Sexueller Missbrauch kann Biografien zerstören, er zerstört Lebensmöglichkeiten, er zerstört Vertrauen, religiöse Ressourcen und er kann den Glauben an Gott zerstören. Es behindert

---

[26] Dies ist auch ein Grund, warum die Initiative „GottesSuche: Glaube nach Gewalterfahrungen e. V." so wichtig ist. Denn sie versucht, diese Räume zu eröffnen. Dass sich im deutschsprachigen Raum allerdings kaum eine bis keine vergleichbaren Initiativen finden, kann als Hinweis auf diese doppelte Tabuisierung gesehen werden.

die „Kommunikation des Evangeliums“[27] deswegen massiv, wo sich die evangelische Kirche nicht einer gründlichen Aufarbeitung stellt. Die Berichte der Betroffenen sind auf gewisse Weise damit theologische Argumente für diesen Prozess.

Drittens ist dieses Themenfeld mit Blick auf Gesellschaft und Forschung relevant. Eben weil es im deutschsprachigen Raum so wenig Beachtung findet und dadurch vieles, was für Betroffene sehr wichtig sein kann, aus dem Blickfeld gerät: zum einen die Spuren des Traumas im Glauben, also der Blick auf die spirituelle Verwundung; zum anderen aber auch der Blick auf die spirituellen Ressourcen des Glaubens. Die Texte der Autor*innen eröffnen den Blick auf beides. Und weisen darauf hin, dass dieser Themenbereich auch in Gesellschaft und Forschung mehr Beachtung verdient.

Erschütterungen

> „Diese Schwere des Erlebens, des Erlebten. Die mich über viele
> Jahrzehnte
> meines Lebens
> umhüllte
> besetzte
> zersetzte
> in mir wütete.
> Tag für Tag, Nacht für Nacht, wie eine Schaufel
> Erde mehr, die das Grab, in das ich geworfen wurde, zuschüttet.
> Erst meinen Brustraum, mein Herz, meinen ganzen Körper.
> Mein ganzes Dasein.

[27] Dieses von Ernst Lange in die praktische Theologie eingeführte Theorem wird inzwischen breit zur Beschreibung der Kernaufgabe kirchlichen Handelns verwendet und beispielsweise von Christian Grethlein auch in das Zentrum eines praktische theologischen Programmentwurfes gestellt. Vgl. Grethlein, Christian: Praktische Theologie, Berlin/Boston ^{2}2016, 1–12.

Mir die Sicht nahm auf den Himmel,
auf mein Leben, auf meine Sehnsüchte und
Wünsche, die dort sternenklar funkelten.
Die mein Menschsein nicht mehr möglich erscheinen ließen."

In poetischer Sprache fasst Victor E. die totale Erschütterung seines ganzen Seins in Worte. Es ist wie ein Lebendig-Begraben-Werden. Er beschreibt den Druck auf Brustraum und Herz. Die elementarsten menschlichen Vitalfunktionen, Atmung, Sauerstoffversorgung, schlicht die Lebenserhaltung, scheinen unter dem Trauma begraben zu werden. Im Anschluss an die Andeutung der somatischen Folgen beschreibt er – aufeinander durchsichtig – seelisch-spirituelle Folgen. Es wird die Sicht auf den Himmel genommen, das Leben, die Sehnsüchte, die Wünsche, die am Himmel funkeln. Ganzes Menschsein scheint nicht mehr möglich.

Ingeborg Bergmann berichtet von einem geistlichen Tagebuch. „Hier habe ich handschriftlich religiöse Dinge eingetragen, die mir wichtig waren, viele Seiten: Texte über die Bibel, den Katechismus, Lieder, Sprüche zum Vorstellungs- und Konfirmationsgottesdienst (meine eigenen Denksprüche und die meiner Mitkonfirmand*innen, anderer Bekannter und Freund*innen). Es wird deutlich, wie wichtig mir diese Glaubensfragen waren, wie viel Zeit und Gedanken ich hier einbrachte – auf der Suche nach einem eigenen Weg." Doch durch den Übergriff erfolgt eine Erschütterung, auch im Bereich des Glaubens: „Danach habe ich nie wieder in dieses Buch geschrieben. Mein Weg, meine christliche Glaubenssuche waren hier zu Ende."

Ida berichtet, dass der Missbrauch seine glaubenserschütternde Wirkung behält. Nicht nur im eigenen, sondern auch im Leben anderer. „Aber am meisten Angst habe ich, dass ich den Glauben von anderen Menschen zerstöre: einen unerschütterlichen Glauben, an das Gute im Menschen, an eine ‚gute' Kirche und einen ‚guten' Gott."

Die traumatischen Erfahrungen hinterlassen tiefe Spuren in der Religiosität der Betroffenen. In der im deutschsprachigen Raum wirkmächtigen Definition von traumatischen Ereignissen von Fischer und Riedesser heißt es, dass diese mit einer „Erschütterung von Selbst- und Weltverständnis“[28] einhergehen. Vor dem Hintergrund der Zeugnisse der Autor*innen lässt sich diese Definition auch für den Bereich des Glaubens fruchtbar machen. Traumatische Erfahrungen können die spirituelle Dimension von Selbst- und Weltverständnis erschüttern, oder anders akzentuiert auch Selbst-, Welt- und Gottesverständnis. Infolgedessen berichten viele der Autor*innen von bohrenden Glaubensfragen.

Glaubensfragen und Glaubensklagen

Die Erschütterungen des Missbrauchs werfen zahlreiche Glaubensfragen auf. Einige davon sollen hier näher thematisiert werden. Oft werden sie in der Form der Klage vorgetragen. Nikolett Móricz beschreibt treffend: „In den Situationen von Isolation und Verlassenheit haben traumatisierte Menschen zu jeder Zeit für sich kreative Auswege gefunden und Möglichkeiten des Selbstausdrucks für sich entdeckt. Klage(laute) gehören zu den ältesten poetischen Formen der menschlichen Rede[.]“[29]

Ganz zentral wird in einigen Texten die Frage nach dem „Warum?“ hörbar, theologisch formuliert die Theodizeefrage bzw. allgemeiner gefasst die Frage, wie die Existenz Gottes und das eigene Leiden existentiell und intellektuell in Beziehung zueinander gesetzt werden können. Für Nscho-tschi war diese drängende Frage einer der Faktoren, die sie in ein Theologiestudium führten. „[Ich] wollte auch verstehen, warum Gott das Leiden der Menschen zulässt und wo er ist, wenn Menschen leiden. Wo war er, wenn ich gelitten ha-

---

[28] Fischer, Gottfried/Riedesser, Peter: Lehrbuch der Psychotraumatologie, München ^{5}2020, 88.

[29] Móricz, Nikolett: Beredtes Schweigen: Psalmen in traumat(he)ologischer Perspektive, in: Claussen, Johann Hinrich (Hg.): Sexualisierte Gewalt in der evangelischen Kirche: Wie Theologie und Spiritualität sich verändern müssen, Freiburg i. Br. 2022, 174.

be?" Eine ähnliche Frage stellt auch Ida: „Aber wenn er so allmächtig ist und so ‚lieb' ist, wie ich zeit meines Lebens gedacht habe, warum lässt er so viel Schlimmes zu? Gott ist Gott, – neutral – ich verstehe ihn nicht." Inela Marin schreibt in ihrem Text: „Nach dem Tod meiner Mutter sagte mir jemand einen Satz, der bis heute in meinem Herzen geblieben ist: ‚Du darfst deine Fäuste zum Himmel ballen und schreien: ‚Gott, warum?!', aber wirf dein Vertrauen nicht weg!' Wie viele Male habe ich meine Fäuste zum Himmel geballt?! Wie viele unzählige Male habe ich geschrien. ‚Gott, warum?!'"

Auch für Hannah reicht die Frage nach Gott und dem Leid in die tiefsten Glaubensschichten: „All mein Erleben von Gottes Nähe in der Gemeinschaft, all die Verbindung war gleichzeitig verbunden mit all den Zweifeln, ob es überhaupt einen Gott geben kann, wenn es auch so viel Leid gibt. Und so zog die große Wut in meinem Leben ein, die Wut auf Gott, der doch liebend und allmächtig sein sollte. Ich schrie ihn an, ich flehte ihn an, ich bat ihn mir zu helfen, mich zu sehen in meiner Not, ich bat um Erlösung aus meinem seelischen Leid. Doch Gott war nicht da, nicht für mich. Wie so oft, musste ich allein mit den Schrecken kämpfen. Gott hält mich nicht und Gott zählt mich nicht mit, nur ein dummes Kinderlied."

Neben der Frage nach Gott und dem Leiden im engeren Sinne, und auch als logische Folge von dieser, werfen die Autor*innen in ihren Texten die Frage nach dem Vertrauen auf. Besonders wie dieses zu Gott nach dem traumatischen Erleben noch möglich ist.

Hannah schreibt: „Wie kann ich vertrauen? Warum habe ich nicht gelernt zu vertrauen? Was ist geschehen, dass ich nicht vertrauen konnte?" Und Inela Marin fasst ähnliches in Worte: „Und immer wieder entschied ich mich, es wieder aufzunehmen: mein Vertrauen in Gott, in das Leben, in die Liebe, in Beziehungen zu anderen Menschen und – vielleicht war das das Schwerste überhaupt – mein Vertrauen in mich selbst."[30]

---

[30] Joye Ann Mercer argumentiert, dass die Schwierigkeiten zu Vertrauen in besonderer Weise spezifisch für die Folgen sexuellen Missbrauch in kirchlichen Kontexten

Im Text von Nscho-tschi wird ein weiterer wichtiger Fragenkreis sichtbar. Nämlich jener, der sich durch eine traumaerfahrene Wahrnehmung biblischer Texte ergibt. Nscho-tschi beschreibt, die Identifikation mit einem Kind-Ich übernehmend, Fragen an die biblische Figur des Jona: „Jona soll nach Ninive gehen und den Menschen dort eine Botschaft von Gott überbringen. Aber er will das nicht. In der Kinderbibel steht: ‚Jona dachte: Ich laufe fort. Ich laufe ganz weit fort, so weit, dass Gott mich nicht mehr finden kann. Dann brauche ich nicht nach Ninive.' Gott lässt Jona aber nicht in Ruhe, schickt seinem Schiff einen schlimmen Sturm und auch den Wal, der Jona verschluckt. Schließlich gibt Jona seinen Widerstand auf und geht dann doch gehorsam nach Ninive. Warum zwang Gott Jona, etwas zu tun, was dieser nicht wollte? Das machte mich ärgerlich! Das fand ich nicht richtig von Gott. Wo Jona doch ‚Nein' gesagt hatte. Und ein ‚Nein' ist nun mal ein ‚Nein'! Gott hätte doch sicherlich auch noch jemand anders finden können, der seine Worte übermittelt."

Diese Passage lässt sich auch aus einer Trauma-unabhängigen Perspektive verstehen. Das Kind stellt berechtigte Fragen. Sie erschließt sich aber noch einmal auf eine neue Weise, wenn sie als Fragen eines Kindes an biblische Texte gelesen wird, das Grenzüberschreitungen und Willensmissachtung durch eine Autoritätsfigur durchleben musste. Dieses Beispiel kann deutlich machen, dass die Perspektive Betroffener auf biblische Texte eine sehr spezifische sein kann. Und damit ist die Frage aufgeworfen, wo diese spezifische Perspektive in Verkündigung und theologischer Reflexion ihren Ort hat.

Die Fragen nach dem „Warum?", die Frage nach Gott im Leiden, die Frage nach der Möglichkeit von Vertrauen und die Fra-

---

sind. Vgl. Mercer, Joyce Ann: Spiritual Care for Survivors of Church-Related Sexual Abuse, in: Wirth, Matthias/Noth, Isabelle/Schroer, Silvia (Hg.): Sexualisierte Gewalt in kirchlichen Kontexten: Neue interdisziplinäre Perspektiven, Berlin/Boston 2022, 527ff.

gen, die sich aus einer durch das Trauma beeinflussten Bibelwahrnehmung ergeben, sind nur einige Beispiele für all das, womit manche Betroffene ringen.

Der Text von Hannah, der einen tiefen und bewegenden Einblick in die Fragenfülle gibt, die sich für den Glauben nach traumaischen Erfahrungen stellen, schreibt: „Wie wäre mein Leben, wenn ich daran glaube, dass es einen Platz für mich gibt, dass ich wirklich gewünscht bin? Wie wäre es, wenn ich daran glaube, dass ich geliebt und geachtet bin? All das sind Versprechen, die ich von klein auf gehört habe."

Und später formuliert sie: „Gott zählt und sieht mich doch. Ich muss nur noch etwas aushalten. Niemals lässt Gott mich los, er hält mich in seiner großen Hand. Wenn er mich verlassen würde, hieße es doch, dass ich nicht stark bin, dass ich nicht leiden kann, dass ich nicht tragen kann, was Gott mir zutraut zu tragen. Jesus hat auch gelitten, für uns alle, dann schaffe ich es auch. Ich höre das und erlaube mir, nicht zu zweifeln. Und doch gibt es große Zweifel in mir. Gott, wer oder was bist du? So groß und nicht greifbar, so klein, dass du die Blume am Weg bist. Ich verstehe das nicht. Ich verstehe Gott nicht. Und schon gar nicht verstehe ich den göttlichen Masterplan für mein Leben."

Heilsame Erfahrungen

Trotz Erschütterungen und zahlreichen Fragen ist der Glaube für einige der Autor*innen im Leben eine positive Größe. Vieles an Gott ist und bleibt unverständlich, dennoch berichten einige der Texte von wichtigen und positiven Glaubenserfahrungen oder wie Elke Seifert es in Worte fasst „heilsamen spirituellen Erfahrungen".[31]

[31] Seifert, Elke: Eine Response, in: Claussen, Johann Hinrich (Hg.): Sexualisierte Gewalt in der evangelischen Kirche: Wie Theologie und Spiritualität sich verändern müssen, Freiburg i. Br. 2022, 191.

Für Ida ist Gott ein Gegenüber, das zwar nicht verstehbar, aber doch irgendwie da ist. Sie beschreibt ein religiöses Bedürfnis, das Gott erfüllt: „Ich brauche Gott als Gegenüber in meinem Leben. Ich brauche jemanden, dem ich meine Nöte, Ängste, Sorgen, Freuden anvertrauen kann. Und ich habe nach wie vor Hoffnung, dass er mir in schwierigen Situationen hilft. Aber wenn er so allmächtig ist und so ‚lieb' ist, wie ich zeit meines Lebens gedacht habe, warum lässt er so viel Schlimmes zu? Gott ist Gott – neutral –, ich verstehe ihn nicht. Aber noch glaube ich fest daran, dass er da ist." Für Ida ist Gott jemand, dem sie sich mit ihren tiefen Gefühlen und Fragen anvertraut und der in schwierigen Situationen helfen kann. Ida erlebt, dass Gott da ist, auch wenn manche Glaubensfragen ungeklärt bleiben.

Nscho-tschi berichtet von einer Erfahrung, die sie religiös deutet und die sie als „Schlüsselerlebnis zwischen mir und Gott" beschreibt. Nachdem sie viele Jahrzehnte von Albträumen geplagt war, beschreibt sie einen Albtraum, in dem ein Verfolger sie töten will. Es entsteht eine aussichtslose Situation: „In diesem Moment habe ich wütend nach Gott gerufen. Ich habe ihn mit meinem Ruf geradezu ‚herbeizitieren wollen', voller Trotz. Wenn er mir schon nicht half zu entkommen, dann wollte ich, dass er wenigstens bei mir ist, wenn ich sterbe!" Dann meint sie tatsächlich zu sterben. „Ich fiel in eine große Dunkelheit und Leere hinein. Und jemand oder etwas hat mich dabei festgehalten. Gott war da und hielt mich fest. Und dann wachte ich auf: Ich lag in meinem Bett, es war angenehm warm und sicher." Dieses Ereignis ist ein zentrales für ihren Weg im Leben mit Traumafolgen und in der Beziehung zu Gott. „Mit diesem Traum endeten nach vierzig Jahren meine Albträume. Heute schlafe ich manchmal unruhig, wenn ich mich emotional überfordert habe – z. B. zu viele Gespräche mit Klienten geführt habe. Aber ich habe keine Schlafstörungen im eigentlichen Sinne mehr."

Der Text von Hannah enthält einige sehr dichte Passagen, die eine mystisch geprägte Gottesbeziehung beschreiben. „Als ich vor einigen Jahren allein pilgern war, allein in der spanischen Meseta, die Weite und das Blau des Himmels erschienen mir so unglaublich groß und die Weite des gelben Bodens war unerschöpflich, da konnte ich für einen Moment spüren, wie unermesslich groß alles um mich herum ist und wie unbedeutend und klein ich eigentlich bin, weniger als ein Staubkorn, doch für Gott bin ich nicht unbedeutend. Gott hat mich gezählt, hat mich beim Namen gerufen, Gott hat einen Plan, alles, was ich erlitten habe, war schrecklich und viel zu groß für ein Leben und doch gibt es einen Sinn in meinem Leben. Da gibt es diese Vision, ein Bild der Stärke und Kraft, etwas Göttliches.

Es gibt für mich nicht den einen Gott. Ich denke, dass es eine ganz individuelle Suche ist, und für mich ist es viel mehr eine Verbindung zu mir und meinem Kern und wenn ich damit verbunden bin, dann bin ich in der Welt angebunden und verbunden mit dem großen Ganzen, dem, was größer ist als mein Verstehen. Und dann ist da Gott oder das Göttliche oder das große Ganze. Und dann bin da ich. In dieser Begegnung entsteht Heilung, ohne dass ich etwas tun muss, bezahlen muss oder aushalten muss. Und vielleicht ist es tatsächlich Hingabe, Hingabe ans Leben."

Diese Textsequenz von Hannah spricht einige Aspekte an, wo und wie Glaube als Ressource erlebt werden kann. Hannah berichtet von der spirituell geprägten Praxis des Pilgerns, die ihr neue Erfahrungsräume aufschließt. Sie beschreibt Momente, die sich als ein Eins-Sein mit Gott und der Mitwelt deuten lassen. Der Glaube bietet eine Beziehung an und er ist Quelle von Sinn. Schließlich thematisiert sie die heilsame Begegnung mit Gott als etwas, das nicht an eine Gegenleistung gebunden ist.

Ein komplizierter Prozess

Die thematische Anordnung in diesem Kapitel – von Erschütterungen zu Glaubensfragen bis hin zu heilsamen Erfahrungen – stellt keinen linearen Prozess dar, der zwangsweise zu einem positiven Ende kommt, und zumal keinen, den alle Betroffenen so gehen können. Auf der Suche nach einer passenden Beschreibung für die Glaubensbiografien nach Missbrauch zeigen die Autor*innen auf, dass dieses Feld ein wichtiger, aber eben auch krisenhafter, spannungsvoller und prozesshafter Bereich bleibt.

Der poetische Text von Victor E. lässt sich als Verschränkung von Geschehensbeschreibung und rückblickender theologischer Deutung lesen. Für den Missbrauch findet er die Worte:

> „Über mir Jesus, dort am Kreuz, zwinkert mir
> zu, flüsternd: ‚mach die Augen zu'.
> Weiteres verstand ich nicht.
> Als ich meine Augen wieder öffne, erklang eine Orgel von weit her.
> Schwarzes Gewand entschwand.
> Jesus hing dort wie zuvor, seine Augen,
> wegschauend,
> blutend seine Wunden.
> Ich verstand rein gar nichts, tief verwundet
> stand ich auf und blieb doch dort im Grabe liegen."

Diese Textpassage führte im Kreis der Herausgebenden zu einem intensiven Ringen um das adäquate Verstehen. Wie ist vor allem das Zwinkern zu deuten? Changiert in der Person Jesu konzentriert ein Gottesbild von einem abgewandten, spottenden und leidenden Gott? Oder ist es anders und im Zwinkern wird ein Sich-Verbünden sichtbar. Auch weil Jesus an Victor E. einen Hinweis gibt, wie er den Missbrauch überstehen kann.

Der Autor selbst deutet die Passage in einem Mailwechsel so:

> „Es ist diese Zuwendung des Herzens Christi, um die es in diesen Zeilen geht.
> Die Augen Jesu schauen – ‚Ich sehe, was passiert'.
> Das Zwinkern – ‚Ich bin da'.

Das Wegschauen – Ausdruck von unerträglicher Scham und Ekel – die Grausamkeiten, die im Hause Gottes durch seine ‚Diener' stattfinden nicht mehr sehen könnend.
Das Bluten der Wunden – Anteilnahme. Ich ‚verstehe' deinen Schmerz.
Keine Abwendung.
Wie ist ein von schwerem Missbrauch geprägtes Leben zu überleben? Da ist von heute aus gesehen ein roter Faden, eine Fügung, eine höhere Macht, die es mir ermöglicht, heute hier und jetzt zu sein. Ich ‚alleine' hatte keine ‚Chance' zu überleben. Ich sehe es mehr als Gnade, Geschenk etc.
Meine Wahrnehmung ist, dass es eine höhere Macht gibt – im christlichen Kontext: Christus/Gott genannt.
Ich würde es als das Absolute, Höhere Selbst benennen. In der Philosophie des Advaita Vedanta finde ich mich zuhause, in der es keinen Gott gibt.
Warum fand der Missbrauch durch einen Geistlichen statt? Das ist ein enormer Bruch mit ‚Gott'. Insbesondere dem christlichen ‚Gott der Nächsten-Liebe'. Das ist ein Grund, warum ich mich auf meine Weise intensiv mit der christlichen Mythologie/Religion befasst habe."

Inela Marin schreibt: „Meinen Glauben habe ich mit allen Höhen und Tiefen durch die Zeiten retten können. Natürlich hatte ich bei meiner Lebensgeschichte nie einen rosaroten Kinderglauben. In dem Spannungsverhältnis, an einen liebenden Gott zu glauben und gleichzeitig mit der Frage konfrontiert zu sein, warum so unendlich viel Leid geschieht, stehe ich, solange ich glaube."

Inela Marin beschreibt Höhen und Tiefen und dass sie ihren Glauben durch diese hindurch auch retten musste, was ihr aber auch gelingt. Die Frage nach dem „Warum", die Schwierigkeit, Gott und das Leiden irgendwie zusammenzubringen, bleibt für sie ein drängendes Thema. Ähnliche Spannungen in ihrem Glauben thematisiert auch Ida, wie ihr Zitat im vorhergehenden Unterkapitel zeigt.

Dass die Gottesbeziehung von Herausforderungen geprägt bleibt, beschreibt auch Nscho-tschi: „Gott und ich haben im Laufe meines Lebens eine sehr wechselvolle Beziehungsgeschichte. Es gab Phasen mit viel Nähe und dann wieder mit großer Distanz. Heute vertraue ich wieder darauf, dass er da ist. Ich brauche nur die Hand auszustrecken oder ihn zu rufen, dann ist er da für mich. Wenn die Gottheit mir nahe sein will, dann muss ich aber mitbestimmen dürfen über unseren Kontakt. Die Worte in 139. Psalm, Vers 1 bis 5 empfinde ich als übergriffig. ‚Von allen Seiten umgibst du mich und hältst deine Hand über mir.' Ich will auch, dass Gott mal weggeht oder ich von Gott weggehen darf. Und ich wünsche mir, dass er das respektiert und mir nicht – wie bei Jona – seinen Willen aufzwingt. Heute vertraue ich darauf, dass er dies tatsächlich auch tut. Er geht auf das ein, was ich brauche. Und mit mir ist nur ‚ein Kontakt auf Augenhöhe' möglich. [...] Und meine Beziehung zu Gott ist nach wie vor lebendig. Nicht immer geht es Gott und mir gut miteinander. Wir streiten auch. Aber wir versöhnen uns auch wieder und dann geht es weiter. Ich bin gespannt und neugierig, wohin ..." Trotz der Herausforderungen und vielleicht auch durch sie bedingt beschreibt Nscho-tschi ihre Gottesbeziehung als etwas sehr Dynamisches, das sich über die Zeit stark entwickelt. Gott ist für sie ein Gegenüber, das auf Augenhöhe agiert und mit dem zusammen die Autorin in eine offene Zukunft geht.

Während Leonie an verschiedenen Stellen über spirituellen Missbrauch berichtet, geht sie in ihrem Text nicht auf ihren eigenen Glaubensweg ein. Kurz vor Abschluss des Projektes wurde dieser Themenbereich Gegenstand in einem Telefongespräch, dessen Inhalt hier mit der Autorisierung durch Leonie wiedergegeben werden darf. So hatte sie sich in der Auseinandersetzung mit dem Trauma ein leeres Buch zugelegt, das für sie den Titel „Hallo Papa Gott" führte. In dieses Buch schrieb sie ihre Gebete auf, „wo ich geschrieben habe zu Gott". Ihre Zweifel und Ängste fanden darin Raum. Auf die Frage hin, ob es sich um eine Art „religiöses Tagebuch" gehandelt habe, sagte Leonie, dass das Wort „religiös" für sie vergiftet sei und nicht passe. Für sie sei „vertrauensbezogen zu Gott“ passender. Sie habe die letzten Fetzen ihres Vertrauens zusammengezogen. Sie beschreibt, dass sie heute beim Spazierengehen manchmal betet und „Papa Gott“ für das gute Wetter oder die schöne Natur dankt. Sie sagt, trotz all dem Schlimmen sei nicht alles kaputt in ihr. Sie konnte sich einen heilen Kern im Herzen bewahren. In dem Satz von Inela Marins Großmutter: „Du darfst deine Fäuste zum Himmel ballen und schreien: ‚Gott, warum?!‘, aber wirf dein Vertrauen nicht weg!“ findet sie sich wieder. Das habe sie so gemacht. Es gebe aber auch Momente, in denen alles Vertrauen, Glauben, Hoffen und Lichtvolles-Dasein regelrecht wieder vergangen sind und in Mutlosigkeit und Verzweiflung münden.

Bei der Frage danach, was ihm geholfen hat, trotz der traumatischen Erfahrung seinen Weg zu gehen, kommt Thomas Wesskamp auch auf seinen Glauben zu sprechen: „Und ja, so würde ich es durchaus sagen, war da Gott. Es ist nicht einfach zwischen mir und Gott. Wir haben immer wieder eine Menge zu bereden. Vielleicht habe ich auch zu lange Gott gegenüber geschwiegen …“ Auch er beschreibt die Beziehung zu Gott als zentral, aber komplex. „Wir haben immer wieder eine Menge zu bereden“ lässt sich so deuten, dass auch Konflikte ihren Raum brauchen. Thomas Wesskamp spricht davon, dass sein Schweigen gegenüber Gott zu lange war. Die existentielle Auseinandersetzung mit dem Missbrauch bedarf auch ihres Ortes in der Gottesbeziehung.

Hannah thematisiert in ihrem Bericht sehr intensiv ihre Annäherung an Gott, mit allen Fragen und Komplikationen. Sie resümiert am Ende: „Mein Leben ist reich, denn ich gebe mir einen Platz, ich nehme mich an, liebe und achte mich, nicht immer, doch das Göttliche, das Leben und ich wir nähern uns an.“

Nachwort

Liebe Lesende,
Sie sind am Ende dieses Buches angelangt. Es war sicher nicht immer eine einfache Lektüre. Sollten Sie das Buch als Betroffene gelesen haben, hoffen wir, dass es Ihnen Mut gemacht hat. Sie sind mit Ihren Erlebnissen nicht alleine. Im Anhang finden Sie eine Liste mit weiterführender Literatur und über Gottes-Suche.de auch Kontaktmöglichkeiten zu uns Herausgebenden. Vielleicht haben die Texte der Autor*innen Ihnen aber nicht nur Mut gemacht, sondern Sie auch mit ihrer Hoffnung, ihrem Kampfgeist und ihrem Lebenshunger angesteckt.

Sollten Sie das Buch als Nicht-Betroffene gelesen haben, erst einmal unsere Wertschätzung, dass Sie sich auf dieses schwere Thema eingelassen und das Buch bis zum Ende gelesen haben. Wir hoffen, die verschiedenen Berichte haben Ihren Blick auf das Leben bereichert. Im besten Fall gehen Sie berührt, sensibilisiert und tatkräftig aus der Lektüre hervor.

Der Meinung von uns Herausgebenden nach zeigt das Buch aber auch etwas ganz Wichtiges über den christlichen Glauben. Denn der erste Blick Jesu galt den Leidenden: den nach Gerechtigkeit Hungernden, den Trauernden, den Ungetrösteten, den Fremden und Außenseiter*innen. In der matthäischen Parabel vom Weltgericht in Matthäus 25 identifiziert Jesus selbst sich mit den Leidenden und verklammert Gottes- und Nächstenliebe so zu einer unauflösbaren Einheit:

> *„Wahrlich, ich sage euch: Was ihr getan habt einem von diesen meinen geringsten Brüdern (und Schwestern), das habt ihr mir getan.“*

Damit unterstellt er die Geschichte der Menschheit der Autorität der Leidenden – der Umgang mit ihnen ist der Maßstab, den Gott im Gericht anlegt.

Missbrauchsbetroffene gehören zu den Leidenden, das haben die Berichte eindrücklich gezeigt. Sie werden jedoch leicht übersehen, weil sie daran erinnern, dass Gewalt mitten in unserer Gesellschaft und mitten in unserer Kirche geschah und immer noch geschieht.

Wir wünschen uns, dass die Lesenden sensibel für das Leid werden, damit Betroffene Solidarität und Zugehörigkeit erfahren können. Wenn sie erleben, dass Unrecht und Menschen erniedrigendes Verhalten als blasphemisch benannt werden, kann die Tür geöffnet werden zur Frage an die sehr unterschiedlichen Betroffenen: „Was willst du, dass ich für dich tun soll? Was brauchen Sie?“ Diese Frage ist der Schlüssel zu einem gemeinsamen Weg Betroffener und Nicht-Betroffener.

Einige Literaturhinweise

Claussen, Johann Hinrich (Hg.): Sexualisierte Gewalt in der evangelischen Kirche: Wie Theologie und Spiritualität sich verändern müssen, Freiburg i. Br. 2022

Haslbeck, Barbara/Heyder, Regina/Leimgruber, Ute/Sandherr-Klemp, Dorothee (Hg.): Erzählen als Widerstand: Berichte über spirituellen und sexuellen Missbrauch an erwachsenen Frauen in der katholischen Kirche, Münster 2020

Herman, Judith Lewis: Die Narben der Gewalt: Traumatische Erfahrungen verstehen und überwinden, Paderborn 2018

Kerstner, Erika/Haslbeck, Barbara/Buschmann, Annette: Damit der Boden wieder trägt: Seelsorge nach sexuellem Missbrauch, Stuttgart 2016

Moosbach, Carola: Ins leuchtende DU: Aufstandsgebete und Gottespoesie, hg. v. Bärbel Fünfsinn und Aurica Jax, Berlin 2021

Stahl, Andreas: Wo warst du, Gott? Glaube nach Gewalterfahrungen, Freiburg i. Br. 2022

Wirth, Mathias/Noth, Isabelle/Schroer, Silvia (Hg.): Sexualisierte Gewalt in kirchlichen Kontexten: Neue interdisziplinäre Perspektiven, Berlin 2021

Herausgeber*innen

Christiane Lange, geb. 1963, studierte Oecotrophologie, war Programmiererin, Tagesmutter, Pfarramtssekretärin und arbeitet heute in der Verwaltung einer evangelischen Fachoberschule. Sie engagiert sich ehrenamtlich in verschiedenen Arbeitskreisen zur Betroffenenarbeit in der evangelischen Kirche, ehemals im Betroffenenbeirat, heute im Beteiligungsforum sexualisierte Gewalt in der EKD und der Studie ForuM. Sie ist Mitglied in der Initiative „GottesSuche".

Andreas Stahl, geb. 1989, studierte evangelische Theologie und ist Traumafachberater und Gemeindepfarrer in Augsburg. An der WWU Münster wurde er mit einer Arbeit über „Traumasensible Seelsorge: Grundlinien für die Arbeit mit Gewaltbetroffenen" promoviert. Er arbeitet an einem Habilitationsprojekt zur Aufarbeitung sexualisierter Gewalt in der evangelischen Kirche. Er ist Mitglied im Vorstand von „GottesSuche".

Erika Kerstner, geb. 1951, war bis zur Pensionierung Grund- und Hauptschullehrerin u. a. für katholische Religion. Seit 2000 begleitet sie Frauen, die als Minderjährige oder Erwachsene von sexualisierter Gewalt betroffen waren und mit ihrem Glauben ringen. Sie hat die Initiative „GottesSuche: Glaube nach Gewalterfahrungen" (www.gottes-suche.de) gegründet. Im Jahr 2012 erhielt sie für ihr Engagement in der Gewaltarbeit das Bundesverdienstkreuz.